Albert E. Trieschman
James K. Whittaker
Larry K. Brendtro

Erziehung im therapeutischen Milieu

Ein Modell

Albert E. Trieschman
James K. Whittaker
Larry K. Brendtro

Erziehung
im therapeutischen Milieu

Ein Modell

5. Auflage 1984

Lambertus-Verlag

Das Originalwerk erschien unter dem Titel „The Other 23 Hours" in amerikanischer Sprache bei Aldine Publishing Company, Chicago, USA.
Copyright © 1969 by Albert E. Trieschman, James K. Whittaker, and Larry K. Brendtro. All rights reserved. No part of this publication may be reproduced by any means, electronic or mechanical, including recording, photocopy, or any information storage and retreival system, without permission in writing from the publisher.
First published 1969 by Aldine Publishing Company, sixth printing 1976. Library of Congress Catalog Number 70–75052, Standard Book Number: 202–26023.

Aus dem Amerikanischen von Edith Klasen.

5. Auflage 1984
Alle deutschsprachigen Rechte vorbehalten
© 1975, Lambertus-Verlag, Freiburg im Breisgau
Gestaltung: Werner Bleyer, Freiburg im Breisgau
Herstellung: Greiser-Druck Rastatt
ISBN: 3-7841-0097-x

Inhalt

Vorwort der Übersetzerin

Das vorliegende Werk erscheint zu einem für die Heimerziehung besonders wichtigen Zeitpunkt auf dem deutschen Büchermarkt. Vor drei Jahren etwa wurde im Zuge einer „hemmungslosen Informationshysterie"[1] die Misere der Heimerziehung ausgerufen und zum Politikum gemacht. Unter dem Schock massiver, oft tendenziös einseitiger Kritik reagierten die Träger und Mitarbeiter der Einrichtungen zunächst mit Verteidigung, dann aber schon bald mit grundsätzlichen Versuchen der Neuorientierung. Manch einer glaubte und propagierte schon, die moderne Gesellschaft werde bald ohne Heime auskommen.

Genau diese Frage hatte sich auch in den USA gestellt. In einem später veröffentlichten Interview[2] äußerte Dr. Whittaker: „... viele sagen heute, daß die wachsenden Sozialstationen, Beratungsstellen und Tageseinrichtungen, wo Kinder und Jugendliche ,in ihrer natürlichen Umgebung' betreut werden können, die Heime bald ersetzen werden. Glauben Sie, daß wir in ein paar Jahren nicht mehr ,im Geschäft' sein werden?" Dr. Trieschman: „Nein, selbst wenn bald mehr Hilfe in größerer Nähe zur Familie zur Verfügung steht, wird es immer noch junge Menschen geben, die von zu Hause wegmüssen, ihrer selbst und der Familie wegen. Ich nehme an, daß im Laufe des nächsten Jahrzehnts Kinder in die Heime kommen, die schwerer gestört sind als diejenigen, die wir jetzt darin haben. Eine der Aufgaben, die auch weiterhin die Heimerziehung lebendig erhalten wird, ist die Praktikantenanleitung. Nur durch das tagtägliche Zusammenleben im Heim können angehende Erzieher die Erfahrungen sammeln und die intensive Supervision erhalten, die sie für die spätere Berufsausübung brauchen. Nur in Heimen kann man die

---

[1] Klein, F.: Das Recht auf Erziehung als gesellschaftliche Forderung. In: Gesellschaftliche Aspekte der Heimerziehung. Hrsg.: Schmidle / Junge. Lambertus-Verlag, Freiburg 1972.
[2] Whittaker, J. K., u. Trieschman, A. E. Hrsg.: Children Away from Home — A Sourcebook of Residential Treatment. Aldine-Atherton Inc., Chicago 1972.

Konzepte und die psychologisch-pädagogischen Interventionen entwickeln, die der engen Zusammenarbeit zwischen Erziehern, Praktikanten, Supervisoren und Kindern bedürfen, um später auch auf die Familie, die Tagesstätte, die Sozialstation usw. übertragen werden zu können."

Dr. Whittaker fragte weiter, ob auch die privaten Erziehungsheime eine Zukunft hätten? Dr. Trieschman: „Ganz gewiß, ja! Heime in privater und freier Trägerschaft werden weiterhin auf Grund caritativer Spenden das Recht verlangen, Heime zu unterhalten, und diese werden nach wie vor gute Investitionsobjekte für öffentliche Gelder darstellen. Freie Erziehungsheime werden auch in Zukunft ideale Stätten für Forschungsarbeit sowie Aus- und Fortbildung sein. Staatliche Einrichtungen müssen jeden aufnehmen, der an ihre Tür klopft, und ihr Personal ist gelegentlich weniger nach Eignung als nach ‚Dienstalter und -anspruch' ausgesucht. Private Häuser können ihr Klientel aussuchen, können spezifische Forschungsprojekte durchführen, Modelle entwickeln, neue Rollen ausprobieren, moderne Erziehungspläne entwerfen. Ihre Erkenntnisse kommen letzten Endes der Öffentlichkeit zugute. Es war immer schon die Rolle der freien und caritativen Verbände, da helfend einzuspringen, wo öffentliche Hilfe nicht ausreichte."

Dr. Whittaker: „Sie betrachten also die Heime der freien Träger als Katalysatoren der Veränderung und Erneuerung. Ihre These scheint durch historische und auch neuzeitliche Entwicklungen in unserem Lande bestätigt zu werden. Dabei denke ich vor allem an zwei weithin bekanntgewordene private Einrichtungen, deren Modelle die Erziehungswissenschaft stark beeinflußt haben: die Orthogenetische Schule von Bruno Bettelheim und das ‚Pionier-Haus' von Fritz Redl und David Wineman."

Dr. Trieschman meinte abschließend: „Freie Erziehungsheime müssen sich, um mit der Zeit gehen zu können, vor allem auf folgende Aufgaben konzentrieren: Ausbildung, Praxisberatung, Forschung, Entwicklung von übertragbaren Modellen und nachgehende Untersuchungen (was geschieht, wenn der junge Mensch in seine Familie zurückkehrt?). Wenn wir glauben, in zehn Jahren noch genauso arbeiten zu können wie heute, dann allerdings wird die Lage problematisch für private Einrichtungen der Heimerziehung."

Daß auch bei uns in Deutschland das Heim noch längst nicht überholt ist, geht unter anderem aus der „Denkschrift zur Neubestimmung des Heimes als einer Erziehungshilfe" hervor. Sie wurde im Dezember 1973 vom Verband der katholischen Einrichtungen der Heim- und Heilpädagogik herausgegeben. Dieser Fachverband des Deutschen Caritasverbandes vertritt 542 Heime der Kinder- und Jugendhilfe, d. h. etwa 25 % der vergleichbaren Einrichtungen und Plätze in der Bundesrepublik Deutschland. In der Denkschrift heißt es von einem bestimmten Heim: „Die Entwicklung von einer kleinen heilpädagogischen Kinderabteilung zu einer Institution, die stationäre und ambulante Hilfen, Beratung, Therapie, Heilpädagogik, Sonderschule, spezielle Fortbildung und heilpädagogische Zusatzausbildung zu einem integrierten Feld verbindet, zeigt, daß Heimerziehung, wo sie die sozialen Spannungen und Impulse in sich aufnimmt und verarbeitet, auf den sozialen Wandel auch eine sich wandelnde Antwort zu geben vermag."[3]

Dieser Satz könnte genausogut über das Walker Home geschrieben worden sein. Als ich dort im Oktober 1973 zum Besuch eintraf, war manches anders als ich erwartet hatte. Das lag einmal daran, daß man sich durch Lesen allein ohnehin nur unvollständige Vorstellungen machen kann, zum anderen und vor allem aber eben daran, daß Walker auf sozialen Wandel mit eigenem Wandel reagiert. Rein äußerlich sieht man das schon beim Betreten des Geländes. Die in der natürlich belassenen Landschaft verstreuten Gebäude reichen vom alten, in Holz gebauten Landhaus bis zur modernen Betonarchitektur. Im Jahre 1947 vermachte das Ehepaar Walker aus Boston diesen seinen Sommersitz in Needham, Mass., erholungs- und kurbedürftigen Kindern. Im Frühjahr 1962 wurde das Walker Home in ein Heim für sieben- bis zehnjährige Jungen verwandelt. Es waren physisch gesunde und intellektuell durchschnittlich oder besser begabte Kinder, aber sie waren seelisch schwer gestört und brauchten psychotherapeutische Hilfe. Im Kleinkindalter traumatisiert und vernachlässigt, waren sie den Anforderungen des täglichen Lebens nicht gewachsen. Viele von ihnen waren antisozial und schwer zu lenken, die meisten versagten in der Schule, und einige waren bereits straffällig geworden. Die Leitung des Walker Home machte es sich zur Aufgabe, neue Konzepte und Programme zu entwickeln, die diesen Kindern helfen würden. Sie kamen (und kommen noch heute) aus allen sozialen Schichten, und oft standen achtmal soviele Kinder auf der Warteliste wie angenommen werden konnten[4]. Unter dem Druck wachsender Nachfrage entschloß man

---

[3] Das Heim als Erziehungshilfe. In: Jugendwohl, 12 (1973), S. 36, Lambertus-Verlag, Freiburg.
[4] Nach Schätzungen des National Institute of Mental Health gibt es heute in USA etwa 1 500 000 Kinder, die psychotherapeutischer Hilfe bedürften, sollten sie eine echte Chance

sich, eine Million Dollar aus privaten Spenden aufzutreiben und die Einrichtung entsprechend zu vergrößern.

Als das Heim mit zehn Kindern eröffnet wurde, gab es drei Erzieher, einen Lehrer, einen Koch, einen Hausmeister und den Leiter des Hauses. Heute, zehn Jahre später, gibt es neben dem Direktor 25 Erwachsene, die 45 Kinder im Heim und 55 andere außerhalb des Heimes („in community programs") betreuen.

Der Gründer und Direktor des Hauses, Dr. Trieschman, dessen Büro im neuen Schulgebäude liegt, führte mich unter fachgerechten Erläuterungen und mit sichtbarer Freude am Gelungenen durch den modernen, von ihm und seinen Mitarbeitern pädagogisch durchgeplanten Bau. Sie waren davon ausgegangen, daß die Kinder, die ins Walker Home kommen, in ihren Gemeinde- und Sonderschulen bereits starke Mißerfolgserlebnisse gehabt hatten und die Schule entsprechend scheuten. Zusammen mit dem Architekten entwarfen sie daher ein Gebäude, das keinen strengen, schulischen Charakter haben, sondern Wärme und Wohnlichkeit ausstrahlen sollte – ein Haus, in dem Kinder leben, lernen und sich wohl fühlen können.

Das Gelände, hügelig und bewaldet, fällt sacht zum Charles River ab. Das Schulgebäude befindet sich auf der höchsten Erhebung des Campus. Von dort aus sieht man ins Grüne und zum Fluß hinunter. Die Schule hat vier Stockwerke und ist in der Form eines Sechsecks angelegt. Der Bau sollte sich mehr in die Höhe als in die Breite ausdehnen, damit möglichst viel Spiel- und Bewegungsraum im Freien erhalten bliebe. Die sechseckige Anlage vermeidet nicht nur das kastenförmige Aussehen der typischen Schulen, sondern zugleich auch die oft ungünstig langen Korridore im Innern. Außer vier Klassenzimmern gibt es je eine Bibliothek für Schüler und Mitarbeiter, verschiedene Büros, ein großes komfortables Besprechungszimmer, kleinere Beratungsräume, einen Gymnastik- und einen Werkraum, Küche und Speiseraum (amerikanische Kinder haben Ganztagsunterricht und erhalten mittags in der Schule eine warme Mahlzeit), etliche Vorrats- bzw. Nebenräume und schließlich einen „Vielzweckraum", der als Hörsaal, Theater-, Versammlungsraum usw. benützt werden kann.

Jeder Klassenraum liegt zu ebener Erde und bildet eine Einheit mit eigenem

zu normaler Entwicklung haben. Dieser Bedarf ist bedeutend größer als das vorhandene therapeutische Angebot, und damit wird die ohnehin problematische Kostenfrage noch erheblich verschärft.

Eingang, einem WC, einem Nebenraum (als „Ruhig-Raum" bezeichnet, in dem einzelne Schüler oder auch einmal der Lehrer allein sein können; besonders Kinder, die nach irgendwelchen Erregungen eine Gelegenheit brauchen, sich zu „beruhigen", ohne von Lehrern und Mitschülern allzu weit entfernt zu sein) und dem eigentlichen Klassenzimmer, das durch eine große, bewegliche Tafel abgeteilt werden kann. Im Halbrund stehende, halboffene Kabinen sichern jedem Kind einen eigenen ablenkungsgeschützten Arbeitsplatz. Die Schüler brauchen sich nur in ihrem Drehstuhl umzuwenden, und schon sitzen sie alle im Halbkreis um den Lehrer. Um den Unterricht möglichst wenig zu stören, aber Praktikanten, Studenten, Besuchern und wissenschaftlichen Forschern dennoch Gelegenheit zur intensiven Beobachtung zu geben, befindet sich eine Etage höher jeweils ein Balkon, der mit einer großen Einwegscheibe wie eine geschlossene Theaterloge mit schräggestelltem Fenster oben in den Klassenraum hineinragt. Die Kinder kennen diese Vorrichtung genau und wissen, daß dort Leute sind, die „mitlernen" möchten; sie sind so damit vertraut, daß sie es meist ganz außer acht lassen. Von den Balkonen her können außerdem Dias, Filme usw. projiziert werden. Mir fiel beim Rundgang vor allem auf, daß überall Funktionalität und Wohnlichkeit harmonieren. Es gibt Helligkeit, viele kräftige Farben und Ausstattungen, die gebrauchsunempfindlich, bequem und doch so variabel sind, daß jeder Raum seinen eigenen Charakter hat. Kinder, Lehrer, Erzieher, alle, denen wir zufällig begegneten, zeigten eine gelassene, freundliche, aber offenbar ganz auf ihre jeweilige Betätigung konzentrierte Haltung. Im längeren Gespräch mit einigen Lehrern, Psychologen sowie anderen Mitarbeitern – und das gilt besonders von Dr. Trieschman selbst, durch dessen Persönlichkeit offenbar die Gesamtatmosphäre stark mitbestimmt wird – bildeten Engagement für die Kinder und Interesse am gemeinsamen pädagogischen Tun die durchgehenden und für mich eindrucksvollen Komponenten. Alle Lehrer sind für die Sonderschule ausgebildet und haben es sich zum Hauptziel gesetzt, in den Kindern wieder „den Wunsch zum Lernen" zu wecken. Sie wissen aus Erfahrung: Ist dieser erste und schwierigste Schritt erst einmal getan, dann wird der schulisch meßbare Lernerfolg bald über dem liegen, was die Kinder bisher leisten konnten.

Neben dem Schulunterricht gehören Einzel- und Gruppen-Psychotherapie, psychagogische Arbeit mit und soziale Hilfe für Eltern, eine „Atmosphäre der Hoffnung" und vor allem die reflektierte heilpädagogische Durchdringung der alltäglichen Lebensvollzüge zu den im Walker Home betonten Aspekten einer therapeutischen Erziehung. Daß nur Jungen im Heim sind, so sagte man mir, liegt nicht an irgendwelchen bewußten Erwägungen, sondern einfach daran, daß Mädchen nicht angemeldet werden. Wenn in der Übersetzung meist von „Kindern" die Rede ist anstatt ausschließlich von „Jungen", dann einmal, um sprachliche Einseitigkeit zu vermeiden und zum anderen, weil die hier behandelten Themen ohnehin auf alle Kinder, gesunde und gestörte, Jungen und Mädchen, ältere und jüngere übertragbar sind.

Ich habe das Schulgebäude recht ausführlich beschrieben, aber von den Wohngebäuden fast nichts gesagt. Dafür gibt es zwei Gründe. Das Walker Home respektiert die Privatsphäre der (ohnehin übersensiblen, reizbaren) Kinder und beschränkt daher Besuche im Gruppen- und Wohnbereich auf ein absolutes Minimum. Selbst bei den wenigen vorkommenden Ausnahmen werden die Kinder vorher gefragt und über den Zeitpunkt und Zweck des Besuches orientiert. Sie können selbst wählen, ob sie die Besucher nur begrüßen oder auch herumführen möchten. Es hat sich noch kein Junge grob ungehörig vor Besuchern aufgeführt. Häufige und fremde Gäste würden aber die Arbeit der Erzieher[5] unnötig belasten. Der zweite Grund ist die Tatsache, daß der neue, dem Schulgebäude architektonisch angeglichene Wohntrakt vorläufig nur in Bauplänen besteht.

Erwähnung verdient die Tatsache, daß sieben von zehn der Jungen (die sich vorher in Schulen, Pflegefamilien, offenen und geschlossenen, privaten und kommunalen Institutionen als untragbar oder „unheilbar" erwiesen hatten) nach ein bis zwei Jahren Aufenthalt im Walker Home nach Hause zurückkehren können. Die meisten haben zunächst stationäre, später ambulante Betreuung erfahren. Wenn sie wieder zu Hause sind, werden die Eltern noch eine Zeitlang durch das Walker-Team beraten. So werden optimale Dauer und Einheitlichkeit der heilpädagogischen Behandlung gesichert.

Je mehr die Bedürfnisse nach therapeutischer Erziehung quantitativ und qualitativ zunahmen – im Walker Home und in der amerikanischen Gesellschaft

---

[5] Der in der Originalfassung oft gebrauchte Ausdruck „Child Care Worker" wird im folgenden mit „Erzieher" übersetzt. Gemeint sind damit nicht „Kindergärtnerinnen" (für die es in USA gar kein Äquivalent gibt), sondern, wie man mir im Walker Home erklärte, Studenten und Praktikanten sowie Anfänger und Angehörige verschiedenster pädagogischer, psychologischer und sozialer Berufe, die direkt mit Kindern, einzeln oder in Gruppen, arbeiten.

allgemein –, desto bereiter war Dr. Trieschman, die in seiner Einrichtung entwickelten Methoden und Erkenntnisse einer breiteren Öffentlichkeit zugänglich zu machen. Dies geschah hauptsächlich durch den Wandel der Heimstruktur. Der Aktionsradius wurde nach innen intensiviert und nach außen erweitert. Als akkreditiertes Trainingsinstitut für mehrere Universitäten hat das Walker Home zwischen 1972 und 1973 dreißig Studenten-Praktikanten, die kurz vor oder nach der Graduierung in Pädagogik, Sozialarbeit, Psychologie und angrenzenden Wissenschaften standen, Supervision gewährt. Zusätzlich leisteten 120 Anwärter auf andere oder nicht vollakademische Erzieherberufe kurzfristige Praktika ab[6]. Dr. Trieschman sprach außerdem von buchstäblich „Hunderten von Besuchern aus dem In- und Ausland", die in den letzten Jahren die Einrichtung besichtigt haben.

Abgesehen von den 45 im Heim lebenden Kindern werden 55 „Tageskinder" schulisch und therapeutisch betreut. Sie wohnen in „Außenstationen", teils in Gruppen, teils in „Gast-Familien" (absichtlich so benannt, da es sich nicht um Pflegestellen handelt, sondern um Familien, die das Kind für die Dauer des Schulbesuches aufnehmen; Wochenenden und Ferien verbringen diese Kinder meist in ihren eigenen Familien) und werden nicht nur im Heim, sondern auch dort, wo sie wohnen, direkt oder indirekt, durch das Walker-Team betreut. Durch diese „Außenarbeit" hat sich das Walker Home zunehmend mit den umliegenden Gemeinden und Universitäten integriert. Der Austausch ist nach beiden Seiten lebhafter geworden. Vorträge, Konsultationen (als Dauerauftrag bei 21 Institutionen, Schulen, Verbänden, Kliniken usw.) und Publikationen haben ferner dazu beigetragen, daß das Walker Home heute weit über Massachusetts und sogar die USA hinaus bekannt und anerkannt ist.

In der hier übersetzt vorliegenden Arbeit haben Trieschman und seine Mitautoren ihre theoretischen Grundlagen und praktischen Erfahrungen niedergelegt. Meines Erachtens bildet dieses Werk, zusammen mit den beiden bekannten Bänden „Children Who Hate"[7] und „Controls from Within", beide von Redl und Wineman, eine klassische Trilogie. Sie bauen auf der analy-

---

[6] Die Erweiterung der sozialpädagogischen Ausbildungskapazitäten wurde auch in Deutschland dringend gefordert, da „die vorhandenen Ausbildungseinrichtungen in der Bundesrepublik Jahr für Jahr viele Tausende Bewerber abweisen (müssen)". Junge/Klasen: Bildungsgesamtplan. In: Jugendwohl, Heft 5 (1972), Lambertus-Verlag, Freiburg.
[7] Ins Deutsche übersetzt, in gekürzter Form, von A. Sagi: „Kinder, die hassen". Lambertus-Verlag, Freiburg, 1970.

tischen Ich-Psychologie auf und übernehmen auch einige verhaltenspsycho-
logische Ansätze; dennoch – und dies macht das Erscheinen des Buches für
die Heimpraxis wichtig – alle drei Werke befassen sich nicht primär mit der
Psychotherapie im engeren Sinne, sondern mit dem therapeutischen Milieu als
dem entscheidenden Erziehungsfaktor im Heim.

Auch in Deutschland können wir die Probleme der Heimerziehung nicht sich
selbst überlassen in der Hoffnung, daß bald spezifisch psychotherapeutische
Hilfen in genügender Anzahl zur Verfügung stehen; „... der verzweifelte
Ruf nach dem Psychotherapeuten muß in der pädagogischen Wüste verhal-
len: Das Angebot ... reicht nicht einmal, um einem Zwanzigstel der schwer
verhaltensauffälligen Jugendlichen fachgerechte therapeutische Hilfe zu bieten. Auch für die nächste Generation gibt es keine begründete Hoffnung, daß
das Verhältnis wesentlich besser wird. Man könnte hier noch eine weitere
Frage aufwerfen: Woher stammt denn diese unheimliche Sicherheit vieler Erzieher, daß Jugendlichen, bei denen die erzieherische Hilfe seinerzeit versäumt wurde, nun therapeutisch geholfen werden kann? Ist denn die (analytische) Therapie wirklich der angemessene Ersatz ...? Ein experimenteller
statistischer Nachweis ... ist wohl noch niemals erbracht worden."[8]

Wem es heute um eine Neubestimmung des Heimes geht, der kann sich aus
dieser praxisorientierten Trilogie viele konkrete Anregungen für die tagtägliche, fachlich intensiv reflektierte Erziehungsarbeit holen. Im Umgang mit
Heimkindern ist keine Tagesroutine, keine Handlung, kein Wort, keine
Geste, kein Augenblick unwichtig. Nicht die eine psychoanalytische Stunde
hilft den Kindern, sondern die therapeutische Atmosphäre der „anderen 23
Stunden"[9] im Alltag des Heimes. Sie aber wird entscheidend geprägt von
den Erziehern, die ihr Leben täglich mit dem der Heimkinder teilen. Darin
liegt die wichtigste Botschaft dieses Buches, und in ihr treffen sich die Anliegen und Ideen von hüben und drüben.

Freiburg, Frühjahr 1975   EDITH KLASEN

---

[8] A. Sagi: Erziehung-Methode aus der Vergangenheit für die Bewältigung der Zukunft? In:
Gesellschaftliche Aspekte der Heimerziehung. Hrsg.: Schmidle/Junge, Lambertus-Verlag 1972.
[9] Der amerikanische Originaltitel ist: „The other 23 hours".

Vorwort

Zu den revolutionären Entwicklungen der heutigen Welt gehört unter anderem die sogenannte „Wissensexplosion". Es wird so viel und so schnell über so viele Dinge geschrieben, daß es nahezu unmöglich ist, dieses Wissen verfügbar zu halten. Bibliothekare haben seit dem Bestehen ihres Berufes mit der Aufbewahrung und dem Verfügbarhalten technisch fertigzuwerden. Man kann daher nie sicher sein, daß man alles übersieht, was über gewisse Phänomene oder Probleme, die in der modernen Welt existieren, bereits geschrieben wurde. Es kann heute leicht geschehen, daß eine Information bereits verfügbar ist, aber nicht gefunden werden kann, weil sie in der allgemeinen Flut der Veröffentlichungen unterging.

Es ist daher um so erstaunlicher, wenn man entdeckt, daß auf dem Gebiet der heilpädagogischen Erziehungs- und Heimpraxis noch immer wenig Material zu finden ist, aber aus Gründen, die von den obengenannten absolut abweichen. Anstelle der Unauffindbarkeit in der Flut von Informationen handelt es sich hier einfach um das Fehlen entsprechenden Schrifttums. In der Sturzflut neuer Kenntnisse, die unsere Bibliotheken überschwemmt, finden sich nur ein paar Tropfen darüber, wie man mit Kindern, „normalen" sowohl wie „verhaltensgestörten", leben kann. Dies kommt keineswegs daher, daß man die Bedeutung der Persönlichkeit bisher übersehen hätte, im Gegenteil, menschliche Neugier hat sie eingehend beobachtet und bis in ihre Tiefen zu ergründen versucht. Tausende gelehrter Traktate über menschliches Verhalten füllen die Bücherregale; in allen Sprachen sind sie über die Kulturstaaten verstreut. Warum dann so wenig darüber, wie man mit schwierigen Kindern umgehen, mit ihnen tagaus, tagein leben kann? Vielleicht, weil es immer noch einfacher ist, Phänomene zu beschreiben, als ihren Ablauf zu beeinflussen. Oder kommt es daher, daß wir trotz aller vielsprachigen Literatur wenig Vertrauen haben in unsere Kenntnisse vom Menschen und seinem Verhalten? Womöglich liegt es aber auch daran, daß es noch unentdeckte Dinge gibt, die zwar gerade jetzt jemand niederschreibt und publiziert, die aber nachher niemand finden kann.

Was immer es sein mag, das zu diesem Informationsrückstand über die erfahrene Lenkung kindlichen Lebens geführt hat, die Autoren dieses Buches haben sich der Lücke angenommen. Sie schreiben ganz innerhalb der Tradition großer Vorgänger auf dem Gebiet kindlicher Verhaltenslenkung: August Aichhorn, Bruno Bettelheim und Fritz Redl (bei dem ich das Privileg hatte, meine „Lehre" abzuleisten). Das bedeutet, daß sie aus der Perspektive des Kindes und seines Lebensmilieus schreiben. Wie ist das Milieu angelegt, worin bestehen seine kritischen Elemente? Welchen Einfluß üben diese auf das Kind aus? Wie versucht es mit ihnen fertigzuwerden? Wie können diese Vorgänge erfaßt und reflektiert werden, so daß durch sie die Lern- und Reifungsfortschritte des Kindes gefördert und bereichert werden? Dies mag zunächst sehr spezialisiert und nach „Treibhausatmosphäre" klingen, so als ob es sich nur um stark verhaltensgestörte Kinder handle, die nur mit äußerst versierten und engagierten Fachleuten zusammenleben können. Das Walker Heim ist zwar wirklich eine Einrichtung, in der sehr schwer erziehbare Kinder leben, die in der regulären Welt durchschnittlicher Familien, Schulen usw. wenig Chancen hätten, und ausgebildete Mitarbeiter gehören tatsächlich dem Hause an. Aber hier liegt eine Arbeit vor, die eine lebendige, therapeutische Umwelt auf einer allgemeinen Lehre vom kindlichen Wachsen und Verhalten aufbaut und allen jenen etwas zu sagen hat, die für Kinder und mit Kindern leben und arbeiten. Es handelt sich keineswegs um eine hochspezialisierte Theorie spezifischer Verhaltensstörungen, die nur von besonders ausausgebildeten Fachkräften realisiert werden könnte.

Es ist ein Irrtum, wenn allzuoft vorausgesetzt wird, nur das kranke, nicht aber auch das gesunde Kind bedürfe besonderer emotioneller Unterstützung und Hilfe. Selbst das gesunde Kind ist nicht frei von Gefühlsstauungen, die sich langsam ansammeln, zu Konflikten und Auseinandersetzungen führen und abgefangen werden müssen. Zu solchen inneren kommen äußere Spannungsmomente, Ereignisse, Erwartungen usw., auf die es reagieren muß. Nur ist das gestörte Kind noch weniger in der Lage, mit diesen von innen und von außen kommenden Konfliktsituationen fertigzuwerden. Wenn jedoch ein gesundes Kind einmal mit dem Bombardement von beiden Seiten nicht fertig wird, so sieht sein Verhalten aus wie das eines mit gutem Grund verstörten Kindes, das nicht seinem gewöhnlichen Selbst gleicht. Das normale

Kind mag beispielsweise im Falle inneren Konfliktes eine starke Impulsreaktion zeigen, die normalerweise nicht zu ihm paßt. Oder es kommt vor, daß seine Stimmung von deprimiert auf lustig, von apathisch auf unternehmungsfreudig umschlägt. Äußere Drucksituationen, wie z. B. bei der Ankunft eines Geschwisterchens, dem Verlust eines Freundes, dem Trauma von Tod oder Ehescheidung, können bei gesunden Kindern einen erheblichen Grad von Regression verursachen. Oder man denke auch an Streßsituationen, denen Kinder im Alltag ausgesetzt sein können: durch den „Muskelprotz" in der Klasse, den Verrat durch einen Freund, durch Herausforderungen im Stile: „Ich wette, du traust dich nicht...", durch Lächerlichgemachtwerden von und vor Freunden, durch Prüfungsangst, Krankheit oder Verletzung sowie viele andere potentielle Bedrohungen, die gar nicht ungewöhnlich sind und deren Eintreten weder zeitlich noch örtlich antizipiert werden kann. Obwohl man zu Recht erwartet, daß das gesunde Kind im allgemeinen mit solchen inneren oder äußeren Krisen besser fertig wird als das gestörte, kann man eben doch nicht immer damit rechnen. Für das normale Kind ist die entscheidende Frage meist die, ob es im Augenblick der Streßsituation genügend Ausgleichskräfte zur Verfügung hat. Wenn nicht, so braucht es natürlich emotionelle „Erste Hilfe" von Erwachsenen – Eltern, Lehrern, Nachbarn, oder wer immer gerade für das Kind verantwortlich ist. Der Leser wird das, was hier von den Autoren als tägliche „Minimaldiät" in der Behandlung ihrer gestörten Kinder geschildert wird, durchaus auch auf die Krisensituationen bei normalen Kindern übertragen können.

Krisen, ob erwartet oder unerwartet, sind jedoch immer das Nichtgeplante, das Ungewöhnliche. Dieses Buch handelt aber nicht nur von unvorhersehbaren Ereignissen, sondern auch, oder sogar mehr, davon, wie die kindliche Umwelt Tag um Tag gestaltet werden kann, auch für gestörte Kinder. In gewissem Maße, wenn auch auf einer Skala ohne deutliche Übergänge, ist jede menschliche Umwelt geplant. Keine Situation kommt ausschließlich durch Zufall zustande. Wo immer Menschen zusammenleben, da besteht ein gewisser Grad an Interdependenz, Konfrontation, Zusammenhalt, gemeinsamen Interessen usw.; ohne jede Struktur geht es eben nicht. Es gäbe ja sonst nur Chaos. Dieses Buch befaßt sich ausgiebig mit Milieustruktur und ihrer Auswirkung auf das Leben des Kindes in der kleinen Gruppe, Tag um Tag, sogar Stunde um Stunde. Auf der Ich-psychologischen Orientierung von Aichhorn, Bettelheim und Redl aufbauend (obwohl diese Autoren in ihren entsprechenden Ausführungen untereinander nicht identisch sind), demonstrieren die Verfasser, wie die anderen 23 Stunden des Tages, die nach der einstündigen psychotherapeutischen Sitzung noch verbleiben, so auf die Ich-Funktionen und -Bedürfnisse hin gestaltet werden können, daß die Entwicklung eine optimale Förderung erfährt. Aufmerksamkeit für und Einrichtung von ganz alltäglichen Strukturen im Lebensbereich eines jeden Kindes — Routineaufgaben, voraussehbare Erwachsenenreaktionen, geplante Aktivitäten – das sind Themen, die hier behandelt werden. Es wird gefragt, was diese Strukturen dem Kind bieten und was sie von ihm fordern. Es wird gezeigt, wie das Kind zu einem befriedigenden Gleichgewicht zwischen beiden gelangen kann. Die Übertragbarkeit der Darstellungen auf die normale Familie, die Pflegestelle, das Klassenzimmer und andere Institutionen (z. B. Ferienlager) usw. wird dem Leser ohne weiteres deutlich.

Schließlich sei noch auf eine höchst ungewöhnliche Entwicklung hingewiesen, die sich auf dem Gebiet der psychologischen Theoriebildung abzeichnete und bei den Autoren schon praktische Anwendung fand, bevor ihr Buch gedruckt wurde; sie ist so subtil, daß sie leicht der Aufmerksamkeit des Lesers entgehen könnte. Die psychoanalytische Ich-Psychologie hat zwar längst anerkannt, daß kreative Anwendung lerntheoretischer Erkenntnisse auf die Ichentfaltung notwendig ist, aber die theoretische Diskussion dieses Problems war bei weitem stärker als die konkrete Bemühung um seine verantwortliche Lösung. Ich gebrauche das Wort „verantwortlich" mit wohlbegründeter Absicht. Wir befinden uns nach wie vor im „heiligen Krieg" zwischen lerntheoretischen und psychoanalytischen Modellen. Er spielt sich sowohl auf dem allgemeinen Feld der Psychologie ab als auch in kleineren Auseinandersetzungen auf allen möglichen Spezialgebieten.

Auf psychoanalytischer Seite konnten wir eine von Panik und Haß gezeichnete Abwehr gegen den Übergriff auf klinisches Territorium und „klinische" Rechte beobachten. Beide Seiten haben ad nauseam unwissenschaftliche Argumentationen zu Papier und zu Gehör gebracht anstelle von Beiträgen, die auch nur entfernt als wissenschaftliche Diskussion bezeichnet werden könnten. Solch totale Kriegführung ist nicht nur lächerlich, sondern auch gefährlich. In einigen Einrichtungen waren die Fachleute mit Recht entsetzt, als plötzlich „Therapeuten", die vorher nie ein verhaltensgestörtes Kind gesehen hatten, völlig ungeprüfte Konditionierungstechniken anwandten. Andererseits muß von den psychoanalytisch orientierten Kindertherapeu-

18

ten gesagt werden, daß sie vielerorts nichts weiter getan haben, als sich noch tiefer in den bombensicheren Bunker der wirklichkeitsentzogenen „50-Minuten-Stunde" zu vergraben. Wie erfrischend ist es daher, wenn man feststellt, wie die Autoren dieses Buches allgemeinverständlich und undramatisch vorsichtig dosierte Injektionen aus beiden Ampullen in ihr Werk aufnehmen. Darin spiegelt sich ihre kompromißlose Orientierung an den Bedürfnissen der Kinder und nicht an einem Ideenkrieg oder einem intellektuellen bzw. professionellen Narzißmus.

Es handelt sich hier um ein Buch, das unbedingt geschrieben werden mußte, das gelesen und in die Tat umgesetzt werden soll. Die Kinder- und Jugendhilfe in den USA – und das gilt besonders für Tausende von Niemandskindern, die nicht zu Hause leben können – ist im Zustand des Zerfalls. Sie besteht nur noch aus einem schäbigen, vertrockneten Skelett. Was wir dagegen brauchen, ist ein gesunder, blühender, großzügig hilfsbereiter Riese. Dieses Buch bietet Nahrung für den Kopf eines solchen Riesen. Ist es unrealistisch zu hoffen, daß es vielleicht dazu beitragen wird, im amerikanischen Volk die Lust zu wecken, einen solchen Riesen ins Leben zu rufen?

DAVID WINEMAN

Einführung

Vor etwa 20 Jahren schrieben Fritz Redl und David Wineman das Vorwort zu ihrem Buch „Children Who Hate". Darin sagten sie: „Unser wichtigstes Ziel besteht darin, die Theoretiker sowohl als die Praktiker, kurz alle, die in irgendeiner Form mit Kindern zu tun haben, dazu zu ermutigen, die Ich-Lenkung mehr spezifisch anzugehen und die Methoden der Kinderbehandlung verantwortlicher auszubauen ... Wir möchten den Gemeinden, den Einrichtungen für Kinder und den Schulsystemen einen Anstoß vermitteln durch unseren Versuch, neue Einsichten in das kindliche Verhalten zu gewinnen, die für das tägliche Leben von Bedeutung sein könnten."

Dieses Werk und der Folgeband „Controls From Within" (auch zusammen veröffentlicht unter dem Titel „The Aggressive Child"[1]) zählen heute zu den klassischen Werken der Kinderpsychologie. Die Arbeit von Redl und Wineman in Detroit und die daraus entstandenen Veröffentlichungen müssen als Pionierleistung betrachtet werden, vom praktischen sowohl als auch vom wissenschaftlichen Standpunkt her. Diese beiden Experten waren nicht nur eng mit dem Lebensmilieu der Kinder im „Pionierhaus" verbunden, sondern ihre Publikationen vermittelten außerdem in allen Einzelheiten die subtilen und komplexen Aspekte des täglichen Umgangs mit hyperaggressiven Kindern. Es ist bedauerlich, daß seit dem Erscheinen des Werkes „Kinder, die hassen"[2] nur noch sehr wenig über das brennende Thema geschrieben worden ist. Mit der Herausgabe dieses Buches wollten wir daher etwas den Abstand überbrücken, der zwischen dem theoretischen Fachwissen der Psychologie-experten einerseits und den sehr praktischen Problemen der Erzieher andererseits besteht. Diese letzteren sind es ja, die während der 23 Stunden, die nach der therapeutischen Sitzung noch verbleiben, mit den Kindern im eng-

---

[1] Fritz Redl und David Wineman: The Aggressive Child. Glencoe, Ill.: Free Press, 1957, S. 15.
[2] Redl/Wineman, a.a.O.

sten Kontakt leben. Viele unserer Beobachtungen wurden im Walker Home für Kinder in Needham, Massachusetts, gewonnen. Es ist ein Heim für schwer verhaltensgestörte, aggressive Kinder. Der Behandlungsplan umfaßt individuelle Psychotherapie, Gruppentherapie und Sonderschule. Die Einrichtung dient gleichzeitig als Praktikumstätte für Studierende der psychologisch-medizinischen Fächer. Im Heim trägt immer der Erzieher den Löwenanteil an der therapeutischen Behandlung. Es gibt im Augenblick sechs Erzieher in unserem Heim. Ein anderes wichtiges Beobachtungsfeld war für uns das „Freiluft-Ferienlager" der Universität von Michigan, eine Einrichtung für schwererziehbare sowie delinquente Knaben und Mädchen, in der ebenfalls Studenten Praxisberatung erfahren; zwei der Autoren dieses Buches waren mehrere Jahre in diesem Lager tätig. Im wesentlichen verfolgt das vorliegende Buch zwei Ziele: es möchte die täglichen Routineabläufe (Aufstehen, Mahlzeiten, Zubettgehen) psychologisch-pädagogisch durchleuchten, und es möchte ausführlich auf zwei Phänomene eingehen, die aus keiner Kinderstätte wegzudenken sind: den Wutanfall und die therapeutisch-persönliche Beziehung. Weitere Kapitel befassen sich mit dem heilenden Einsatz von Spielen bzw. Aktivitäten bei emotionell gestörten Kindern, mit der Vermeidbarkeit von pädagogischen Fehlschlägen und mit den komplizierten Prozessen der Verhaltensbeobachtung und Berichtschreibung. Das Eingangskapitel legt die Grundsätze dar, die unseres Erachtens das therapeutische Milieu ausmachen; es befaßt sich mit dessen verschiedenen Komponenten und deren Auswirkung auf das einzelne Kind.

Wir betrachten auf keinen Fall unsere „23 Stunden" als ein definitives therapeutisches Modell, das genau in allen Einzelheiten nachgeahmt werden soll.

Wir sind überzeugt, daß jeder Behandlungsplan, für Heime oder auch sonst, auf die Dauer flexibel, selektiv und anpaßbar bleiben muß, damit neue Erkenntnisse und Lehren fortlaufend eingebaut werden können. Die theoretischen Grundlagen dieses Buches stammen vor allem aus den drei folgenden Gebieten: Der psychoanalytischen Ich-Psychologie, dem „Lebensraum-Modell" von Redl und aus neueren Erkenntnissen vom sozialen Verhalten. Wenn dieses Werk einen substantiellen und praktischen Beitrag leisten kann zu unserer Behauptung, daß „der Erzieher die wichtigste Person ist bei der Erziehung im Heim", dann ist unsere größte Erwartung zufriedenstellend erfüllt.

Die Autoren dieses Buches haben konkrete Erfahrung als Erzieher in heilpädagogisch geführten Einrichtungen. Wir empfinden den Kindern gegenüber eine tiefe Dankbarkeit und Verpflichtung. Die Energie, die sie aufwen-
den, und die Ängste, die sie überwinden, wenn sie ihre Familien verlassen
und im Heim ihr Leben neu zu ordnen versuchen, sind eindrucksvoll. Was
die Kinder selbst beitragen, ist eine Erziehungskomponente, die bisher nicht
voll gewertet worden ist.

LARRY K. BRENDTRO
ALBERT E. TRIESCHMAN
JAMES K. WHITTAKER

1. Das therapeutische Milieu

Albert E. Trieschman

„Ich möchte herausfinden, was Milieu ist, wie es wirksam wird, wie wir es
beschreiben und wie wir es beeinflussen können. Ferner möchte ich umgekehrt
wissen, durch welche Handlungen aller an ihm Beteiligten es entsteht bzw.
gestaltet werden kann. Vorläufig bin ich nur von einer Sache fest überzeugt –
wir alle haben noch einen langen Weg vor uns, bevor diese Aufgaben erfüllt
werden können" (Redl, 1966, S. 94).

Die Probleme stehen heute noch genauso vor uns, nahezu zehn Jahre, nachdem Redl sie formulierte, und fast vierzig Jahre, nachdem wissenschaftliche
Arbeiten den kindlichen Lebensraum als therapeutisch nutzbar zu beschreiben begannen.

Dieses erste Kapitel befaßt sich mit den beschriebenen Aufgaben. Es will
einen Rahmen aufzeigen, der helfen kann, ein Milieu als therapeutisches
Werkzeug zu erkennen und zu gebrauchen. Wir glauben, daß der Umgang
der Erwachsenen mit den Kindern und die Kontrolle, die sie über die kindliche Umwelt ausüben, so koordiniert werden können, daß sich das Leben
dieser Kinder angenehmer als bisher gestaltet. Wir konstruieren unser Ge-
dankengerüst für diejenigen Erwachsenen, die für das Milieu verantwortlich sind: Sozialpädagogen, Hauseltern, Erzieher, Berater, Pflegekräfte,
Sozialarbeiter, Gruppenleiter, Psychologen und Psychiater. Es ist für jene
gedacht, die mit Kindern zu tun haben und über kindliche Lebenssituationen
Entscheidungen treffen, sei es auf direkte Weise oder indirekt durch Supervision bzw. Beratung derer, die unmittelbar mit dem Kind arbeiten. Unser
Hauptinteresse gilt jenen 23 Stunden, die außer der psychotherapeutischen
Sitzung vom Tag noch verbleiben – denn es ist dann und dort, daß das
Milieu am stärksten zur Wirkung kommt.

Leider sind wir noch weit davon entfernt, die Fragen Redls voll beantworten zu können. Unser Bild vom Milieu ist wie eine Meereskarte, sie kann
weder die Schönheit des Meeres noch seine wechselnden Stimmungen wieder-

geben, und sie genügt kaum, uns zu sicheren Seefahrern zu machen. Wenn dem Leser ein wenig von der erregenden Spannung und Wirksamkeit der Milieubehandlung bewußt wird, wenn er nach der Lektüre besser ausgerüstet ist, aktiv in ihr mitzuwirken, dann sind wir mit dem Erfolg dieses Buches zufrieden.

Der Begriff „Milieu" ist die erste Hürde. Um nicht unnötig tiefgründig zu erscheinen, einigen wir uns doch darauf, bei dem zu bleiben, wovon wir sprechen. Es ist die Rede von einer Gruppensituation, in der Kinder zusammenleben, Kinder mit emotionellen Schwierigkeiten, Kinder, die nicht in ihrer eigenen Familie leben können, Kinder, deren Leben voller Krisen ist[1]. Wir wollen uns hier vornehmlich auf jene Vorgänge konzentrieren, die im Gruppenleben mit Kindern vorkommen. Wir möchten erklären, und das ist das wichtige, wie diese Ereignisse und Prozesse von den Erwachsenen in effektive therapeutische Mittel verwandelt werden können, die dem Kind helfen. Vieles von dem, was hier erläutert wird, so glauben wir, kann auch ganz allgemein bei der Erziehung von Kindern verwendet werden.

Das Kapitel hat drei Teile. Zuerst befassen wir uns mit der Geschichte der Mileutherapie und mit unseren eigenen Milieuvorstellungen. Zweitens betrachten wir den Ichbegriff und seine Nützlichkeit als Konzeption bei der Verhaltensänderung durch Milieubehandlung. Im dritten Abschnitt beschäftigen uns Lernprozesse, die zwischen Kindern und Erwachsenen vorgehen, sowie Unterrichtsformen und Handlungen Erwachsener, die das Milieu zu dem machen, was es jeweils ist.

Der Milieubegriff

Die täglichen Ereignisse im Gruppenleben können als Vor- oder Hintergrund gesehen werden. Die Vorkommnisse und Interaktionen des Tages kann man als „Zeitvertreib" betrachten oder als lebensnotwendige Vollzüge wie Essen, Schlafen und Erholung. Oder – und dies ziehen wir vor – Milieu

---

[1] Was in diesem Kapitel niedergelegt ist, beruht hauptsächlich auf Beobachtungen und Erfahrungen, die im Walker Home in Needham, Massachusetts, gesammelt wurden. Die Kinder, mit denen wir dort arbeiten, haben meist Charakterstörungen, die als aktiv-aggressiv diagnostiziert wurden; es sind aber auch stark neurotisch gestörte Aggressive und solche mit schweren psychotischen Prozessen darunter.

wird als der bedeutsamste Einfluß gesehen, den ein Heim auf das Kind ausüben kann. Ob es nun als Zeitvertreib oder als Therapiemittel gilt, ein Milieu existiert in jeder Situation, in der Menschen als Gruppe zusammenleben.

Während der letzten Jahre hat jede Institution für sich in Anspruch genommen, ein „therapeutisches Milieu" zu haben; es wurde impliziert, daß besondere Aufmerksamkeit darauf verwendet werde, die täglichen Abläufe heilend zu nutzen. Ein solcher Anspruch ist überhaupt erst möglich seit August Aichhorns Arbeit in den 20er Jahren. Er war es, der zuerst riet, das Milieu geplant in ein therapeutisches Werkzeug zu verwandeln. Er schrieb 1955 darüber, wie psychoanalytische Methoden auf die Verwahrlosten und Schwererziehbaren angewendet werden könnten. Neben anderem befaßte er sich mit der Organisation seiner Anstalt, mit Problemen der Gruppeneinteilung und der Bedeutung der Erteilung ganz bestimmter Aufgaben. Er betonte, die Umwelt müsse auf individuelle Bedürfnisse zugeschnitten sein, entsprechend den psychoanalytischen Einsichten in die Welt kindlicher Bedürfnisse. In jüngerer Zeit ist das Thema „Milieu" auch speziell aus soziologischer Sicht angegangen worden. Die Arbeiten von Stanton und Schwartz (1954), Erving Goffman (1961) sowie von Cummings und Cummings (1963), die sich alle auf Erwachsene beziehen, haben die Bedeutung der sozialen Umwelt für den Patienten klar hervorgehoben. Die klassischen Beobachtungen, in denen Abläufe, Vorkommnisse und Fallepisoden einheitlich zusammenfließen, liegen zwischen Individual- und Sozialpsychologie; sie wurden erstellt von Redl und Wineman (1957) im Pionierhaus sowie von Bettelheim und Sylvester an der Orthogenetischen Schule (Bettelheim, 1949, 1955; Bettelheim und Sylvester, 1948, 1949). Wir sind diesen Pionieren verpflichtet; sie haben uns gelehrt, daß das Milieu ein wirksames Heilmittel sein kann. Sie haben auf verschiedene Arten gezeigt, wie individuelle Psychodynamik und Sozialsystem so miteinander verschmolzen werden können, daß sich das Leben einzelner lenken und verändern läßt.

Wir haben keine neue psychologische oder soziologische Lehre entwickelt. Wir haben vielmehr versucht, eine Phänomenologie des Milieus als Lehrmittel zu präsentieren. Was täglich zwischen Kindern und Erwachsenen vor sich geht, wird als Gelegenheit zu heilpädagogischer Beeinflussung oder Umerziehung betrachtet. Die Praktiker der Kinderheilkunst sind unsere Hauptinteressenten. Sie sind die wichtigsten Lehrer in einem Milieu, in dem Kinder gefördert werden. Wir möchten z. B. glauben, daß die Härte und Strafsucht sowie die Unordnung und Disziplinlosigkeit, die in manchen Heimen existieren, eher auf die Unwissenheit und Überforderung des Hausteams zurückzuführen sind als etwa auf seine „Schlechtigkeit". Wir hoffen, daß besseres Verstehen der Vorgänge im Milieu und die Erkenntnis, daß dem Erwachsenen ja immer Alternativen zur Verfügung stehen, zu einer Reduzierung der Mißstände führen werden. Wenn die Erwachsenen ein besseres Austausch- und Kommunikationsvermögen untereinander entwickeln, wird das Versagen zurückgehen. Unsere Ausführungen sind hoffentlich breit genug angelegt, um Leser aus möglichst vielen verschiedenen sozialen Arbeitsgebieten anzusprechen: Kinderdörfer, Krankenhäuser, Sonderheime, Familien- und Gruppeneinrichtungen, Beratungsstellen u. a. m.

Verhalten und Ichbewußtsein

Kinder werden in ein heilpädagogisches Heim gebracht, damit wir ihnen helfen können, ihr Verhalten zu ändern. Wir benutzen den Terminus Verhalten in seiner allgemeinsten Bedeutung und schließen dabei sowohl intellektuelle und emotionale Aspekte des Kindseins als auch Handlungen und von außen beobachtbares Verhalten mit ein. Die Verhaltensänderungen, von denen wir sprechen, sind nicht einseitig als Korrektur gedacht, sondern beinhalten auch Wachstum und Reifung. Ohne uns in die komplizierten Gefilde diagnostischer Etikettierungen zu begeben (meist ohnehin nur allgemeine Darstellungen dessen, was geändert werden soll), können wir uns vielleicht doch auf ein paar unbestreitbare Hauptkategorien wünschenswerter Verhaltensänderungen einigen. Wir möchten dem Kinde helfen, abwegiges, gefährliches und altersunangepaßtes Verhalten zu modifizieren. Die Alternativen, die wir lehren, sind ein komplexes und variables System, das den Abbau krankhaften Verhaltens und den Aufbau altersgemäßer, produktiver, den Alltag bewältigender Verhaltensweisen ermöglicht. Dieser Prozeß kann natürlich nicht wie ein simpler Fortschritt im Sinne der Steigerung: schlecht, gut, besser, am besten betrachtet werden. Die Entwicklung des Kindes ist nicht eine Aufeinanderfolge glatter Schritte zunehmender Reife, die im Endeffekt etwa so aussähe: ordentlich, aber doch nicht so ordentlich, um als zwanghaft bezeichnet werden zu müssen; hat Freunde, kann aber auch mit sich allein zufrieden sein; verteidigt seine Rechte, ist aber nicht aggressiv; frohgestimmt, kann aber auch mit traurigen Ereignissen fertig werden; usw. Entwicklung ist vielmehr eine Abfolge von Erfolgen und Mißerfolgen, von Hochs und Tiefs sowie gelegentlichen Extremen in dieser oder jener Richtung. Wenn wir da noch hinzufügen, daß die Übergänge zu angepaßterem Verhalten das Kind oft unsicher machen (da die alten, vertrauten Strukturen zerfallen, die neuen aber noch nicht gefestigt sind und keinen Halt bieten), so können wir sehen, daß nicht alles ohne Schwierigkeiten abgehen kann, wenn wir Kindern helfen wollen, sich zu ändern, d. h. zu reifen.

Im folgenden wollen wir das Konzept „Alternativverhalten" und auch einige Kategorien der Diagnose bzw. Mitteilung von Verhaltensstörungen untersuchen. Dann werden wir Richtlinien aufspüren, nach denen Alternativen, entwicklungspsychologisch und vom kindlichen Ego her gesehen, gelehrt werden können. Dabei sind die Anforderungen zu berücksichtigen, die tägliche Begebenheiten an das kindliche Ich stellen. Schließlich werden wir Bereiche behandeln, die sich aus dem Milieu ergeben und sich als Egostütze verwenden lassen.

Wir hoffen, daß diese Abschnitte zwei Zwecken zugleich dienen werden, nämlich die Bedürfnisse der Kinder zu erfüllen und ihnen zu helfen, neues Vertrauen in die Bewältigung des Alltags sowie des Lernens zu entwickeln. Es geht uns darum, Psychopathologien abzuheilen, kindliche Bedürfnisse zu befriedigen und die hemmenden Einflüsse der Vergangenheit unschädlich zu machen. Wir sind aber ebensosehr – oder vielleicht mehr noch – darum bemüht, Kindern das Leben als vitalen Anreiz darzustellen. Dabei möchten wir ihre Fähigkeit erhöhen, mit den Aufgaben des täglichen Lebens fertigzuwerden und zukünftige Möglichkeiten der Lebenserfüllung zu antizipieren. Die Erwachsenen in einem Milieu sind nicht einfach die Bereitsteller psychologischer Medizin für frustrierte, kranke Kinder; sie sind vielmehr wissende Begleiter in einem Abenteuer, das voller Anforderungen steckt, voller Hindernisse und voller Möglichkeiten. Indem man sowohl etwas gibt als auch etwas erwartet im Umgang mit Kindern, lehrt man zugleich Liebe und Tüchtigkeit.

Das Konzept vom Alternativverhalten

Für einen Augenblick wollen wir das betrachten, was wir sehen, fühlen und hören bei einem Kind, dessen Verhalten wir zu ändern vorhaben.

Johnny kam heute wieder zu mir ans Auto heraus. Sobald ich ausstieg, hämmerte er mir mit den Fäusten auf dem Rücken herum. Er tut dies oft in letzter Zeit. Es tut mir wirklich weh. Dieses Verhalten ist mir nicht ganz verständlich, denn er scheint doch immer froh zu sein, wenn er mich sieht.

Es ist klar, daß hier irgendein Alternativverhalten gefunden werden muß. Aber zunächst muß das Fäustetrommeln abgestellt werden. Das kann vielleicht einfach damit erreicht werden, daß man das Kind anschreit, ihm freundliche Zuneigung verweigert, es wegstößt. Wir zögern aber, diese Maßnahmen zu ergreifen, denn sie könnten ja die erwachende, wertvolle Beziehung gefährden. Man könnte ihm auch einfach sagen, diese Boxerei sei unangenehm, aber es würde die unangenehme Lage nur verlängern, wenn Johnny diese Mahnung etwa nicht zu Herzen nähme. Seien wir im klaren: es ist sehr schwer, für Kind und Erzieher, ein Kind von einer unerwünschten Verhaltensweise abzubringen, wenn nicht zugleich eine andere Verhaltensart an die Stelle der ersten gesetzt wird. Durch was könnte also diese Begrüßungsweise ersetzt werden?

Der Betreuer erzählte in diesem Falle dem Kind, daß er die Trommelei nicht liebe und es vorziehen würde, sich mit Handschlag zu begrüßen. Er übte das Händeschütteln ausgiebig mit Johnny. Johnnys Bedürfnis nach physischer Kontaktnahme war wie ein Hunger; er mußte auf diese Weise seinem wachsenden Vertrauensverhältnis Ausdruck verleihen. Das Händegeben erweiterte sich bald zu einer Reihe von Kind und Betreuer „heimlich" vollzogener Riten, und später zu einem Spiel mit Handpuppen, bei dem regelrechte Affektentladungen erfolgten.

Es ist klar, daß die Boxerei leichter zu beheben war dadurch, daß an ihrer Stelle eine andere Verhaltensweise angeboten wurde, die ähnliche Befriedigung mit sich brachte, im Umgang aber besser erträglich und zudem altersgemäßer war. Es ist wichtig zu bemerken, daß bei der Entwicklung dieses Alternativverhaltens drei Vorgänge beteiligt waren: das Unterbrechen eines Verhaltens (box mich nicht), das Ersetzen des Verhaltens (Händeschütteln) und die freie Erfindung eines Verhaltens („geheimes" Handgeben, Spiel mit Handpuppen).

Die Unterbrechung eines Verhaltens. Einige Verhaltensformen kann man einfach nicht weitergehen lassen, und zwar dann, wenn sie gefährlich sind, sowohl für das Kind selbst wie für den Erwachsenen in seiner Nähe, wenn sie das Gruppenleben stören und wenn Gegenstände zerstört werden, die zum Leben notwendig sind. In solchen Fällen muß der Erwachsene dem Kind befehlen, das zu unterlassen, oder er muß sogar entsprechend physisch eingreifen, d. h. es mit sanfter Gewalt daran hindern. Beides ist wichtig, daß man einige Verhaltensarten unterbricht und daß man bei anderen vom Kind verlangt, sie von sich aus zu unterlassen. Dies ist selbstverständlich, und wir brauchen uns nicht weiter damit aufzuhalten. Schlichte Wahrhaftigkeit verlangt es allerdings, daß der Erzieher keine Alternative offen läßt (würdest Du bitte usw.), wenn er in Wirklichkeit nur eine einzige Verhaltensweise erwartet. Es ist eine schwierige erzieherische Situation, wenn man einem Kind helfen will, sich zu entscheiden; man macht sie nur noch komplizierter, wenn man Scheinwahlen hineinbringt. Viele Verhaltensformen sind nicht von der Art, daß man sie unbedingt abstellen muß. Einige sollen ermutigt, andere ignoriert und einige vom Erwachsenen schon im Entstehen verhindert werden dadurch, daß er die Situation steuert[2]. Wir beschäftigen uns hier vornehmlich mit jenen allzu häufigen Vorkommnissen, die einen Eingriff notwendig machen und unser Anliegen verdeutlichen[3]. Wir wollen demonstrieren, daß die „Kontrolle" kindlichen Verhaltens eine pädagogische Chance darstellt. Eine Verhaltensform unterbinden zu müssen, bedeutet zugleich die Gelegenheit, eine andere aufzubauen.

Verhaltenssubstitution. Das Abbrechen eines bestimmten Verhaltens bietet oft Gelegenheit, dem Kind ein Ersatzverhalten beizubringen. Wie bei dem Beispiel vom Händeschütteln bedeutet „Ersatz" das Lehren eines anderen Tuns (einer anderen Vorstellung, eines anderen Gefühls). Das Kind kannte sie zwar schon, hatte sie sich aber in dieser Art noch nicht zunutze gemacht. Die Wahl des Ersatzverhaltens muß durch bestimmte Kriterien ausgezeichnet sein: es sollte unserem besten Verständnis von diesem Kind entsprechen;

[2] Dies ist ein indirekter Hinweis auf die „Steuerungstheorie" Redls und Winemans, 1966.
[3] Es gibt viele verschiedene Wege, ein Verhalten abzubrechen oder zu unterbrechen. Diese Methode hat man bezeichnet als „was tun, bevor das Ego kommt" oder „20 Wege, die man versuchen sollte, ehe man zuschlägt", siehe Redl und Wineman, 1957, „Controls from Within", und Abschnitt 3 des vorliegenden Kapitels.

29

es sollte von der Mitwelt her annehmbar sowie altersgemäß sein, und schließlich sollte es die Entfremdung und selbstzerstörerische Tendenz, die dem ursprünglichen Verhalten innewohnten, reduzieren.

Erfahrene Erzieher bringen z. B. Kindern, die sich zuviel an Erwachsene anhängen und -drängen, Gleichgewichts- oder gegenseitige Anlehnungsspiele bei. Kindern, die anderen den Ball wegnehmen, bringen sie vielleicht bei, wie man darum bittet, mitspielen zu dürfen. Einem isolierten, ausgeschlossenen Kind bringen sie vielleicht ein Buch oder ein Puzzle, um ihm im Effekt klarzumachen, durch Substitution, wie Alleinsein konstruktiv genutzt werden kann.

Erfinden von Verhaltensweisen. „Erfinden" bedeutet in diesem Zusammenhang, daß man das Kind ein Alternativverhalten lehrt, das bisher noch nicht zu seinem Repertoire an Handlungen (Gefühlen, Ideen) gehört hatte. Dies ist oft die höchste Stufe im Erlernen von Ersatzverhalten. Es setzt meist eine gute Beziehung zwischen Kind und Erwachsenem voraus, bei der das Kind sich weitgehend mit seinem Erzieher identifiziert. Identifizierung heißt hier, daß das Kind bemüht ist, ein Modell, das ihm kompetent erscheint, nachzuahmen[4]. In dieser Situation kann der Erwachsene oft zusammen mit dem Kind ein neues Verhaltensmuster entwerfen. Substitution impliziert etwas teilweise Neues; ein altbekanntes Verhaltensmuster wird auf eine neue Art gebraucht. „Erfindung" ist ein „neues" Verhalten seitens des Kindes. Das geheime Händeschütteln und das Spiel mit Handpuppen, das Johnny und sein Erzieher erfanden, waren für den Jungen neue Verhaltensformen.

Das Erfinden von Verhalten ist fast überall im täglichen Leben vorhanden, so z. B. im Spielen neuer Gesellschaftsspiele. Als anschauliches Beispiel kann hier das Gesellschaftsspiel „Combat" dienen mit seiner durch Spielregeln gezügelten und auf ein Minimum reduzierten Aggressivität, die auf dem Spielbrett ausgetragen wird. Obwohl einige Formen dieses Spiels durch Balgen und Schlagen der Kinder untereinander schon geläufig sind, so ist doch ihr Gebrauch im Zusammenhang mit diesem Spiel in unserem

---

[4] Einige der Komplexitäten von Beziehung und Identifikation werden weiter unten in diesem und in Kapitel 2 behandelt.

Sinne „neu"[5]. Ein Kind beispielsweise Schamgefühle ohne Übertriebenheit zu lehren anstelle des Sichversteckens, wenn es duschen soll, das Kind sportliche Ausdrücke zu lehren anstelle grober Äußerungen des Ärgers, oder es zu ermutigen, dem Heimleiter gegenüber Kritik in annehmbarer Form zum Ausdruck zu bringen, – dies sind alles Beispiele für „Erfinden" von Alternativverhalten.

Es gibt viele subtile Versionen von Verhaltenserfindungen. Eine besonders bevorzugte „Lektion" eines sehr erfahrenen Erziehers bestand im Lehren von „Manieren" und „höflichen Redeformen". Scheue Kinder vermeiden den gesellschaftlichen Kontakt, indem sie die andere Person, sei es Kind oder Erwachsener, „von sich halten", d. h. grimassieren, Versteckenspielen, umherhopsen und andere Albernheiten anstellen. Nachdem beide, Erzieher und Kind, den Sinn dieses Verhaltens erkannt hatten, bot dieser Erzieher ihm andere, gesellschaftlich akzeptablere Formen an, mit denen es andeuten konnte, daß es jetzt keinen Kontakt wünsche. „Hallo; Schönes Wetter heute; bis bald; fein; okay; nett, dich zu treffen; danke; bitte; Auf Wiedersehen; gern geschehen", das sind alles Redewendungen, die eine Unterhaltung rasch beenden oder sogar vermeiden können, ohne daß man dabei den anderen unhöflich behandelt. In vieler Hinsicht ist es gerade das scheue, zurückhaltende Kind, das diese Formen dringender braucht als dasjenige, das aus sich herausgeht, auf andere zuzugehen und sie positiv zu beeindrucken weiß, jedoch im Grunde eher aggressions- und angriffslustig ist. Solch „erfundenes" Verhalten führt, oft ganz natürlich, zu tiefgreifenderen Veränderungen – wie z. B. der Entdeckung, daß Interaktion mit anderen Freude machen kann. Wenigstens aber wird das Kind über einige praktikable Verhaltensweisen verfügen, die ihm helfen, mit seiner Schüchternheit besser fertigzuwerden und die in Zukunft brauchbar sein werden, sollte es mehr Kontakt mit anderen Menschen zu suchen beginnen.

Ein Kind zu lehren, mit Traurigkeit fertigzuwerden, ist ebenfalls eine sehr subtile Aufgabe. Es ist typisch für emotional gestörte Kinder, Zorn zu

[5] Wie es bei vielen brauchbaren Ideen oft passiert, so ist auch der Gedanke, daß Gesellschaftsspiele dazu dienen können, Alternativverhalten zu lehren, unabhängig entwickelt worden von Eli Bauer und seinen Mitarbeitern. Sie brauchten sie als Lehrmittel im Klassenzimmer für Kinder aus unteren oder sozial benachteiligten Schichten. Sie benutzen sie als Werkzeuge, um Kindern ichbewußte Fähigkeiten beizubringen und betrachteten solche Spiele als Vermittler zwischen primären und sekundären Denkprozessen. Siehe Allen, 1967.

fühlen, wo Traurigkeit eher angebracht wäre. Ein Kind zu befähigen, sich mit Verlusten abzufinden – selbst so kleinen wie „keine Post heute" oder dem Zerbrechen eines Spielzeugs –, kann eine wichtige Grundlage dafür werden, auch mit den wirklich deprimierenden Ereignissen seines Lebens besser fertigzuwerden. Wenn wir Ausdrucksformen für Traurigkeit herausarbeiten, wenn wir dem Kind helfen, Ersatz zu finden, wenn wir ihm helfen, seinen Kummer zu vergessen und sich anderen Dingen zuzuwenden, so statten wir es mit „erfundenen" (manchmal „ersetzenden") Verhaltenstechniken aus, die zur lebenswichtigen Ausrüstung eines jeden Menschen gehören. Man sollte betonen, daß wir hier von Verhaltensfertigkeiten sprechen, die wir das Kind lehren, die von Psychiatern als „Verarbeiten der Trauer" bezeichnet werden (Trieschman und Levine, 1968). Und Kinder, die von ihren Familien getrennt werden, haben viel Traurigkeit zu verarbeiten. Es ist eine Tatsache, daß „Kinder, die hassen", oft unvorstellbar traurige Erfahrungen hinter sich haben, aus denen sich ihr Negativismus nährt.

Eine andere Weise, Alternativverhalten zu erreichen, besteht im Einsatz von Büchern. Es kann sehr hilfreich sein, einem Kind ein Buch zu geben, das es mit Phantasiematerial versorgt über ein Problem, mit dem es sich gerade auseinandersetzt, oder über eine Situation, in der es sich wiederholt befindet. Auf diese Weise erhält es Gelegenheit, sich in akzeptabler Form mit seiner Lage zu beschäftigen – so zum Beispiel, wenn ein sehr zuwendungshungriges, dauernd nörgelndes Kind eine Geschichte zu lesen bekommt über einen König, der Diener und Sklaven hat, die allen seinen Wünschen gehorchen müssen, oder über Kinder, die viele Tiere haben, die alles für sie tun. Bücher vermögen Abenteuergeist oder auch Bereitschaft zum Lebenskampf zu vermitteln, so z. B., wenn ein einsames (oder von den Eltern verlassenes) Kind sich bei der Lektüre mit einem Waisenkind identifiziert, das in die Welt hinausgeht und viele große Taten vollbringt. Es gibt viele Verzeichnisse von Kinderbüchern und Geschichten, nach Alter und Inhalt geordnet, die von Erziehern dazu verwendet werden können, solche neuen Verhaltensfindungen anzuregen.

Ein besonders interessantes Beispiel ist in diesem Zusammenhang der Einsatz von Märchen (mit Rittern, Drachen, Prinzessinnen, bösartigen Stiefmüttern und Königen) bei einem Jungen, der dauernd dadurch in Schwierigkeiten geriet, daß er die männlichen und weiblichen Erzieher gegeneinander auszuspielen versuchte. So lange er dies tat, konnte er vermei-

den, mit seinem Therapeuten Ödipusmaterial (Dreieckbeziehungen in der Familie) durchzusprechen. Die Erzieher erreichten es nicht nur, sich von diesem Verhalten nicht beeinflussen zu lassen, sondern bemühten sich darüber hinaus, ihn für Märchen und Volkserzählungen zu interessieren. In dem Maße, in dem sein Leseinteresse wuchs, hörte er nicht nur auf, die Erzieher zu manipulieren, sondern er begann auch, seinem Therapeuten entsprechendes Material aus seiner Phantasie mitzuteilen. Ein zusätzlicher Gewinn bestand weiterhin darin, daß die Erzieher fühlten – und das entsprach den Tatsachen –, daß sie an der „Therapie" beteiligt waren. Die Art, in der sie Alternativverhalten lehrten, war ein eindeutiges Beispiel dafür, wie Milieu als therapeutisches Mittel benutzt werden kann.

Viele andere Beispiele für Abbruch, Ersatz oder Erfinden von Verhaltensalternativen werden Erwachsenen begegnen, die mit Kindern unterschiedlichen Alters arbeiten.

Kinder dazu zu bringen, über Sport und Politik zu diskutieren (etwa, wer der zweitbeste Fußballer in einer bestimmten Mannschaft sei; meine Mannschaft ist besser als deine; alle Republikaner sind gegen die Armen; alle Demokraten sind korrupt) ist besser, als sie über umstrittene Regeln oder Routinen im Heim bzw. die Anweisungen, die sie von Erwachsenen erhalten, argumentieren zu lassen. Zaunpfähle zu behämmern ist eine annehmbarere Aggressionsentladung als etwa das Durchlöchern von Sofakissen.

Die fließende Grenze zwischen Ersetzen oder Erfinden bestimmter Verhaltensweisen braucht nicht genau definiert zu werden. Der Name des Alternativverhaltens ist unwesentlich. Wichtig ist dagegen die Erkenntnis, daß Alternativen gelehrt werden können, die die Interaktion zwischen Erwachsenen und Kind erträglicher machen und das Kind zum Besseren hin verändern. Obwohl also Abbrechen, Ersetzen und Erfinden ihre Vorteile haben, so ist doch Vorsicht geboten! Sie stellen nur einen Teil des Ganzen dar. Nichts von allem, was bisher erläutert wurde, bewirkt irgendwelche tiefgreifenden Änderungen in der Psyche der Kinder. Wir haben nicht zornige in zufriedene Kinder oder Schüchterne in Salonlöwen verwandelt. Wir haben einige Situationen des Zusammenlebens erträglicher gemacht, und wir haben gesunderes, annehmbareres und altersgemäßeres Verhalten gefördert. Verschiedene Arten von Verhaltensalternativen aufzuzeigen, ist nur ein Mittel, die täglichen Interaktionen mit Kindern zu beschreiben. Sie sollen klarmachen, daß man Kinder Verhaltensalternativen *lehren* kann, wenn immer es nötig wird, eine Verhaltensform abzustellen oder zu verändern. Obwohl Verhaltensalternativen nur einen Teil des Milieus darstellen, so sind sie doch besonders wichtig für die erzieherische Wirkung des Milieus.

Wir haben bisher nur über das Kriterium gesprochen, welches Betragen abgestellt werden (bei der Boxerei war das offensichtlich) und welches herbeigeführt werden soll (d. h. wie Substitutionen oder Inventionen gewählt werden sollen). Es ist noch nicht erwähnt worden, welche Mittel dem Erzieher zur Verfügung stehen, wenn er Alternativverhalten lehren will. Der Leser kennt Johnny, den „Boxer", noch nicht, weder als ein Individuum noch als ein Gruppenmitglied in einer bestimmten Umwelt. Seine motorische Ungeschicklichkeit und sein Verlangen nach körperlichem Kontakt (das auf seine Alkoholiker-Eltern und deren früheren Einfluß auf das Kind zurückgeht) sowie seine erst kürzlich entfaltete, noch ambivalente Bereitschaft, mit dem Vertrauen auf Erwachsene zu experimentieren, sind dem Leser bisher unbekannt. Er weiß auch noch nicht, wie wir die Notwendigkeit der Verhaltensänderung erkannten und diskutierten. Diese Art von Kenntnis und unsere Kommunikation hat gewiß die Wahl über den zu gebrauchenden Stil und die einzusetzenden Substitutionen bzw. Inventionen beeinflußt.

Wir wollen unsere Erörterungen über das Milieu fortführen, indem wir darüber sprechen, wie man sich über das zu ändernde Verhalten miteinander verständigt.

Beschreibung des zu ändernden Verhaltens

Wenn wir überhaupt Erfolg haben wollen in der Verhaltensänderung, so brauchen wir Verhaltensbeschreibungen, die kindlichem Betragen näher kommen als die üblichen diagnostischen Feststellungen.

Persönlichkeitsstörung, Psychose, feindselig-aggressive Tendenzen, Passivität, Kontaktscheu anderen Kindern gegenüber usw. sind brauchbare Angaben für die Aufnahme und erste Eingliederung des Kindes. Sie geben aber keinen deutlichen Hinweis darauf, welche Techniken und Möglichkeiten vorhanden sind, dieses Kind Verhaltensalternativen zu lehren. Die Indikation dynamischer psychogenetischer Vorgänge (wie beispielsweise „seine primitiven Haßgefühle entstammen unaufgelösten oralen Konflikten") ist wichtig für unser Verständnis der zugrunde liegenden Bedeutung und Absicht kindlichen Verhaltens, aber sie hilft uns nicht dabei, spezifische Gelegenheiten zu identifizieren, die es uns ermöglichen, einzugreifen. Wir brauchen am Kind orientierte Kategorien des Verhaltens. Wir brauchen mehr Information und Wege, diese Information zu organisieren. Solche Einteilungen müssen anzeigen, „was es heißt, mit diesem Kinde zu leben", welche Arten der „Korrektion" bei ihm „Erfolg versprechen", was seine besonderen Empfindlichkeiten sind und wo seine Toleranzgrenze für physischen Kontakt oder physische Distanz liegt. Redl (1968) hat eine ganze Anzahl solcher Kategorien für derartige Information erstellt, auf die wir hier verweisen möchten.

Zusätzlich dazu, daß man das Kind in dieser Art „kennt", ist es wichtig, die spezifischen Gelegenheiten und Notwendigkeiten der Verhaltensänderung so darzustellen, daß wir uns darauf konzentrieren und gegenseitig orientieren können. Damit die Erwachsenen in einem Milieu erfolgreich zusammenarbeiten können, müssen sie Information austauschen und Fähigkeiten teilen, besonders da, wo der eine oder andere spezielle Fähigkeiten hat, die in dieser bestimmten Umgebung von Nutzen sind. Ein bestimmter Erzieher ist vielleicht besonders geschickt bei der frustrierenden Aufgabe, ein passives, sich absonderndes Kind in das Gruppenleben einzubeziehen. Der Psychiater dagegen kann die Ursachen und Gründe dieser Passivität und Isolierung erklären. Solange wir uns jedoch nicht mit den konkreten Möglichkeiten des zu ändernden Verhaltens befassen, bleiben wir lediglich sehr aufgeklärt, während das Kind auch weiterhin nicht aus seiner Zwangslage herauskommt. Gleichermaßen kann es beispielsweise eine schwierige Aufgabe sein, ein Kind, das einem bestimmten Erzieher gegenüber eine provokativ üble Sprache verwendet, eine Verhaltensalternative zu lehren. Es gibt bislang keine besonderen Anweisungen darüber, wie mit „verbaler und oraler Aggression" umzugehen ist. Die wiederkehrenden Fragen, welche Verhaltensweisen zu unterbinden, welche zu erlauben seien, hängen mit dem zusammen, was als „normales" und was als „anormales" Verhalten gilt für Kinder in bestimmten Altersstufen, in bestimmten Behandlungsphasen usw. Unsere Verhaltenskategorien (soweit wir sie beschreiben können) nehmen diese Frage zwar auf und erwarten, daß wir wissen, was wir ändern wollen, aber sie sagen uns nicht, wie wir es machen sollen. Wir behandeln die Frage des abzubauenden Verhaltens indirekt in unserer Abhandlung über die Ich-Entwicklung, direkt wurde sie abgehandelt in A. Freuds (1965) und in Redls (1966) Ausführungen über Normalität und Pathologie. Unsere deskriptiven Kategorien befassen sich mit „normalem" Fehlverhalten. Es gibt viele Situationen, in denen ein Eingriff notwendig und der Aufbau eines Alternativverhaltens angebracht ist.

Die Informationskategorien, die wir jetzt hier geben werden, sollen bei der Führung von Kindern eine Hilfe bieten. Sie berücksichtigen die verschiedensten Fähigkeitsgrade und spezifischen Talente, die man unter den Erwachsenen eines Milieus findet. Ein Beispiel für die praktische Anwendung findet sich in unserem Kapitel über die abendliche Routine des Schlafengehens (Kapitel 6). Hier möchten wir sie nur kurz erwähnen.

1. Verhalten zeitlich lokalisieren. Wenn man vorhat, einem Kinde bei der Verhaltensänderung zu helfen, ist es wichtig, das „Wann" zu erkennen. Wann tritt das auf, was man angehen möchte? Zur Schlafenszeit? Wann während des Zubettgehens? In der Schule, bei Gesellschaftsspielen, nach Versagen oder vielleicht nach Erfolgserlebnissen, während der Schulpausen oder nur während der Pause auf dem Spielplatz?

Vielleicht kommt es nur vor oder nach einem Besuch zu Hause vor, oder nur dann, wenn ein bestimmter Erzieher den Tagesdienst beginnt? Es könnte eine Unart sein, die nur dann auftritt, wenn jemand zum erstenmal in die Gruppe kommt. Das genaue „Wann" zu fixieren ist besonders notwendig, wenn die Erwachsenen eines Erziehungsmilieus untereinander besprechen, was sie am kindlichen Verhalten ändern möchten. Es scheint z. B. manchmal, als ob ein Kind dies oder das „dauernd" tue, während das bei genauer Betrachtung nicht der Fall ist. Von einem strikt logischen Standpunkt aus kann man keine exakten Angaben über Ursachen oder Absichten einer Verhaltensart machen, ohne daß genau unterschieden wird zwischen den Zeiten, in denen sie vorkommt und nicht vorkommt. Zu oft können wir das „Ein" und „Aus" eines Verhaltens nur unvollständig beschreiben, und dann arbeiten wir natürlich nur auf der Basis klinischen Ratens. Wir müssen oft genug auf diese Weise arbeiten, wenn es unvermeidlich ist, aber es sollte niemals daran liegen, daß wir versäumt haben, die Beobachtungen aller Erzieher und Therapeuten sorgfältig zusammenzustellen und zu definieren. Es ist ein wichtiger strategischer Schritt in der Verhaltensänderung sowohl wie in der Führung von Kindern, daß man das „Wann" bestimmter Vorkommnisse genau kennt.

2. Ortung des Verhaltens unter den Mitmenschen. Gegen wen ist das Betragen gerichtet – gegen ein bestimmtes anderes Kind, die Gruppe, nur gegen Erzieherinnen, nur gegen Erwachsene, nur gegen Erzieher? Wer wird hineingezogen? Vielleicht bezieht sich das Fehlverhalten nur immer auf ein bestimmtes Paar oder eine gewisse Untergruppe von Kindern? Vielleicht sind es „alte" Kinder, die den „neuen" etwas antun, oder ein Kind greift alle an, weil es zugleich „alt" und „neu" sein möchte. Alle die Kenntnisse, die wir heute haben über Status und Rolle in Gruppen, können uns helfen, Hypothesen darüber aufzustellen, auf welche Mitmenschen im besonderen gewisse Verhaltensweisen gerichtet sind. Es kann auch vorkommen, daß ein solches Verhalten eine einzelgängerische Aktivität darstellt. Das zu wissen, würde natürlich helfen, uns darüber klarzuwerden, welche Alternativen wir diesem Kinde nahezubringen gedenken. Ein besonders schwieriges Problem fällt in dieses Kategorie – nämlich die Frage: Wer hat angefangen? Es ist sicher wichtig, diese Frage zu beantworten, wobei man im Auge behalten sollte, daß das lauteste unter den Kindern nicht unbedingt immer auch der Anstifter ist. Ein anderes Kind hat es vielleicht provoziert. Es könnte dann sein, daß beide Kinder von Alternativvorschlägen profitieren würden.

3. Art und Tempo des Verhaltens. Wenn das „Wann" und das „Wer" geklärt sind, ist es für die Erzieher wichtig, auch noch zu erfahren, wie der Ablauf des Verhaltens aussieht. Manchmal ertappen wir uns dabei, daß wir von „Aggression" sprechen, ohne spezifiziert zu haben, ob wir Schlagen, Treten, den Gebrauch grober Ausdrücke oder z. B. das Herumwerfen von Dingen meinen. Wir müssen uns natürlich darüber klar sein, ob wir von verbalem oder von körperlichem Verhalten oder von beidem sprechen. Darüber hinaus sollten wir sogar die Körperteile identifizieren, die an dem Verhalten beteiligt sind, und die Worte, die gebraucht werden. Verhaltensbeeinflussung kann nicht gezielt geplant werden, wenn ein Erzieher vom „Trommeln mit den Fäusten" spricht, während der andere an ein Kind denkt, das leise vor sich hin sagt: „Fahr zur Hölle!"
Das Ablauftempo eines Verhaltens ist eine andere wichtige Dimension.

Wir denken da an die Intensität des Verhaltens – langsam, ziellos, ruhig, geistesabwesend, zurückgezogen oder kräftig, stark, zielstrebig bzw. sogar „getrieben". Wenn man mit Verhaltensweisen unterschiedlicher Intensitätsgrade fertig werden will, muß man unterschiedliche Strategien einsetzen. Wir müssen unsere eigenen Eingriffe der Intensität des kindlichen Verhaltens anpassen. Wir wollen ihm vielleicht ein Alternativverhalten von größerer oder geringerer Intensität beibringen, aber wir werden das nicht erreichen, wenn unsere Bemühungen auf einem ganz anderen Intensitätsniveau stattfinden als seine Verhaltensweisen.

Es wäre vermutlich nicht möglich, ein Kind, das am Rande eines Spielfeldes kauert, dadurch zur Teilnahme am Sport zu bringen, daß man es zum lauten Ansager des Spiels macht. Einen lautstarken Störenfried dagegen könnte man vielleicht dazu bringen. Man kann kaum ein laut fluchendes Kind dazu bewegen, seine Wünsche in gepflegter Form und mit angenehmer Stimme vorzubringen, aber es gelingt vielleicht, es zu leiserem Sprechen zu bewegen und dazu, wenigstens die schlimmsten Flüche auszulassen.

Mit diesen drei deskriptiven Kategorien (Wann, Wer, Wie) kann man schon viel nützliche Verhaltensänderung planen und auch erreichen. Bei neu hinzugekommenen Kindern oder neuen Erziehern können wir oft zunächst nicht mehr tun, als eben diese Informationen zusammenzutragen. Die beiden nächsten Kategorien, die wir nun besprechen werden, setzen voraus, daß man das Kind wirklich kennenlernt – d. h. sie verlangen mehr als einen gelegentlichen Beobachtungsakt, um sinnvoll eingesetzt werden zu können.

4. Das Entwicklungsniveau eines Verhaltens. Diese Kategorie erfordert ein klinisches Urteil über den entwicklungspsychologischen Sinn einer bestimmten Verhaltensweise. An welcher Art emotioneller Entfaltung „arbeitet" das Kind? Versucht es sich die Frage zu beantworten, ob man Erwachsenen vertrauen kann? Oder ist sein Versuch primitiver und es versucht z. B. lediglich zu erfahren, wo sein eigener Körper aufhört und der eines anderen Menschen beginnt? Vielleicht ist sein Verhalten eine Anstrengung, sich selbst auf der Skala männlich-weiblich zu plazieren oder herauszufinden, ob es sowohl mit Mutter- als auch mit Vaterfiguren in Beziehung treten kann (trotz der andersartigen Gefühle und Anliegen, die es ihnen gegenüber hat). Vielleicht sind auch die Bemühungen des Kindes vielschichtig und auf mehr als eine emotionale Aufgabe gleichzeitig gerichtet. Im Moment wollen wir lediglich hervorheben, daß es wichtig ist, den emotionalen „Zweck" eines Verhaltens zu erwägen, ehe wir uns mit seiner Änderung befassen.

Hätten wir nicht gewußt oder erraten, daß ein Aspekt an Johnnys Verhalten darin bestand, daß er emotionell versuchte, Erwachsenen zu vertrauen, so hätten wir wahrscheinlich eine gute Gelegenheit verpaßt, ihn ein paar praktische Alternativverhaltensweisen zu lehren, d. h. er hätte nicht zu uns in tiefere Beziehung treten können, und wir hätten uns vielleicht in antitherapeutischer Weise verhalten. Die Erkenntnis, daß seine Schwierigkeiten teilweise auf einem ungelösten Ödipuskomplex beruhten und ihn dazu brachten, sich sowohl mit weiblichen als mit männlichen Erziehungskräften einzulassen, veranlaßte uns, ihm entsprechendes Ödipusmaterial zum Lesen anzubieten.

5. *Vorherrschende Verteidigungsmechanismen.* Welche Mittel ergreift das Kind, um mit einer Lage oder einem Problem fertigzuwerden? In dieser Kategorie denken wir an die verschiedenen Abwehrmechanismen und Handlungstechniken, die Kinder anwenden, wenn sie mit einem neuen Entwicklungsschritt fertig werden müssen. Vermeiden, Leugnen, Umkehren ins Gegenteil, Reaktionsbildung, magisches Denken, Verdrängung, Projektion, Rationalisierung usw. – diese komplexen Prozesse, die in der psychoanalytischen Literatur beschrieben werden, beziehen sich alle auf den Abwehrmechanismus (A. Freud, 1946). Es ist wichtig hervorzuheben, daß diese Abwehrreaktionen nicht per se als anormal angesehen werden können. Sie gehören vielmehr zur Egoausrüstung. Sie sind keineswegs einfach erkennbare oder leicht durchschaubare Bestandteile menschlichen Verhaltens; wir würden uns selbst täuschen, nähmen wir an, daß diese Kategorie leicht anzuwenden sei. Sie setzt klinische Kenntnisse voraus, um richtig angewandt werden zu können. Aber diejenigen, die mit dem Kind therapeutisch arbeiten und sein Milieu teilen, werden viel besser in der Lage sein, die Entwicklungsformen und Abwehrmechanismen im Verhalten wenigstens zu erkennen, wenn sie alle eine einheitliche Terminologie zu benutzen gelernt haben. Ebenso werden die Kenntnisse des klinisch ausgebildeten Psychologen dem Erzieher viel mehr zugute kommen, wenn beide Professionellen sich klar darüber sind, was sie unter Verhalten verstehen. Eine besonders wertvolle Information ist in diesem Zusammenhang die Kenntnis, in welchem Wechsel ein Kind seine Abwehrreaktionen einsetzt. Solcher Wechsel ist oft ein Zei-

chen dafür, daß das Kind nun für Alternativangebote reif ist; es übt vielleicht gerade neue, reifere Formen oder ist gerade unter besonderem Streß und regrediert daher zu primitiveren Verhaltensweisen. Solche Zeiten sind günstig für das Anbieten von Verhaltensalternativen. Das Kind ist jetzt offener für Hilfen bei seinem Versuch, adäquatere Formen der Alltagsbewältigung zu finden. Streßzeiten (ob von innen oder von außen entstanden) sollten von den Erwachsenen des Milieus als Gelegenheit gesehen werden, neues Verhalten zu lehren.

Die Ankunft neuer Kinder im Heim oder auf der Station ist in diesem Zusammenhang illustrativ. Ähnlich wie bei der Geburt eines Geschwisterchens in der Familie legen die Heimkinder neue Verhaltensformen an den Tag, wenn andere Kinder eintreffen. Bei näherem Zusehen erweist sich ihr Betragen als eine Mischung reiferer sowohl als auch regressiver Entwicklungsstadien und Abwehrreaktionen. Man wird z. B. finden, daß Johnny schwankt zwischen reiferen Reaktionen (größere Unabhängigkeit oder Autonomie, einsichtige Erklärungen der Probleme des neu angekommenen Kindes, die seinen eigenen aus der Vergangenheit gleichen, usw.) und infantilen Regungen (vermehrtes Verlangen nach Zuwendung, dauerndes Um-Hilfe-Betteln), Rückfall in frühere Taktiken, wie z. B. „Boxen" des Erwachsenen usw.). Man kann oft aus dieser Mischung Kapital schlagen, indem man dem Kinde hilft, sich zu adäquateren Reaktionen durchzufinden.

Unsere deskriptiven Kategorien kommen natürlich da zur optimalen Geltung, wo wir Fragen aller Art beantworten können. Die Informationen, die von den Erziehern im Milieu zusammengetragen werden, müssen dazu befähigen, die Zeit, das Tempo, die Vorgangsweise, die Beteiligten, die Entwicklungsabsicht (bzw. -aufgabe) und die Mittel (Abwehr) des Verhaltens genau zu beschreiben. Nur so kann für das Verhalten, das wir ändern wollen, ein effektiver Alternativplan entworfen und angeboten werden.

Mit einem Kind, das seine neue Erzieherin boxt, weil es sie mit seinen früheren Aggressoren (z. B. seinen brutalen Eltern) identifiziert, auf neue Vertrauensbeziehungen hinzuarbeiten (Entwicklungsziel), ist geplante Verhaltensänderung; da können intelligente Alternativen erdacht werden. Die Aggressivität dieses Kindes unspezifisch behandeln, d. h. „heilen" zu wollen, würde ein hoffnungsloser Wirrwarr bleiben.

Was wir bisher haben, sind etliche Kategorien, die uns helfen, einige Verhaltens„absichten" zu definieren und (durch die „Rekonstruktion" der

Vorgeschichte) deren Ursachen zu sehen. Dies hilft uns, Kinder auf wirksamere Weise neue und bessere Verhaltensweisen zu lehren. Eine weitere Betrachtung der Entwicklungsziele und Abwehrreaktionen – kurz, der Ego-Entwicklung – ist nun unsere nächste Aufgabe.

Richtlinien für das Lehren von ichstützenden Verhaltensformen

Um die Verhaltensschwierigkeiten, die wir in unseren Kategorien bisher deutlich umrissen haben, ersetzen oder verbessern zu können, brauchen wir Richtlinien, nach denen wir das Lehren alternativen Adaptionsverhaltens planen können. Wir fragen uns in der Milieutherapie, welche Anforderungen Alltagsereignisse an das kindliche Ego stellen und wo die Erwachsenen Unterstützung finden können für die notwendige „Egotherapie". Es gibt drei Gruppen von Richtlinien. Eine Gruppe geht davon aus, wie die Dinge vom Kind her aussehen; eine zweite Gruppe sieht die Dinge von außen, und die letzte sieht sie mit den Augen des Erziehers, der für seine Bemühungen am Kind Unterstützung sucht.

Die Ich-Entwicklung. Wir werden keine sehr detaillierte Abhandlung von der Entwicklung des Ich geben. Das wäre eine umfassende Aufgabe und würde die Bedürfnisse hier überschreiten. Dies ist eher eine „populäre" Zusammenfassung dessen, was bei der Ichentwicklung vor sich geht, unter Betonung allerdings unserer besonderen Blickpunkte. Wir lehnen uns eng an Sigmund Freud (1940), Erik Erikson (1950, 1959), Robert White (1963), Eli Bower (1966) und George Gardner (1966) an; etwaige Abweichungen oder Verzerrungen (die Autoren stimmen nicht alle miteinander überein) können daher nur unserer simplifizierten Darstellung angelastet werden.
Freud befaßte sich mit drei Persönlichkeitsschichten: dem Es (der ererbten Konstitution, den Instinkten und Impulsen), dem Superego (Hemmungen und Inhibitionen, die von den Eltern her stammen und als ein spezieller Teil des Ich gelten) und dem Ego. Mit dem Ego müssen wir uns beschäftigen. Nach psychoanalytischer Auffassung besteht seine Aufgabe darin, mit externen Aufgaben fertigzuwerden (durch Bewußtheit, Gedächtnis, Lernen, aktive Umweltänderung, Vermeidung exzessiver Anreizung) und mit inneren Vorgängen (Impulse zu kontrollieren, so daß sie nur dann ausgedrückt

werden, wenn die Umweltbedingungen für sie günstig sind. Die Impulse suchen Ausdruck; das Ego versucht, ihnen Befriedigung zu verschaffen. Der Ursprung des Freudschen Ego wird verstanden als das Ergebnis der Frustration dieser Befriedigung durch die Realität. Ein großer Teil der psychoanalytischen Ego-Theorie befaßt sich damit, wie sich das Ego durch Abwehrreaktionen vor den Impulsen schützt. Robert White hat in jüngerer Zeit die Ego-Theorie überprüft und zum Ego noch unabhängige Energien (die nicht aus Triebfrustration stammen) hinzugefügt. Diese sind (wie die Triebe) selbst Anstöße, die menschliche Umwelt zu entdecken und zu verändern. Das Kind exerziert dieses Inangriffnehmen der Welt (den Trieben ungleich) um seiner selbst willen und nicht, weil diese Aktivität zu einer Triebbefriedigung führt und dann „weggeht", bis sie wieder neu als Triebregung erwacht.

Durch dieses Vorgehen gewinnt das Kind Kenntnis von der Welt, das Gefühl, diese Welt beeinflussen und – mit der Zeit – die Zuversicht, mit ihr fertigwerden zu können, mit den Menschen und mit den Vorgängen in ihr. Diese Energie ersetzt natürlich nicht die Instinkte. Sie produzieren ihre eigenen Aktionen, Effekte und Befriedigungen. Das „Welteroberungsverhalten" kann mit den Trieben Hand in Hand gehen. Seine begriffliche Hinzufügung zum Ego gestattet uns jedoch, einige Verhaltensarten zu erklären und Kinder zu lehren, ohne dabei Verbindungen zur Triebbefriedigung beachten zu müssen.

Das sich entwickelnde Ego braucht also demnach ein ganzes Spektrum von Verhaltensweisen (Gefühlen, Vorstellungen), um mit der Umwelt fertigwerden zu können. Die Triebe müssen befriedigt werden, und ein Gefühl der Sicherheit muß entstehen für den normalen Umgang mit Menschen, Dingen und Ereignissen. Zählen wir (mit Erikson) große Gebiete solch notwendiger Fähigkeiten auf, die wir die Kinder lehren wollen:

1. Ausgewogene Kapazität an Vertrauen und an Mißtrauen mit größerem Hang zum Vertrauen; das Gefühl, empfangen zu können (von der Mutter) und geben zu können (an die Mutter) = *orale Phase*.
2. Ausgewogene Autonomie über Scham und Zweifel, ein Gefühl der Körperbeherrschung und Selbstkontrolle = *anale und phallische Phase*. Die Kapazität, die Eltern zu beeinflussen und von ihnen beeinflußt zu werden, Sprachfähigkeiten.

3. Ausgewogenes Vorherrschen der Initiative vor den Schuldgefühlen, ein Gefühl für die eigene Rolle in der Familie, den Eltern gegenüber – *ödipale Phase*.

4. Ausgewogenes Vorherrschen von Fleiß vor Minderwertigkeitsgefühlen, soziales Lernen (wie das Teilenkönnen), Kulturtechniken, die Präzision verlangen (Lesen, Rechnen), die Fähigkeit, an etwas zu arbeiten = *Latenzperiode*.

5. Eine effektive Identität eher als Selbstdiffusion – einschließlich geschlechtlicher und gesellschaftlicher Identität = *genitale Phase*.

Dies sind chronologische Phasen von der Größenordnung eines Fußballfeldes; ihre Entwicklung zieht sich bis in die Adoleszenz hinein. Verfeinerungen lassen sich erkennen, wenn wir spezifische Entwicklungsaufgaben des Ego innerhalb dieser großen Bereiche ins Auge fassen. Auf jedem dieser „Fußballfelder" finden sich sowohl Ereignisse, die körperliche Befriedigung, als auch solche, die Wettstreit mit sich bringen. Zum Beispiel: das Kleinkind in der oralen Phase braucht Nahrung, um seinen Hunger zu stillen, aber es braucht außerdem auch das Gefühl, daß sein Schreien und Lächeln auf die Mutter einen Einfluß haben und entsprechend eingesetzt werden können. Natürlich, die Lösungen, die jetzt gefunden werden, bilden in jeder Phase die Grundlage für die Entwicklung anderer Lösungen in nachfolgenden Phasen. Der Leser sollte sich in die Beschreibungen vertiefen, die besonders Erikson und Gardner von der vielschichtigen Egoentwicklung bei Kindern geben. Die Kinder in therapeutischen Heimen haben ein „geschädigtes Ego". Dies bedeutet, daß bestimmte Aufgaben innerhalb der einzelnen Bereiche nur unzulänglich gelöst worden sind. Als Folge davon sehen wir uns vor die Notwendigkeit und die Gelegenheit gestellt, Alternativverhalten zu lehren, das zu besseren Lösungen führt. Wir betrachten die Ichentwicklung als eine Struktur mit schichtartigen Kategorien von Problemlösungsfähigkeiten. Einige der Kinder, mit denen wir arbeiten, stecken noch in den sehr frühen Phasen der Egoentfaltung (z. B. die primitiven Kinder mit massiven psychotischen Prozessen); einige Kinder haben alle die altersgemäßen Kategorien durchlaufen, zeigen aber sehr wenige und nur sehr schwache spezifische Aufgabenfähigkeiten in jeder Kategorie (schwaches Ego, fragmentarische Egoentwicklung) oder eine unausgewogene Kapazität für Lösungen (einige Charakterstörungen); einige der Kinder in therapeutischen Heimen haben viele Fähigkeiten in jeder Kategorie, aber das Ganze der geschichteten Ego-struktur ist verzerrt, wie bei einer „Rube-Goldberg[6]-Maschinerie", und hat viele Defekte (eine Anzahl von Charakterstörungen). Wir möchten glauben, daß wir durch das Lehren von alternativen Verhaltensweisen ein Mittel an der Hand haben, das Ich zu stärken. So kann es besser Probleme meistern und unnötige Verhaltensmuster im Sinne des „Rube Goldberg Ego" über-winden oder ersetzen. Wir erwarten aber auch, daß ein gewisser Grad an Egoschwäche bis ins Erwachsenenalter hinein bestehen bleibt, besonders bei Kindern, die in therapeutischen Heimen untergebracht werden mußten. Kurz, wir haben keine Illusionen und wissen, daß unsere Behandlungs-kapazitäten alles andere als vollkommen sind. Wir wissen, daß viele unserer Kinder – wie die meisten menschlichen Wesen – auch weiterhin Unzuläng-lichkeiten haben werden und oft noch Rückfälle erleiden. Ein pädagogisches Milieu kann jedoch sehr viel dazu beitragen, daß das Kind Einsicht in seine Problematik und in Alternativmöglichkeiten gewinnt, die ihm gesündere Lebensmöglichkeiten bieten.

Ein besonders wichtiger Aspekt der Egoentwicklung, den wir hervorheben sollten, ist die Entfaltung der Kunst, mit Gefühlen umzugehen. Die Fähig-keit, mit Zorn, Frustration, Traurigkeit, Sehnsucht, Erregung, Freude und Hoffnung fertigzuwerden und sinnvoll umzugehen wie mit konstruktiven Teilen einer menschlichen Ausrüstung, haben viele unserer Kinder nicht. Sie wird aber in vielen Stadien immer wieder benötigt und bedarf daher ernsthafter Aufmerksamkeit bei der Planung von Alternativverhalten.

Wir denken hier zunächst im Sinne „normaler" Egoentwicklung und ihrer üblichen emotionellen Aufgabenstellung; danach denken wir darüber nach, was die Kinder in unserem Heim nicht schaffen können, nur unvollständig erreichen oder nur unter großem Streß vollbringen können; erst *dann* planen wir das Alternativverhalten, das ihre Fehlleistungen verringern oder besei-tigen kann.

---

[6] Meine Kollegen machten mich darauf aufmerkam, daß nicht jeder Rube Goldbergs Witz-zeichnungen kennt. Hier ein Beispiel in Worten: Ein Mann im Bett bewegt sich, sein Zeh zieht an einer Schnur, die eine Tür öffnet, wodurch Futter durch eine Schütte herunterfällt und sich ein Kaninchen in Bewegung setzt, wodurch ein Wasserbehälter umkippt usw., bis schließlich eine Metallkugel gegen einen Gong schlägt und den Mann weckt. Die Pointe: viele unnötige Schritte, um zu einem gewünschten Erfolg zu kommen, hundert Orte, an denen etwas schiefgehen kann. Das Gesellschaftsspiel „Mäusefalle" hat Vorrichtungen, die auf solche Weise funktionieren.

Egoaufgaben, die der Alltag stellt. Um das Milieu als Lehrmittel benutzen zu können, ist es wichtig, darüber nachzudenken, welche Egoaufgaben die Vorkommnisse, Aktivitäten und Ereignisse in unserer Umgebung den Kindern auferlegen. Was erfordert eine Situation (besonders eine vorhersehbare, die wiederholt auftritt) vom kindlichen Ego? In späteren Kapiteln werden wir einige immer wiederkehrende Situationen wie das Zubettgehen (Kapitel 6), Mahlzeiten (Kapitel 5) und Aufstehen (Kapitel 4) von diesem Blickpunkt her untersuchen. Es ist notwendig zu wissen, wieviel Frustrationstoleranz z. B. ein bestimmtes Spiel voraussetzt (s. Kapitel 3) oder was bestimmte Aspekte des Schulstundenplans oder bestimmte Fächer von einem kindlichen Ego verlangen. Sollen unsere Richtlinien erfolgreich sein, so ist es unbedingt nötig, ehe wir Kinder führen und ihnen Alternativen anbieten, unsere Umwelt sorgfältig daraufhin zu prüfen, welche Ichkräfte sie seitens der Kinder voraussetzt.

Quellen der Hilfe für die Egostärkung. Sie werden im Kapitel über das Zubettgehen (6) eingehend erörtert. Hier sollen sie nur kurz behandelt werden. Es handelt sich um Milieuaspekte, die der Erzieher benutzen kann, wenn er Egostärke lehren will.

Beziehungen („Geteiltes Ego“). „Echte Beziehungen“, viel gelobt und oft verlangt von Erwachsenen, die mit Kindern arbeiten, sind vielleicht der schwierigste Aspekt des Milieus (s. Kapitel 2). Die Qualität unserer Beziehung zum Kind erlaubt uns manchmal, seine Egofähigkeiten zu lenken oder zu unterstützen. Es kann sein, daß es etwas beginnt oder seinläßt, weil es uns gern hat. Solche guten Beziehungen sind jedoch nicht die einzige Hilfsquelle im erzieherischen Vorgang. Es gibt Zeiten, wo es besser ist, ein kindliches Verhalten auf einer anderen Basis als der persönlichen Beziehung zu ändern zu versuchen. Seine geringe Vertrauensfähigkeit kann es richtiger erscheinen lassen, in einer besonderen Situation die Forderung mit der Bemerkung zu begründen: „Wir machen es alle so.“ Es gibt sogar Gelegenheiten, wo eine starke, persönliche, gute Beziehung eher unterbetont werden sollte; es wäre beispielsweise unsinnig, wenn eine Erzieherin diese Gefühle dazu benutzte, einen Jungen von seiner rauhen Umgangssprache mit anderen Jungen abbringen zu wollen. Er muß die Gelegenheit haben, an diesem Punkt seiner Entwicklung seine zärtlichen Gefühle unter einer rauhen Schale zu verstecken.

Gruppenstimmung und Struktur ("Gruppenego"). Es ist außerordentlich wichtig für den Erzieher, die Struktur seiner Kindergruppe zu kennen (nah zusammenhaltend, klar geführt oder vieldimensional) sowie ihre Stimmung (hochgemut, entspannt, antagonistisch, kooperativ). Es ist ebenso wichtig, sich die Phasen der Gruppenentwicklung bewußt zu machen; neue Gruppen z. B. "funktionieren" anders als lange bestehende (Paradise, 1968). Eine Hilfsquelle beim Lehren von Ichstärke liegt z. B. darin, daß man vom Kind erwartet, sein Verhalten der Gruppe zuliebe zu ändern, vorausgesetzt, daß eine solche wirklich existiert (nicht nur eine Ansammlung von Individuen). *"Billy, bitte, versuche leiser zu sein – wir alle möchten gern die Geschichte hören" ... "Jeder muß im Feld mitmachen, wenn er an der Reihe ist, sonst können wir dieses Spiel nicht gewinnen" ... "Niemand von den anderen macht das jetzt." Solche Ermahnungen sind natürlich sinnlos, wenn keine Gruppe vorhanden ist oder das angesprochene Kind nicht dazugehört. Wenn die Gruppenstimmung antagonistisch ist, löst man mit solchen Worten nur weitere Konflikte aus. (Siehe weitere Erörterungen über Gruppenstimmung und Struktur in Kapitel 6 und 3).*

Die sichtbare Kultur des Heims ("Externes Ego"). Eine andere Hilfsquelle beim Lehren von Alternativverhalten ist die Kultur, sind die Traditionen, Richtlinien, Regeln und Gewohnheiten in unserem Heim. Der Erzieher kann sie zur Hilfe heranziehen, wenn es darum geht, ein Kind zu ändern. Man kann z. B. folgende Argumente anführen: *"Im Walker Home tun wir das nicht." "Wir waschen hier immer die Hände, bevor wir essen." "Wir alle ruhen nach der Mittagsmahlzeit." "Wir erzählen immer eine Geschichte am Lagerfeuer." Es ist wichtig, nur echte Traditionen ins Feld zu führen und nicht einfach alles, was man gerade vom Kind erwartet. Wenn man universell und unterschiedslos Tradition anruft, so kommt das Kind sehr bald dahinter. Es braucht natürlich Zeit und Arbeit, ehe man eine geschlossene, dem Kind sichtbare Heimkultur aufgebaut hat. Einmal etabliert, stellt sie allerdings eine wesentliche Erziehungshilfe und Kraftquelle dar.*
Des Kindes eigene Egofähigkeiten (Ego-"Stücke"). Diese Kategorie bezieht sich auf unsere eingehende Beschreibung des kindlichen Verhaltens. Wir haben Aussicht auf Erfolg in genau dem Maße, in dem wir unsere erzieherischen Bemühungen so ausrichten, daß sie das Kind dort erreichen, wo es

gerade ist (d. h. auf die Ego-„Stücke", Funktionen und Stile, die bereits entwickelt sind). Die wichtigste Hilfsquelle ist dabei unser gutes Einfühlungsvermögen und gesundes pädagogisches Urteil; mit ihrer Hilfe können neue Verhaltensangebote an dieses besondere Kind angepaßt werden.

Die Boxerei, die Johnny bei seinem aggressiven Versuch zu vertrauen entwickelt hatte, konnte durch das Erlernen kräftigen Händeschüttelns ersetzt werden. Hätte man ihm statt dessen z. B. das Flüstern eines „Hallo" angeboten, so wäre das gewiß eine schlechte Alternative gewesen. Man wird sich erinnern, daß Johnny motorisch ungeschickt war.

Bevor wir mit den Ausdrücken „geteiltes Ego", „externes Ego" und Ego-„Stücke" in Konflikt geraten, sollten wir uns darüber klarsein, daß es sich hier um Hilfsquellen beim Vorgang der Egoverstärkung handelt, nicht etwa um neue Arten der Egostruktur. Bisher haben wir dauernd vom Lehren und Lernen innerhalb des Milieus gesprochen; es wird nun Zeit, daß wir uns den Prozessen zuwenden, die dem Lernen zugrunde liegen, und den Formen des Lehrens, die dem Erzieher in einem Milieu zur Verfügung stehen.

Lernprozesse und Lehrformen

Alternativverhalten muß alte Verhaltensformen entweder ersetzen oder ergänzen, damit Kinder sich ändern können. Erwerb neuer oder Änderung bestehender Verhaltensformen ist *eine* mögliche Form, das Lernen zu definieren. Die Psychologen haben viele Jahre darauf verwendet, die Lernvorgänge zu erforschen. Wir wollen hier das Lernen aus der Perspektive des Erwachsenen diskutieren, der in einem Heim mit Kindern umgeht. Die vier *Lernprozesse*, die wir beschreiben werden, beziehen sich auf die Art, in der man die *Funktionen* der Lerninteraktionen beschreiben könnte. Unsere fünf *Lehrformen* beziehen sich auf die Art, in der sich die *Struktur* dieser Lerninteraktionen darstellen ließe. Die Prozesse sind eine Typologie des Lernvorgangs; die Formen sind eine Typologie der Bündelung dieser Lernprozesse.

Lernprozesse

Das „Was" und „Wann" der Verhaltensalternativen, die man lehren möchte, sind ein guter Anfang; trotzdem müssen wir uns zunächst mit dem „Wie" befassen. Wie lernen Kinder? Im folgenden bringen wir eine allgemeine Beschreibung dessen, was beim Lernen vor sich geht. Es handelt sich dabei nicht um eine spezifische Lerntheorie, sondern um eine Typologie der Lernvorgänge, die sich zwischen Kindern und Erwachsenen abspielen. Manche Leser mögen es vorziehen, unsere vier Prozesse auf eine Lerntheorie zu reduzieren (z. B. auf eine psychoanalytische oder eine Reiz-Reaktions-Theorie) und das ist gut für solche, die klare Bündelungen schätzen. Phänomenologisch jedoch erscheinen diese vier Prozesse dem Erzieher durchaus unterscheidbar. Obwohl die betroffenen Erwachsenen nicht immer in der Lage sein werden, die Prozesse selbst zu wählen, so ist es doch gut, daß sie immer mehrere zur Hand haben und so das Kind mit verschiedenen Methoden behandeln können. Sie haben dann mehrere Möglichkeiten, unter denen sie wählen können. In einer schwierigen Kind-Erzieher-Situation können rigide Strafeinstellung oder absolutes Durchgehenlassen aus der Überzeugung resultieren, daß ja ohnehin nichts zu machen ist. Die nun folgenden Ausführungen sollen den Erzieher überzeugen, daß es immer mehr als einen Weg gibt, an das Kind „heranzukommen". Wir bezeichnen die vier Prozesse als „Aha-Lernen", „Ich-Auch-Lernen", „Lohn- und Strafe-Lernen" sowie „Wieder-und-Wieder-Lernen".

1. Aha-Lernen. Wir meinen hiermit jene Lernerfahrungen, die von dem Gefühl begleitet sind: „Aha, jetzt hab' ich's". In der Psychotherapie wird dieser Prozeß als „Einsicht" bezeichnet. Wenn ein Kind (manchmal plötzlich und unerwartet) einen Begriff findet, der mit seinen Gefühlen übereinstimmt (früheren und jetzigen), so nennen wir das „therapeutische Einsicht". Solche Begriffe und Vorstellungen haben oft viel Bedeutung, da sie sich nicht selten auf große Gefühlsabschnitte beziehen oder auf ganze Verhaltensgruppen und daher für lange Zeit brauchbar bleiben. Um wirklich wertvoll zu sein, muß die Idee jedoch dem Kinde selbst einsichtig sein, nicht etwa nur dem Erwachsenen. In anderen Worten, meistens muß der Erwachsene helfen, sie dem Kind einsichtig zu machen. Was der Erwachsene „weiß", das Kind aber nicht, ist keine echte „Einsicht" (außer im Kopf des Erziehers). Für das Kind ist es nur eine Diagnose, eine Ahnung oder sogar eine Beleidigung (wie

z. B. die Feststellung: „Du haßt Deine Mutter aber wirklich"). Echt therapeutische Einsicht erfolgt hauptsächlich im Zusammenhang mit starken, dauerhaften persönlichen Beziehungen, die viele gemeinsame Erlebnisse für Kind und Erwachsenen beinhalten.

Eine therapeutische Einsicht liegt z. B. dann vor, wenn es gelingt, einerlei mit wem (Erzieher oder Analytiker), ein besonderes Ereignis im Detail ins Gedächtnis zurückzurufen, wie etwa einen Vorfall mit der Mutter, wie das Kind damals fühlte und wie diese früheren Gefühle heute die Beziehung zur Erzieherin mitbeeinflussen. Die „Wirkkraft" einer solchen Einsicht ist ohne weiteres klar. Sie ruft eine Art des Fühlens und Handelns hervor, die von Kind und Erwachsenen dazu benutzt werden können, Beziehungen neu zu konstruieren, Verhalten zu lenken und die Vergangenheit zu verstehen.

Zwei Dinge sollten aus dem bisher Gesagten klargeworden sein: a) Solche Einsichten sind eher rar. Wenn jemand sagt, während eines Sonntagnachmittaggesprächs habe das Kind drei Einsichten gehabt, so können sicher keine „therapeutischen Einsichten" gemeint sein. b) Einsichten können auch partieller sein als unsere ersten Ausführungen vermuten lassen würden.

Das Kind, das zu zählen beginnt, wie oft seine morgendlichen Neckereien mit Bob zu richtiger Schlägerei ausarten, hat auch eine Einsicht, wenn auch eine beschränkte, gewonnen.

Solche partiellen Einsichten erfolgen häufiger als die eigentlich therapeutischen. Unsere Wortwahl soll nicht anzeigen, daß partielle Einsichten unwichtig sind. Das Erreichen und Benutzen von Teileinsichten ist ein größerer Bestandteil des Alltags als die großen Rekonstruktionen unseres Lebens, die wir therapeutische Einsichten nennen. Partielle Erkenntnisse können oft dadurch gewonnen werden, daß der Erwachsene dem Kinde eine Lebenssituation zu erklären versucht. Wir haben bisher einfließen lassen, daß solche Einsichten immer eine wichtige emotionelle Komponente haben, und das ist auch meistens der Fall, jedoch nicht unbedingt immer.

Das Kind, das erkennt, daß es wirklich nützlich ist, einen Stein mit einem Stock (Hebelwirkung) anzuheben, hat eine wichtige Einsicht gewonnen.

Solche kognitiven Erkenntnisse sind mit Gefühlen der Selbständigkeit und Lebensbewältigung verbunden, wie wir oben schon andeuteten. Ihre Gefühlskomponente ist jedoch im Vergleich zu solchen Regungen wie Ärger oder Liebe nur relativ gering. Unser Umgang mit Kindern bietet viele Gelegenheiten, Umstände herbeizuführen, die kognitive Einsichten fördern.

Dies kann in Schulprogrammen arrangiert werden, aber auch durch solche Erfolgserlebnisse, wie sie im Milieu (auf Wanderungen, bei Gartenarbeit, in der häuslichen Werkstatt) herbeigeführt werden können, vor allem, wenn wir uns die Zeit nehmen, dem Kinde zu helfen, selbst herauszufinden durch seine eigenen Handlungen und Reflexionen, wie es gemacht wird, wie es funktioniert (Man versuche ja nicht, mit seiner Elementarphysik alles rasch erklären zu wollen). Es ist ein wichtiger Vorgang bei der Egostärkung, daß man dem Kind hilft, kognitive Einsichten zu gewinnen, indem man ihm Gelegenheiten bietet und ihm hilft, seine neuen Kenntnisse zu verbalisieren. Es ist wie eine Anzahlung auf die zukünftige Tüchtigkeit des Kindes.

Wir wollen nicht behaupten, daß alle Einsichten immer eindeutig in diese drei Kategorien fallen. Es gibt da viele Mischungen und Kombinationen; ein nachdenkliches älteres Kind könnte z. B. eine kognitive Einsicht dazu benutzen, partielle Kenntnis seiner Verhaltensmotivation zu gewinnen.

Johnny und sein Erzieher bemerkten, wie sehr seine Zornausbrüche einem Staudamm glichen, der Strom produziert. (Der Lehrer hatte heute im Unterricht Dämme besprochen.) Es ergaben sich einige scherzhafte Vergleiche zwischen „dämmen" und „verdammen", die den Nagel auf den Kopf trafen.

Manchmal mag man sich als Lernvorgang wählen, von Unterhaltung unmerklich zu kognitiver Einsicht überzugehen. In einer emotionell „geladenen" Situation ist es oft sogar günstig, Verhalten (bzw. Gefühle) in mehr unpersönlich „kognitiver" Weise zu besprechen und dabei die persönliche Beziehung außerhalb der Gefahrenzone zu lassen.

Auch wenn einmal öffentliche oder nationale Belange mit starkem emotionalem Impuls besprochen werden müssen (wie z. B. die Ermordung eines Präsidenten), kann es höchst geschickt sein, den Prozeß der kognitiven Einsichtnahme zu benutzen. So zu tun, als ob solche Ereignisse überhaupt nicht mit den Kindern besprochen werden müßten, wäre eine grobe Überschätzung des Milieus. Soweit kann keine Umgebung darüber bestimmen, was zu erörtern notwendig ist und was nicht. Völliges Übergehen solcher Ereignisse könnte eine weitere Entfremdung der Kinder mit sich bringen, sowohl vom unmittelbaren Milieu als auch von der Umwelt im weitesten Sinne.

Diskussionen mit Kindern über Weltereignisse können sich in der Frage nach der Motivation der Täter erschöpfen. Wenn wir versuchen, aus solchen Vorfällen therapeutische oder partielle Erkenntnisse abzuleiten, so unterliegen wir manchmal der Gefahr, feindselige, impulsive Kinder unbewußt zu

„Mördern" zu erklären. Kognitive Einsichten (durch soziologische oder poli-
tische Diskussionen gefördert) sind dagegen diskret herbeigeführt. Nebenher
kommt es oft dazu, daß wir bei Kindern „wilde", selbstzerstörerische Ge-
danken, die mit weltpolitischen vermischt wurden, abklären: so wie es bei uns
einmal bei einem älteren Jungen geschah, der überzeugt war, der Präsident
der Vereinigten Staaten schicke Waffen nach Nord- und Truppen nach Süd-
vietnam.

Die drei Einsichtarten (therapeutisch, partiell und kognitiv) sind Vorgänge,
die Erzieher nach Wahl einsetzen können, wenn sie Kindern zu Selbst-
erkenntnissen verhelfen wollen (oder zu Gefühlen oder Handlungsweisen).
Partielle Erkenntnisse, die Kindern wirklich verständlich gemacht werden,
eignen sich besonders dazu, sie von Gruppenmitgliedern erklären zu lassen;
Beispiel: „Wenn Johnny von einem Besuch zurückkommt, ist er oft etwas
empfindlich und möchte daher lieber allein gelassen werden."

Die Erzieher können das wählen, was sie jeweils einsetzen möchten. Diese
Wahl erleichtern sie sich oft dadurch, daß sie zunächst in „Versuchsgesprä-
chen" mit den Kindern die Situation explorieren, wenn sie zusammen mit
dem Kind eine Erklärung für Vorkommnisse im Milieu suchen oder wenn
sie zusammen mit dem Kind Dinge manipulieren, um herauszufinden, wie
sie funktionieren.

Wir wünschten, es wäre möglich zu behaupten, daß jedes Verhalten geändert
werden kann, daß der Egoentwicklung immer nachgeholfen werden kann,
wenn nur fortgesetzte Unterhaltung, aufklärende Erläuterungen und Aha-
Erlebnisse angeboten werden. Dem ist leider nicht so. Es wäre die hoffnungs-
loseste Sache, wollte man sich etwa abmühen, 14 verschiedene Einsichten zu
vermitteln, während ein Fußballspiel weiterläuft, ohne dabei Chaos und
Schlägerei ausbrechen zu lassen. Zum Glück lernen Kinder durch alle möglichen Arten von Erlebnissen. Ehe wir uns diesen zuwenden, wollen wir
jedoch noch einige Vorzüge – und Nachteile – der Einsicht als Lernprozeß
betrachten.

Daß sich Erzieher mit Vorliebe der Erkenntnisvorgänge als pädagogischer
Mittel bedienen, hat seine guten Gründe. Einmal gewonnene Einsichten sind
sehr nützlich, da sie sich leicht auf andere, neue Situationen ausdehnen und
die Notwendigkeit reduzieren, das Kind bestrafen zu müssen. Sie tragen
auch dazu bei, daß das Kind selbst deutlicher seine eigene Kraft, sich zu
ändern und zu lernen, erfährt. Aber es gibt auch Nachteile. Einsichten, be-

sonders therapeutische, sind relativ selten. Die Notwendigkeit, ein Verhalten zu ändern, besteht oft längst bevor wir genügend Zeit hatten, mit dem Kind eine persönliche Beziehung einzugehen oder genügend gemeinsame Erfahrungen gesammelt zu haben. Oft sind es auch die äußeren Umstände (Anwesenheit zu vieler anderer Kinder, Schlafenszeit, räumliche Entfernung des Kindes vom Erzieher usw.), die es unmöglich machen, Einsichtnahme zum erwählten Lernvorgang zu machen.

Man kann sich beispielsweise kaum vorstellen, daß jemand Einsichten irgendwelcher Art vom anderen Ende des Spielplatzes her einem Kind zuruft, das gerade im Begriff ist, seinem Spielgefährten einen Stein an den Kopf zu werfen. Trotzdem muß natürlich in so einer Lage etwas geschehen.

Sogar bei passenden Gelegenheiten (Kind und Erwachsener in Unterhaltung oder ruhiger Gruppendiskussion) kann die Einsichtsmethode Nachteile haben. Therapeutische Erkenntnisse können besonders beunruhigend wirken. Wenn ein Kind z. B. gerade einen ganzen Gefühlsknoten entwirrt und vergangene Erlebnisse durchgearbeitet und das Ganze mit einer Einsicht gekrönt hat, so kann es sehr empfindlich reagieren, wenn ihm jetzt gerade auch noch von außen Streß oder Anforderungen auferlegt werden.

Es kann höchst schwierig sein für einen Knaben, der gerade erkannt hat, daß seine Umgangsschwierigkeiten mit einem Kameraden auf latente homosexuelle Wünsche zurückgehen, sich jetzt routinemäßig mit den anderen auf das Schlafengehen vorzubereiten.

Wir sagen nicht, daß Einsichten einen schlechten Lernprozeß darstellen. Wir betonen nur, daß sie nicht die einzige Art sind zu lernen und daß sie mit viel Verstand und Vorsicht gebraucht werden müssen.

2. Ich-Auch-Lernen. Ein anderer wichtiger Lernvorgang ist das Nachahmen der Erwachsenen seitens des Kindes. Dies kann mehr oder weniger bewußt und freiwillig vor sich gehen; es kann positiv sein oder negativ (z. B. jemanden durch Nachahmung lächerlich machen); es kann im Nachahmen von Einzelhandlungen oder auch ganzer Verhaltensweisen bestehen, einschließlich von Einstellungen, Meinungen und Gefühlen; es kann ein eher aktiver oder ein eher passiver Vorgang sein. Sicher ist vor allem, *daß* Kinder in unserem Milieu auf diese Weise lernen. Die Erwachsenen bieten in der Tat viele Modelle an. Sie können nicht bestimmen, welches Verhalten die Kinder nachahmen, wohl aber können sie vorsichtig erwägen, welche Modelle sie den Kindern im Milieu anbieten wollen. Das Ich-Auch-Lernen hängt stark von den mitmenschlichen Beziehungen ab, aber nicht unbedingt nur von den positiven. Die Abwehrreaktion zum Beispiel, die auf der „Identifizierung mit dem Aggressor" beruht, besteht in der Nachahmung gefürchteter oder gehaßter Menschen, von denen man abhängig ist. Es gibt Zeiten, in denen die uns anvertrauten Kinder vor uns Angst haben oder uns „hassen" (z. B. wenn sie neu sind im Heim oder wenn sie eine besonders negative Phase ihrer psychotherapeutischen Behandlung durchmachen). Wir sollten uns klar sein darüber – und auf der Hut bleiben –, Kinder lernen auch während dieser schwierigen Phasen von uns.

Das Kind kann während eines ungezügelten Wutanfalls vom Erwachsenen, der seinen Ärger in kontrollierter, aber strikter Weise ausdrückt, lernen, wie negative Gefühle kontrolliert zum Ausdruck gebracht werden können. Es kann wenig Zweifel darüber bestehen, daß zu Zornesausbrüchen neigende Kinder gerade dies lernen müssen: ihren Ärger gezügelt abzureagieren (s. Kapitel 7 über Wutanfälle).

Es wäre vielleicht gut, sich einmal drei Arten des Ich-Auch-Lernens genauer anzusehen in der Hoffnung, daß solche Betrachtung den Erwachsenen dazu dient, sich der im Milieu vorkommenden Lernprozesse besser bewußt zu werden.

Einfaches Gleichsein. Diese Form des Ich-Auch ist keine bewußte Nachahmung des Erwachsenen, sondern vielmehr eine unbeabsichtigte, ungeplante Übernahme eines gewissen Verhaltens. Es setzt eine nahe Beziehung zwischen Kind und Erwachsenem voraus, aber nicht unbedingt eine tiefgreifende Liebe zu diesem Erwachsenen. (Es kann jedoch die Grundlage zu einer solchen Liebe oder zu einer späteren tiefen Zuneigung bilden.) Es liegt keine gewollte Absicht des Nachahmens vor, noch weniger etwa der bewußte Versuch, durch die Nachahmung dieses Erwachsenen irgendeine Meisterschaft zu erwerben. Es ist vielmehr ein passiver Vorgang.

Kinder fassen in ihrem Milieu oft Redewendungen, Worte oder kleine Sprüche auf aus dem primitiven Wunsch, gleich zu sein: „ich wette mit dir", „wenn du's nicht glauben willst", das sind solche Redensarten. Hier handelt es sich um einen wirklich nützlichen Vorgang, denn die Kinder lernen dabei oft Stichworte, die ihnen entweder helfen, ihre Probleme mit uns zu besprechen oder – auch das kommt vor – ihr Verhalten vom Verstand her besser zu steuern. Ein Beispiel: das Kind hat eine Redewendung von uns übernommen und wendet sie auf ein anderes Kind an, als dieses eine Balgerei mit ihm anzetteln will: „Zu dem Spiel gehören zwei, aber ich habe jetzt keine Lust zum Spielen."

Nachahmung. Wir denken dabei an das bewußt geplante Kopieren von Erwachsenen und deren Verhalten. Es läßt sich nicht immer von spontanen Identifikationsvorgängen unterscheiden, ist aber dennoch gewichtig genug, eigens beschrieben zu werden. Es hat zwei Aspekte, einmal das Nachahmen von Fertigkeiten (Gebrauch eines Hammers, das Werfen des Balles beim Baseball) und zum andern das Nachäffen, mit dem Kinder uns manchmal hochnehmen. Wir haben also sowohl positives als auch negatives Nachahmen im Auge; in jedem Falle aber denken wir nur an bewußte und an relativ umrissene, leicht beschreibbare Vorgänge nachahmenden Verhaltens. Dieser Nachahmungsprozeß setzt voraus, daß das Kind den Erwachsenen als einen anderen wahrnimmt, dessen Verhalten er beobachtet und sich anzueignen versucht. Man sollte sich von dem Nachäffen des Kindes nicht irritieren lassen (es sei denn, es geschehe in echt aufrührerischer Haltung), denn manchmal probieren Kinder dabei etwas aus, was ihnen als Schutz nützlich werden könnte.

Identifikation. Wir beschränken diese beste der Ich-Auch-Imitationen auf das Nachahmen größerer Verhaltenseinheiten (Einstellungen, Ideen, „Schreiner sein" statt nur den Hammer zu benutzen). Sie hat sowohl bewußte oder planvolle als auch unbewußte oder implizite Aspekte. Sie kommt meist im Zusammenhang mit starken, positiven Beziehungen zustande[7] und stellt einen der Grundprozesse dar, durch die das Leben unserer Kinder im Milieu beeinflußt wird. Kinder ahmen die wichtigsten Aspekte unserer emotionellen und intellektuellen Fähigkeiten nach, um dadurch selbst fähiger zu werden. Daß sich der Erwachsene dieses Vorganges voll bewußt ist (vor allem, daß er ihn von den primitiveren Ich-Auch-Prozessen zu unterscheiden vermag),

---

[7] Unserer Terminologie entsprechend wäre „Identifizierung mit dem Angreifer ein primitives Gleichsein". Wir haben die Begriffe „Verkörperung" und „Introjektion" ausgelassen, obwohl sie in unsere Kategorien passen würden. Es geht ja nicht um terminologische Spitzfindigkeiten, sondern darum, psychologische Theorien für den Erzieher brauchbar zu machen.

das ist ein wirksamer Weg, ihn als Milieuwerkzeug optimal in Wirkung zu bringen. In dezenter Weise die Identifikationsvorgänge eines uns anvertrauten Kindes zu lenken, das ist vielleicht die wirksamste und erfolgreichste Weise, Kinder zum Besseren hin zu verändern. Es ist ein Vorgang, der, erst einmal begonnen, rapide Fortschritte mit sich bringt, (viel mehr als andere Lernprozesse).

Wir könnten ein Kind animieren, Bohnen zu essen, indem wir ihm kognitive Einsichten über deren Eiweißgehalt vermitteln, indem wir das Essen belohnen bzw. Nichtessen bestrafen, oder indem wir es immer und immer wieder versuchen; am weitaus einfachsten und besten wäre es jedoch, wenn das Kind sähe, wie wir, die Erwachsenen, die es liebt, Bohnen essen, und es uns einfach darin nachahmen würde.

Wir sollten hinzufügen, daß Einsichten oft vor allem dann erworben werden, wenn das Kind sich mit einem Erwachsenen identifiziert. Der aktive Wunsch nach wachsender Befähigung (emotionell sowohl als intellektuell) spornt den Vorgang an, den wir als Identifikation bezeichnen.

Einige Identifikationsprozesse finden beim Geschichtenlesen statt, und sie sollten als Lernvorgänge nicht unterschätzt werden. Die Helden der Abenteuergeschichten werden oft in dem Bemühen der Kinder, sich auf das Leben vorzubereiten, deren geistige Kameraden. Dies gilt besonders für Kinder, in deren Leben es an realen Identifikationsfiguren (Vater) fehlt oder für die diese Vorbilder durch frühere schlechte Erfahrungen „korrupt" geworden sind. Die Erzieher innerhalb des Milieus können die Beziehungen zu solchen Helden oft lenken und auswerten (indem sie den Helden besprechen, Bücher finden für das Kind, sein Interesse an der Figur teilen).

Das Ich-Auch-Lernen pädagogisch auszunutzen, setzt die Beobachtung und das enge Zusammenarbeiten mit dem Kind voraus. Es ist besonders wichtig, die verschiedenen Arten des Ich-Auch auseinanderzuhalten. Wenn nur simples Gleichseinwollen dem Kind zur Verfügung steht, so sollte man vorsichtigerweise keine völlige Kooperation oder Mitwirkung seitens des Kindes erwarten, die vollständige Identifikation voraussetzen würde. Dieser Fehler würde zur Enttäuschung des Erwachsenen führen und so, was noch schlimmer ist, die weiteren Identifikationsversuche des Kindes „blockieren". Unsere Ich-Auch-Einteilungen sollten jedoch nicht als sich gegenseitig ausschließende Kategorien betrachtet werden. Einfaches Nachahmen, Imitieren und Identifizieren sind bewegliche Vorgänge; der eine löst den anderen nicht völlig ab mit fortschreitender persönlicher Beziehung, obwohl ein größerer Reifegrad in der Identifikation zu finden ist. Alle drei bleiben ein Teil der menschlichen Eigenschaften.

Strafe-Belohnung-Lernen. Dieser Lernprozeß beinhaltet den geplanten Einsatz von Lohn und Strafe im kindlichen Erziehungsvorgang. Wir werden nicht darüber debattieren, ob Strafen gut oder schlecht ist oder ob es viele kluge Arten gibt, die Strafe auf das Vergehen genau abzustimmen. Wir werden auch nicht den Gebrauch von „Bestechungsversuchen" oder übergroße Strenge besprechen. Nicht einmal die besonderen Aspekte, die zu bedenken sind, wenn Kinder zur Strafe in ihr Zimmer geschickt werden, wenn Körperstrafe angewandt oder das Kind zu Unrecht bestraft wird (wir haben das „falsche" Kind erwischt), sollen hier diskutiert werden. Redl (1966) hat sich genügend ausführlich mit diesen Dingen befaßt. Unser Hauptanliegen ist hier die Betonung, daß Belohnung oder Bestrafung gewisser Verhaltensweisen in bestimmten Situationen ein Prozeß sind, der dazu benutzt werden kann, Verhaltensänderungen herbeizuführen. Ihr Einsatz ist ein Erziehungsmittel, dessen der Erwachsene sich bedienen mag, wenn er vorhat, das Kind etwas zu lehren.

Ein jedes System, das Gebote oder Folgen festlegt für bestimmte Fälle, benutzt Lohn oder Strafe als Lernprozeß. Sogar unser Mißfallen hat Strafcharakter und unsere Belobigung hat belohnenden Charakter; sie führen meist eine schnelle Verhaltensumstellung herbei; die Wirkung ist aber meist nicht klar vorhersagbar, es sei denn, wir ziehen viele andere Variablen in die Betrachtung mit ein (z. B. unsere Beziehung zu dem Kind und die Frage, ob es unsere Belohnung oder Strafe als ihm selbst oder seiner Tat geltend auffaßt)[8].

Es steht außer Zweifel, daß wir diesen Prozeß als ein Mittel zur Verhaltensänderung wählen können. Einige seiner Vorteile beruhen auf der Klarheit der Nachrichten an das Kind (vorausgesetzt wir *sind* bestimmt und klar

---

[8] Man könnte spekulativ erwägen, ob nicht die Erfolge der „Verhaltenstherapie" bei schizophrenen und autistischen Kindern darauf zurückzuführen sind, daß in diesen Fällen für das Kind kein Zweifel darüber besteht, ob die Bestrafung ihm selbst als Person gilt oder seiner Handlung. Solche Kinder haben meist nur ein ganz unvollkommenes Selbstgefühl. Es ist daher schwer, sich vorzustellen, wie Verhaltenstherapie allein dem Kinde ein Selbstgefühl vermitteln könnte, ohne dabei seine eigene Methode zu verwirren.

in dem, was wir belohnen oder bestrafen), in seiner Anwendbarkeit in Situationen, in denen keine anderen Mittel zur Verfügung stehen (oder zur Wirkung kommen) zwischen Kind und Erwachsenem und in der Möglichkeit, dem Kind ein paar nützliche Formen fast automatischer Verhaltenskontrolle beizubringen.

Es wäre schön, wenn alles Verhalten von sinnvollen Einsichten und anderen, gut funktionierenden Egoprozessen gesteuert würde, aber es wäre ebenso naiv, dieses Wunschdenken für die Realität zu halten. „Superego-Funktionen" existieren und sind durchaus nicht alle schlecht, wie die populäre analytische Psychologie uns oft vormachen möchte. Automatische Hemmungen und Inhibitionen, obwohl oft eine Rolle spielend bei neurotischen Störungen, sind ein neutraler Anteil der emotionellen Ausrüstung. Sie befreien das übrige Ego von einem Teil der Verhaltenskontrolle.

Wenn wir Belohnung und Strafe als Erziehungsmittel anwenden wollen, sollten wir uns vorher klarmachen, daß wir damit vielleicht eine „automatische" Hemmung einbauen, bzw. eine stereotype Verhaltensweise. Man sollte sicher sein, daß diese dem Kinde dienlich sein wird. Die Gefahren des Lohn-Strafe-Vorgehens in der Erziehung sind echt, wurden aber in jüngster Zeit überbetont. Bei ausschließlichem Gebrauch können Strafe und Belohnung ein Kind produzieren, das wie ein Automat funktioniert. Bei zu starkem Einsatz dieser Erziehungsmittel kann es dazu kommen, daß das Kind viele legalistische Argumente ersinnt, um unser Netz von Geboten und Strafen zu durchbrechen.

„Vorige Woche, als Bob mein Spielzeug zerbrach, hast du ihn nur aus dem Zimmer geschickt, und er brauchte nicht dafür zu bezahlen; also gehe ich jetzt einfach heraus." ... „Billy hat Joe geschlagen und brauchte deswegen nur fünf Minuten still sitzenzubleiben; denk nur ja nicht, daß ich jetzt etwa eine halbe Stunde hier hocken bleibe." Solche Argumente verderben am Ende das ganze Erziehungsmilieu. Wenig nützliche Verhaltensänderung kann (für das Kind) dadurch zustandekommen, daß wir dauernd versuchen müssen, unsere „Gerechtigkeit" zu rechtfertigen.

Zu den Formen der Belohnung, die uns bereits geläufig sind, (Lob, Süßigkeiten, Privilegien usw.) und denen der Bestrafung (Zuhausebleibenmüssen, Mißbilligung, Verurteilung, Vorenthaltung von Belohnungen usw.) wollen wir nun noch einige neuere Vorstellungen aus der experimentellen Psychologie („Verhaltenstherapie", „Verhaltensmodifikation") hinzufügen[9]. Man denke aber nicht, wir seien nun Experten der Verhaltensmodifikation oder „Verstärkungs"-Kliniker geworden. Wir wollen nur keinen Lernvorgang ausschließen, der uns helfen könnte, das Kind zum Besseren hin zu ändern. Andererseits werden wir dieses Kapitel nicht in der Verstärkungssprache schreiben und alle unsere Arbeit mit Kindern von der Reiz-, Reaktions- oder Konditionierungs-Terminologie assimilieren lassen. Wir wollen aber wohl bestätigen, daß Strafe und Belohnung wirksam sein können, wenn man kindliches Betragen verändern möchte. Die Verhaltenspsychologen sind vorsichtig (d. h. sie gehen von konsistenten und spezifischen Einzelheiten aus, wenn sie Verhalten durch den differenzierten Einsatz von Belohnung oder Strafe modifizieren), und sie sind bereit, sich bei der Auswahl der zu behandelnden Verhaltensformen von klinischen Psychologen beraten zu lassen. Sie haben den Begriff der „natürlichen Verstärker" geprägt für Verhalten, das intrinsischen Wert hat für das Kind. Damit haben sie unsere Aufmerksamkeit wieder einmal darauf gelenkt, daß die kompetente Durchführung einer Aufgabe ein Wert in sich selbst ist.

Man muß Kindern nicht jedesmal Bonbons dafür geben, daß sie ihre Pullover zuknöpfen. Sie verstärken selbst dieses Verhalten, einfach weil ihnen ihre Kompetenz Freude macht.

Wir wollen sagen, daß es dem Erwachsenen durchaus zusteht, in gewissen Erziehungssituationen Verhaltenstherapie anwenden zu wollen (durch den gleichmäßigen Gebrauch von Belohnungen, die entweder extrinsischen Wert haben, wie eintauschbare „Münzen", Lob, Süßigkeiten oder intrinsischen, d. h. natürlichen, wie z. B. Freude am vollendeten Werk). Man kann durchaus auch ein Verhalten belohnen, das im Vergleich zu dem unerwünschten eine bessere Alternative darstellt, wie es im Falle Johnny geschah: Händeschütteln ist mit Boxen unvereinbar; man kann nicht beides auf einmal tun. Wir benutzen wahrscheinlich schon eine Reihe solcher Lernprozesse bei unseren Kindern, wie z. B. wenn wir jeden einzelnen Versuch eines Kindes, am positiven Zusammenleben in der Gruppe teilzunehmen, belohnen. Wenn wir erst einmal wissen, was zu Wutausbrüchen führt, so können wir manch-

[9] Die Arbeit von Ferster und Simons war hier von besonderer Bedeutung, da sie aus einem therapeutischen Heim hervorging (Linwood Children's Center, Elliot City, Md.). Siehe Ferster (1967) und Ferster und Simons (1966). Für eine andere Art der Verstärkungstherapie siehe Lovaas, Freitag, Gold und Kassorla (1965).

mal darauf bestehen, daß es ein verfügbares Alternativverhalten wählt. Strafe im Falle des Zornausbruchs und Belohnung für Alternativverhalten kann dazu beitragen, unsere Erwartung deutlich zu machen, dem Kinde klar zu zeigen, was wir von ihm erhoffen (s. Kapitel 7). Kenntnisse aus der Verhaltenspsychologie verhelfen uns vielleicht dazu, die Verhaltenslenkung noch sorgfältiger zu planen und durchzuführen. Die Gefahr, daß man Automaten macht aus Kindern, besteht nur dann, wenn Verhaltenstherapie mit Ausschließlichkeit angewandt wird.

Einige zusätzliche Punkte zum Thema Vorsicht bei der Anwendung von Belohnung und Strafe: a) Man muß klar zwischen Belohnung und Strafe unterscheiden; Belohnung ist, wo immer möglich, der Bestrafung vorzuziehen, und das kann oft genug darin bestehen, daß man ein Alternativverhalten belohnt anstatt das unerwünschte Verhalten zu bestrafen. b) Man sollte die Implikationen der Bestrafungen bzw. Belohnungen erwägen, die man anwenden will; man wäre z. B. schlecht beraten, würde man immer nur Eßbares oder Geld als Belohnung und Mittel der Anerkennung benutzen oder immer nur Isolierung als Symbol der Mißbilligung. Das würde es dem Kind schwer machen, sich nicht „ungeliebt" zu fühlen, wenn es hungrig ist, und „bestraft", wenn es allein ist. Hunger und Einsamkeit sind menschliche Daseinsbedingungen, die gemeistert werden müssen, nicht aber Zustände moralischer Verurteilung. c) Man täte gut daran, kein Verhalten zu strafen, ohne daß man bereit ist und in der Lage, dem Kind eine andere Verhaltensweise vor Augen zu führen, die die erstere ersetzen kann. d) Man beobachte, wie das Kind selbst Belohnung und Bestrafung handhabt. Einige Kinder bringen komplizierte Systeme innerer Selbstbestrafung und Selbstbelohnung mit, die vorsichtig auseinandergenommen werden müssen (dem Rube-Goldberg- oder hastig zusammengebauten Ego liegt es oft daran, durch Provokation Strafe geradezu herauszufordern). Man sollte vermeiden, solche Systeme zu verstärken oder noch andere unnötig hinzuzufügen und damit den seelischen Ballast des Kindes weiter zu vergrößern.

Der Gebrauch *vorsichtig durchdachter* Lohn-Strafe-Prozesse ist in einem Milieu unumgänglich. Wirklich gefährlich ist nur, wenn wir vorgeben, „so etwas" nie zu tun und wenn wir damit unseren undurchdachten Einsatz hinter einer Fassade rationalisierter Entschuldigungen verstecken. Eine Version dieser Fassade besteht in der Behauptung, Belohnung und Strafe dienten nur als „Kontrolle", während Identifikation und Einsicht dem echten

Wachsen, der Liebe und den guten Beziehungen diene. Jede dieser Behauptungen wirkt kurzsichtig und zerstörerisch in einem flexiblen, reaktionsfreudigen Milieu.

4. *Wieder-und-Wieder-Lernen.* Dieser letzte unserer Lernprozesse hat keine fertige Etikettierung wie etwa Einsicht, Identifikation oder Lohn und Strafe. Wir sind nicht einmal sicher, ob er nicht viele Komponenten der bereits besprochenen Vorgänge enthält. Sicher ist aber, daß ein Alternativverhalten dadurch gelernt wird, daß man ein Kind eine gewisse Sache immer und immer wieder tun läßt. In einem Milieu und vom Standpunkt der Kind-Erwachsenen-Interaktion aus kann man ohne Beschreibung dieses Vorganges nicht auskommen.

Gesetzt den Fall, wir möchten einem Kind das Schaukeln auf einer Schaukel beibringen. Sehr wahrscheinlich würden wir mit einsichtsvermittelnden, tiefschürfenden physiologischen Erklärungen nicht weit kommen dabei. Wir werden vielleicht demonstrieren, wie die Beine zunächst gestreckt und dann, beim Zurückschwingen, angezogen werden (Verhalten somit durch Imitation modellierend), aber dabei würden wir es wahrscheinlich nicht bewenden lassen. Es ist auch höchst unwahrscheinlich, daß wir gute Bewegungen loben, schlechte tadeln, oder mit einem „Nein, so nicht" bedenken. Die meisten Erzieher werden hinter dem Kind stehen und laufend und wiederholt die Beine des Kindes in die richtige Stellung bringen, während die Schaukel hin und her schwingt. Wir nennen diese Art des Lernvorgangs „Wieder-und-Wieder".

In jedem Milieu bieten sich viele Gelegenheiten, ein Kind solche Wiederholungsserien durchmachen zu lassen. Beabsichtigte und geplante Abläufe werden meist als Routine bezeichnet. Wir setzen voraus, daß Kinder, die wiederholt durch solche Sequenzen geführt werden, allmählich selbst die Routine zu übernehmen lernen. Es wäre unverantwortlich, Kinder Abfolgen zu lehren, die außerhalb eines bestimmten Milieus keinen anwendbaren Wert haben. Solches Verhalten ist im Grunde „Institutionalismus" und kann vermieden werden. Wenn wir Routinen festsetzen, von denen wir verlangen, daß die Kinder sie ausführen, wie z. B. bei Mahlzeiten und beim Schlafengehen, so sollten wir sicher sein, daß es allgemein nützliche Gewohnheiten sind. Das Verhalten sollte dem Ego des Kindes helfen, mit den Forderungen der Situation fertigzuwerden (s. besonders Kapitel 6 über Schlafenszeitroutinen).

Kinder eines Milieus werden oft auch durch weniger sichtbare Gewohnheitsserien geführt. Man könnte sie als „implizierte Gewohnheitsabläufe" bezeichnen. Dabei denken wir etwa an die Möglichkeit der automatischen Bestrafung gewisser Vergehen. Zu unserem Schrecken bemerken wir manchmal, daß ein Kind die Abfolge genau kennt und sich nun selbst bestraft (indem es z. B. in sein Zimmer geht, nachdem es ein Fenster zerbrochen hat). Wenn einsichtsfördernde Konversation das ausschließliche Mittel ist, mit dem auf Fehlverhalten reagiert wird, so kann es dazu kommen, daß Kinder, nachdem sie sich schlecht betragen haben, eine „Einsicht" deklarieren und die Sache damit als erledigt betrachten. („Ich war erregt. So, da habt ihr's. Ich hab's ja zugegeben.")

Es ist wertvoll für die Planung von Lernprozessen, sich der Möglichkeit des „Wieder-und-Wieder" bzw. des „wiederholten Ablaufs" bewußt zu sein, um so mögliche Starrheiten zu vermeiden. Diese Art des Lernens hat etwas vom Auswendigwissen an sich und hat außerdem einige Ähnlichkeit mit Versuch-Irrtum-Lernen. Es handelt sich dabei natürlich nicht um eine sehr schnelle Lernart. Als ein Prozeß jedoch, der zu wohlüberlegten, das Ich stärkenden Vorgängen hinzugezogen wird, kann er wertvolle und angepaßte Verhaltensgewohnheiten hervorbringen. Indem wir vom Kinde bestimmte Wiederholungen fordern, machen wir deutlich, welches Verhalten wir von ihm erwarten.

Über Lernprozesse allgemein. Es ist gewiß bereits klargeworden, daß die Lernprozesse, von denen hier die Rede ist, sich überschneiden und oft gegenseitige Beziehungen aufweisen. Ein Kind mag z. B. eine sehr wertvolle partielle Einsicht gewinnen (wie die, daß seine Handlung, nicht aber seine Person Mißfallen erregt); dies mag geschehen, während es von einem Erwachsenen, den es gern hat, bestraft wird. Keiner dieser Prozesse ist der einzig absolut richtige für dieses Lernziel. Sie sind *nicht* eine Reihenfolge von Abläufen, die in einem einzigen reifen Weg des Lernens kulminieren (nämlich der Einsicht). Alle vier dieser Lernarten sind und bleiben Teil des menschlichen Verhaltens durch das ganze Leben hindurch. Ein jedes Milieu, das etwa nur eine Lernvariante einsetzen wollte (wenn das überhaupt möglich wäre), könnte kaum den Kindern zu wahrer Menschlichkeit verhelfen. Ein solches Milieu liefe Gefahr, das Kind dahin zu führen, an seinen Symptomen festhalten zu wollen. Wenn wir beispielsweise starr nur „Einsichtstherapie" betreiben wollen, sobald ein Kind Mathematik zu lernen hat, so können wir mit Sicherheit erwarten, daß das Kind jedesmal eine Sorge, einen Traum oder ein Familienproblem vorbringen würde in dem Moment, wo es sich an seine Rechenaufgaben begeben sollte – und dieser Vorwand würde es für die Dauer der gesamten Mathematikstunde beschäftigen. Die Überzeugung, daß Abwechslung im Lernvorgang notwendig ist, wird hoffentlich den Erwachsenen dazu führen, die Lernprozesse möglichst ausgewogen und variiert anzuwenden. Die verschiedenen Spielarten des Lernens und ihre Wirkung bei jedem Kind genau zu kennen, ist ein großer Vorteil, wenn man in eine erzieherisch wirksame Beziehung treten möchte mit den Kindern, die einem anvertraut sind.

Lehrformen

Eine andere Art, das Lernen in einem Milieu zu betrachten, ist die Erwägung, wie wir das anzubietende Alternativverhalten am besten „verpakken". Verhalten zu unterbrechen, zu ersetzen oder neue Verhaltensweisen zu erfinden, kann auf verschiedene Arten bewirkt werden, d. h. durch verschiedenartige Lernvorgänge. Die Lernart wird oft mehr durch das Kind selbst bestimmt. Die Formen oder Strukturen des Lehrens können dagegen häufiger vom Erwachsenen bestimmt werden. Welche besondere Struktur werden wir wählen, um „an das Kind heranzukommen"? Wird Verhaltensänderung dadurch bewirkt, daß wir eine Regel aufstellen, eine Routine vorschreiben, Aktivitäten planen? Werden wir die Sache mit dem Kind durchsprechen oder werden wir uns lieber nur mit der Oberfläche des Verhaltens befassen? Obwohl diese Formen und Strukturen sich überschneiden, ist es günstig, sich der verschiedenen Möglichkeiten bewußt zu bleiben.

1. Regeln. Jede Kindergruppe hat gewisse Regeln des Zusammenlebens. Sie reichen von komplizierten Strafpunktsystemen mit bestimmten Belohnungen oder Strafen bis zu wenigen, notwendigen und „vernünftigen" Regeln der Sicherheit. Unsere Diskussion wird sich nicht mit dem Für und Wider solcher extremer Systeme befassen. Müßten wir in diesem Argument unbedingt eine Stellung beziehen, so würden wir sagen, daß in einigen Situationen, in gewissen Heimen, bestimmte Arten von Kindern es notwendig machen, daß die Erzieher zu Extremen greifen, da nur so der effektive Ablauf im Milieu gesichert werden kann. Wir wollen hier nur sagen, daß Regeln *eine* Form sind, Kinder zu lehren oder zu beeinflussen, und wir wollen einige dieser Regeln vorschlagen.

Was wir im Auge haben, sind diese Fragen: Wen geht die Regel an (ein Kind oder die ganze Gruppe); und wie klar sind die Konsequenzen, die beim Brechen der Regel eintreten (automatische, vorherbestimmte gegenüber unbestimmten Konsequenzen). Wenn wir diese beiden Variablen kombinieren, so erhalten wir vier Arten von Regeln, die nützlich sind für das Zusammenleben mit Kindern in einem Heim.

Gruppenregeln mit automatischen Folgen. Diese Regeln sind die üblichen; die meisten Einrichtungen gebrauchen mindestens einige von ihnen.

Haus oder Grundstück ohne Erlaubnis zu verlassen, bedeutet meist automatisch Hausarrest und Verlust des Taschengeldes. Das Zerbrechen einer Fensterscheibe muß mit Geld gesühnt werden.

Es muß ganz deutlich sein, auf welches Verhalten sich welche Regel bezieht. Solche Regeln hindern zwar manchmal den therapeutischen Vorgang, aber sie helfen auch oft, das Kind mehr aktiv mit einzubeziehen.

Das einsame Kind, das für kurze Zeit mit einem Ausreißer das Grundstück verläßt, ist hier ein gutes Beispiel. Wir sollten uns eher damit beschäftigen, daß es sich einer anderen Person angeschlossen hat, als damit, daß wir es für das „Weglaufen" bestrafen. (Es kann jedoch auch vorkommen, daß das gemeinsame „Verbüßen" einer „Strafe" eine nützliche Kameradschaft fördert.)

Oder man denke an ein Kind, das nach einer Missetat unter tiefen Schuldgefühlen leidet. Für dieses mag es besser sein, seine Strafe abzuleisten, um dann, befreit von Schuld, wieder voll am Gemeinschaftsleben teilnehmen zu können. Ohne Bestrafung würde es vielleicht weiter „sündigen", bis es die gewünschte Strafe erhielte.

Jeder dieser Standpunkte kann übertrieben und dazu benutzt werden, entweder jede oder keine Regel als richtig zu deklarieren. Beide Gesichtspunkte, klinisch vorsichtig interpretiert, sind wichtige erzieherische Mittel.

Individuelle Regeln mit automatischen Folgen. Diese Art von Regel gilt nur einem einzelnen Kind, oder, richtiger noch, nur einer bestimmten Verhaltensweise eines besonderen Kindes. Es handelt sich um einen weniger häufigen Gebrauch von Regeln, der aber zeitweise das beste „Egopflaster" für eine bestimmte Situation darstellen kann. Die Lage, an die wir dabei denken, ist meist eine recht verzweifelte, an der viele andere Versuche bereits gescheitert sind.

Wir denken z. B. an ein Kind, dessen Gefühlsleben sich auf Zorn beschränkt, den es dadurch abreagiert, daß es andere Leute mit Steinen bewirft. Wir werden Regeln aufstellen, die vorübergehend nur ihm gelten und die auch einen Ausweg möglich machen. Während wir vom Kind erwarten, daß es sich an diese Regel hält, werden wir gleichzeitig versuchen, es einsichtig zu machen und ihm alternative Verhaltensmuster anbieten.

Wir betrachten solche individuell zuständigen Regeln als ein Egopflaster auf einer undichten Egostelle. Es ist, als ob die psychodynamischen Vorgänge in diesem Kind in dieser besonderen Situation vorübergehend ein normales Funktionieren des Ego unmöglich machten, wenigstens in diesem besonderen Zusammenhang. Um des gefahrlosen Zusammenlebens der Gruppe wegen müssen wir dieses Verhalten bremsen. Die Klugheit gebietet, daß wir die richtige „Verpackung" dafür finden. Es ist richtig, daß eine andere Unart vielleicht schon bald das Steinewerfen ablösen wird, aber wenn das Kind erst einmal begonnen hat, sein Verhalten zu ändern, so sind wir in einer viel besseren Lage, ihm eine weniger gefährliche Alternative nahezubringen.

Individuelle Regeln mit Folgen, über die sich verhandeln läßt. Obwohl Erwachsene oft eine Gruppenregel aufstellen möchten, um nicht mehr mit jeder Schwierigkeit einzeln umgehen zu müssen, müssen sie doch damit rechnen, ein Durcheinander von Argumenten seitens der Gruppenmitglieder zu hören zu bekommen. Die Gruppenregel ist die einfachste Regel, was das Aufstellen betrifft, aber die schwierigste, wo es um die Durchführung geht. Sie sieht oft wie eine Drohung aus und ruft daher viel bösartiges Manövrieren seitens der Kinder hervor. Sie läßt auch wenig Möglichkeit, Alternativverhalten zu lehren.

In jeder Gruppensituation, in der Kinder miteinander leben, wird es unumgänglich sein, daß der Erwachsene einige Regeln aufstellt. Der diskriminierende Einsatz dieser Regeln setzt voraus, daß man die Kinder und die Gruppenprozesse eingehend kennt. Der Lernprozeß, der für Gruppenregeln gilt, besteht meist aus Belohnung oder Strafe. Aber die Prozesse der Einsicht, des Wieder-und-Wieder oder der Identifikation sind nicht etwa von vornherein unmöglich, wenn man einige Regeln aufgestellt hat und sie konsequent gebraucht. Die Erkenntnis, daß es mehr als eine Art von Regeln gibt, fördert ihren bewußten Einsatz.

2. *Routinen.* Diese „Verpackung" oder Form für etwas, das gelehrt werden soll, fordert die Planung einer vernünftigen Abfolge jener Verhaltensweisen, die wir während eines routinemäßigen Tagesablaufs (Schlafengehen, Tischzeiten) lehren wollen. „Wieder-und-Wieder"-Tun mag hier den Vorrang haben, aber die anderen Lehrformen, die wir besprachen, haben auch einen Platz (das Nachahmen anderer Kinder, Belohnungen, partielle Einsicht in die Schwierigkeiten, die ein Kind hat). Andere Formen haben offenbar ebenfalls mit der Einführung von Gewohnheiten zu tun (z. B. Regeln darüber, wann das Licht auszumachen ist).

Manchmal kann es für das Kind wichtig sein, daß man eigene Routinen aufstellt. Es hat z. B. vielleicht besondere Schwierigkeiten mit einer bestimmten Tageszeit – etwa beim Übergang von der Schule zum Speisesaal –; eine besondere Regel für diese Problemlage kann dem Ich helfen, über diesen Engpaß hinwegzukommen.

Wir werden die Routinen noch eingehender behandeln in den Kapiteln 4, 5 und 6.

3. *Programmieren und Aktivitäten.* Kapitel 3 behandelt dieses Thema im Detail. Hier möchten wir nur darauf hinweisen, daß das Lernen durch Spielaktivitäten vielleicht die natürlichste Form ist, in der Kinder Alternativverhalten lernen. Es ist daher eine der wichtigsten Aufgaben eines Heimes, möglichst viele verschiedene Aktivitäten für Gruppen und einzelne im Milieu anzubieten. Die Egofähigkeiten und die Entwicklungsschritte, die auf diesem Wege gefördert werden, sind die Anstrengung durchaus wert.

Die Sprache, die in einem beliebten Spiel angewandt wird, kann z. B. zur Hilfe herangezogen werden, wenn es nötig ist, ein Kind zu mahnen – „Du bist bei deiner letzten Anzahlung" kann eine Warnung bedeuten. Spiele können oft als Ersatz für Verhaltensschwierigkeiten herhalten; so sind z. B. Rätsel und Scherzfragen besser für ein Kind, das es liebt, Erwachsene aufzuziehen. Führerrollen können in einigen Gesellschaftsspielen ausgelebt werden. Die Einsichten und Identifikationen, die durch das „Eton-

65

Spiel" gewonnen werden, rechtfertigen vielleicht den Anspruch, daß dieses Spiel echt britische Männer formt. Unter „Aktivitäten" fallen natürlich ferner Brettspiele, Wortspiele und athletische Spiele.

4. Die Lenkung von Oberflächenverhalten. Diese Lehrform bezieht sich auf die großartige Skala von Lebensraum-Interventionen, die von Redl und Wineman (Redl, 1966; Redl und Wineman, 1957) beschrieben wurde. Die Verhaltensweisen der Erwachsenen in Situationen, die ein Eingreifen notwendig machen, können von Signalen (Kopfschütteln oder eine Handbewegung, die Aufhören fordert) über Ablenken durch Humor bis zum physischen Entfernen eines Kindes aus dieser Situation reichen. Wir würden sagen, daß diese „Lebensraum-Eingriffe" *eine* Form sind, in der man Kindern Verhaltensalternativen beibringen kann. Die Arbeit von Redl und Wineman wird oft nur als eine Überlebensstrategie für die Erwachsenen betrachtet oder lediglich als eine Art, das Leben mit aggressiven Kindern aufrechterhalten zu können. Wir möchten dagegen behaupten, daß Erzieher, die über eine Reihe von Möglichkeiten zur Lenkung von Oberflächenverhalten verfügen, eine bessere Chance haben, ihre Arbeit mit den Kindern auf deren Egobedürfnisse zuzuschneiden und so verschiedenen Gruppen oder Einzelkindern in gewissen Situationen besser helfen zu können.

5. Gespräche. Konversation ist vielleicht die am meisten gebrauchte „Verpackung", in der wir Kindern unsere Hilfe anbieten. Sie ist offensichtlich ein Teil aller bisher besprochenen Strategien. Wir wollen hier drei Gesprächstypen besprechen, die Erwachsenen zur Verfügung stehen:

Psychotherapeutische Gespräche. In der Psychotherapie geht viel mehr vor als etwa nur ein Gespräch (z. B. Spiele, Puppentheater, Fingerfarben-Malerei). Wir wollen uns hier jedoch auf die psychotherapeutische Konversation beschränken. Wir denken dabei an die Erforschung tieferer Gefühlsschichten und die Zusammenhänge zwischen Gegenwart und Vergangenheit. Diese Gespräche werden meist von einem Therapeuten in einem Raum innerhalb des Heimes durchgeführt. Es ist unerläßlich, daß zwischen diesen Gesprächen und dem, was im Heimmilieu sonst vorgeht, sinnvolle Zusammenhänge hergestellt werden. Davon sind die folgenden drei besonders wichtig: a) die Länge der Zeit, die das Kind bereits im Heim ist (seine freiwillige Zustimmung dazu, daß es hier ist; seine Beziehungen zu den andern

Kindern in diesem Heim); Brodie (1966) hat eine gute Beschreibung dieser Phasen und ihrer Beziehungen zur psychotherapeutischen Behandlung gegeben; b) die Art, in der ein Erzieher das Kind behandelt – sie kann nachteilig wirken, wenn sie für das Kind stark negativ besetzte unbewußte Verbindungen zu früheren Erlebnissen hat; McDermott, Fraiberg und Harrison (1968) haben dies in einer Fallanalyse erläutert, in der für einen Knaben physisches Festgehaltenwerden die komplexen masochistischen und homosexuellen Gefühle wieder hervorrief, die er gehabt hatte, wenn sein Vater ihn schlug; c) die psychotherapeutische Behandlung muß ferner jene Schwierigkeiten beachten, die im Milieu dann entstehen, wenn sich etwas im Leben des Kindes verändert. Wenn im Laufe der täglichen Ereignisse ein Kind auf seine alten Verhaltensformen zurückfällt (oder unangepaßte Verhaltensweisen sich verschärfen), so kann das für die Erzieher sehr entmutigend sein. Sie reagieren vielleicht auf diese Regression mit Ärger oder Ungeduld, während es sich in Wirklichkeit lediglich um ein vorübergehendes Zurückgreifen auf infantileres Verhalten handelt, etwa, weil sich das Kind in einer neuen Situation unsicher fühlt (z. B. wenn ein neuer Erzieher in die Gruppe kommt). Oder der Streß rührt vielleicht daher, daß es sich mit einer neuen emotionellen Entwicklungsphase herumschlägt (zur Führungselite der Gruppe vorzudringen versucht oder mit Kindern nun ebensogut auskommen will, wie es bisher nur mit Erwachsenen auskam). Wenn Erzieher dann von außen ungeduldig oder zornig reagieren, so kann es passieren, daß das Kind bei dem Versuch, sich einer neuen Situation oder Aufgabe anzupassen, den Mut verliert und aufgibt. Das psychotherapeutische Gespräch ist zu solchen Zeiten besonders wichtig. Es kann dem Kind zu erkennen helfen, daß, obwohl es „die alten Schwierigkeiten" wieder hat, diese diesmal auf neue Sachverhalte bezogen sind und es sich trotz des scheinbaren „Rückfalls" in einer Aufstiegsphase befindet. Es kann gleichzeitig den Erwachsenen des Milieus helfen, über ihre Enttäuschung hinwegzukommen. Es mag sogar dazu verhelfen, daß die Erzieher adäquatere Formen finden, dem Kind in dieser besonders kritischen Entwicklungsphase zu helfen.

Lebensraum-Gespräche. Wichtige Unterhaltungen kommen oft auch außerhalb des Therapiezimmers zustande. Wineman (1959) hat eine ausgezeichnete Beschreibung dieses Vorgangs gegeben und gezeigt, daß er zweifach vorteilhaft ist: als emotionelle „Erste Hilfe" und auch als Rahmen für Klärung und

Einsicht. Der Informationsaustausch zwischen Behandlungs- und Lebens-raum-Gespräch ist dabei sehr wichtig. Wenn die Gespräche mit verschiedenen Personen stattfinden (Psychotherapeut und Erzieher), wie das ja meistens der Fall ist, dann müssen wir dafür sorgen, daß sie zusammenarbeiten und nicht etwa darin konkurrieren, daß einer schneller als der andere in die kind-liche Psyche „eindringt". Gespräche (kurz oder lang) mit Kindern im All-tagsablauf zu führen, gehört zu den entscheidenden erzieherischen Fähig-keiten, die man von allen Erwachsenen in einem Milieu erwarten muß. Vieles von dem, was bisher besprochen wurde, könnte hier wiederholt werden, um zu beschreiben, wie solche Gespräche geführt werden müssen. Kinder, die der Therapie im Heim bedürfen, sind oft am wenigsten in der Lage, in einem Sprechzimmer zu sitzen und über sich selbst zu reflektieren. Daher erfolgt die entscheidende therapeutische Unterhaltung hauptsächlich im Lebensraum, im Milieu. Ginott (1965) hat darüber geschrieben, wie man mit Kindern spricht, und viel davon bietet wertvolle Richtlinien für Ge-spräche mit Kindern im Heim. Man kann ohne weiteres sagen, daß Lebens-raum-Gespräche eine Form des Lehrens darstellen, die den Erziehungsvor-gang unterstützt, begleitet und fördert.

Nützliche Redensarten. In vielen Gemeinschaften gibt es ein paar Redens-arten oder Feststellungen, die häufig und regelmäßig wiederkehren. Sie wer-den fast ein Teil der Kultur und Tradition dieser Gruppe. Oft entstehen sie als eine „Redensart" eines Erwachsenen, der es besonders gut versteht, im Telegrammstil mit Kindern zu reden. Bei Kindern, die uns gut kennen, kön-nen diese Kommunikationsformen dem Verständnis überaus dienlich sein. Wie wir schon im Abschnitt über „einfaches Gleichseinwollen" sagten, kommt es oft vor, daß die Kinder solche Redewendungen und Ausdrücke automa-tisch in ihr eigenes Vokabular aufnehmen. Einige Ausdrucksarten, die wir als hilfreich erlebten:

„Zu diesem Spiel gehören zwei." Sie kann angewendet werden, wenn zwei Kinder etwas tun, wobei sich absehen läßt, daß eines gar nicht recht will, in Schwierigkeiten geraten oder die ganze Situation ausarten wird. Mit der Zeit und entsprechenden Erläuterungen werden Kinder lernen, daß dieser Ausdruck bedeutet, daß deutliche Zustimmung beider und bestimmte Regeln notwendig sind.
„Fairneß bedeutet nicht für alle dasselbe." Dies kann gebraucht werden,

wenn ein Kind in legalistischer Weise die gleichen Privilegien verlangt, die ein anderes genießt. Dieser Ausdruck wird mit der Zeit so verstanden: Gerechtigkeit besteht nicht in unterschiedsloser Anwendung legalistischer Regeln, sondern darin, daß jeder seinen Fähigkeiten und Bedürfnissen entsprechend behandelt wird.

„Du bist mir nicht egal, selbst wenn du dir selbst egal bist." Das ist eine brauchbare Formel, wenn das Kind alle Interaktion damit abwehren will, daß es sagt: „Ist mir egal, ist mir egal."

„Du bist voller Bohnen" oder „Apfelmus" (oder eine andere Lieblingsspeise). Damit kann man einem Kind klarmachen, daß es in guter Stimmung ist. Mit diesem Ausdruck läßt sich auch leicht sichtbar machen für Kind und Erzieher, daß man in übermütiger Stimmung ist. Das kann dazu verhelfen, die Situation klar zu erkennen, ehe sie überhand nimmt und alles „verdirbt".

„Familien- anstatt Vornamen". Die verschiedenen Identitäten, die Kinder, welche außerhalb der Familie leben müssen, empfinden, können wahrhaft schwer zu verkraften sein. Sie sind sowohl Teil einer Familie als auch einer Heimgruppe. Sie sind tatsächlich sowohl Johnny „Schmidt" als auch Johnny „Walker Home". Es hat sich für uns als nützlich erwiesen, den Familiennamen (zusammen mit dem Vornamen) dann zu gebrauchen, wenn ein Zusammenhang mit der Familie vorliegt, also etwa zu Besuchszeiten. Dies hilft dem Kind in seiner Identitätssuche.

„Ich möchte dir gern vertrauen." Dies kann gebraucht werden, wenn ein Kind den Erwachsenen damit locken will, ihm Freiheiten oder Privilegien zu geben, indem es sagt: du traust mir ja doch nicht. Meist wird das gesagt, wenn das Kind diese Privilegien mißbrauchen will. Der Ausdruck kann daher klarmachen, daß man nur auf der Basis ernstgemeinten Vertrauens miteinander zurechtkommen kann.

Unsere Diskussion über Gespräche ist damit noch keinesfalls vollständig. Mit Kindern reden, sei es nun im therapeutischen Gespräch, bei der Unterhaltung oder durch Redensarten, ist offensichtlich eine Kunst in der Verhaltensbeeinflussung. Sie kann nur durch professionelles Training und lange Erfahrung vervollständigt werden.

Über Formen im allgemeinen. Ein besonders wichtiger Aspekt der Erziehungsform ist die Frage, wer die „Verpackung" besorgt. Die Beziehungen, die Kinder zu den Erwachsenen in einem Milieu haben, sind oft qualitativ unterschiedlich. Mayer (1960) diskutierte diese Angelegenheit im Hinblick auf die verschiedenen Elternfiguren in einem Heim: „Pflegeeltern" (Erzieher), „Macht-Eltern" (Direktor und andere Personen an der Spitze), „der Mittelsmann" (Gruppenleiter oder Assistent des Direktors) und der „Übertragungselternteil" (Therapeut). Regeln, Gespräche und Anleitungen werden jeweils eine andere Wirkung haben, je nachdem, ob sie von der einen oder anderen dieser Figuren ausgehen. Es ist wichtig für ein Milieu, daß die Vernünftigkeit des Ganzen für die Kinder erkennbar ist, besonders darin, wie die Erwachsenen untereinander und wie sie mit den Kindern umgehen. Wir haben uns deshalb bei der Besprechung der Lehrformen vor allem auf den Erzieher konzentriert.

Je mehr wir den Erwachsenen unterschiedliche, aber gute Erziehungshilfen anbieten, desto größer wird die Chance, daß den Kindern mit Planung und Flexibilität bei der Verhaltensänderung zur Hand gegangen werden kann. Wenn die Erzieher nicht verschiedene gute Alternativen zur Verfügung haben, unter denen sie jeweils wählen können, dann müssen sie sich von irrationalen, unbewußten Prozessen leiten lassen. Es wäre unverantwortlich, Erziehern nur einige wenige Erziehungshilfen an die Hand zu geben und sie dann dafür zu kritisieren, daß sie von unbewußten, irrationalen Vorgängen geleitet werden („er hat das Kind unbewußt provoziert" oder „das ist seine Gegenprojektion"). Es gibt natürlich auch „gute" unbewußte Prozesse (z. B. solche, mit denen wir Liebe erwecken) und „schlechte" unbewußte Prozesse (solche, mit denen wir Haß hervorrufen), und es soll nicht gesagt sein, daß sie ganz ausgeschlossen werden sollten oder könnten; aber die Erziehung ganz und gar unbewußten Vorgängen zu überlassen, wäre doch wohl zu riskant. Es gibt dem Erzieher Zuversicht und Ego-Stärke, die er zum liebevollen und erfolgreichen Umgang mit dem Kind braucht, wenn er ein Gefüge von vielen und flexiblen Erziehungs- oder Lehrformen zur Verfügung hat.

Zusammenfassung und Nachgedanken

Wir haben ein Rahmenwerk von Vorstellungen gegeben darüber, wie ein Milieu therapeutisch nutzbar gemacht werden kann. Unser Gedankenablauf sah so aus:

Kinder brauchen die Hilfe Erwachsener, um zu wachsen, sich zu verändern und zu reifen. Um den erziehenden Erwachsenen zu helfen, haben wir vorgeschlagen, das Milieu als ein Lehrmittel anzusehen. Einige Verhaltensweisen abzubauen, andere herbeizuführen, haben wir als wichtige Interaktion zwischen Kindern und Erwachsenen dargestellt. Das Bremsen bzw. Hervorrufen von Verhalten wurde als das Lehren von *Alternativverhalten* verstanden. Verschiedene Arten von Alternativen, Unterbrechungen, Ersatz und Erfinden neuer Verhaltensformen, wurden diskutiert. Der nächste Schritt bestand in Erklärungen darüber, wie man Verhalten, das geändert werden soll, beschreibt und wie man verständlich darüber miteinander spricht. Nachdem wir dann Verhaltenskategorien beschrieben hatten, schafften wir die Verbindung vom Alternativverhalten zum *Ego-Begriff*. Wir betrachteten unter diesem Gesichtspunkt die Entwicklungsziele der Kindheit und die Anforderungen, die Alltagsereignisse an das kindliche Ego stellen. Es wurde aufgezählt, wo der Erzieher Hilfsquellen finden kann, wenn er dem Kind bei der Ichstärkung beistehen will (mitmenschliche Beziehungen, Gruppenatmosphäre und -struktur, Tradition und Kultur, und des Kindes eigene Egofunktionen). Schließlich brachten wir einige Arten von Lernvorgängen und Lehrformen, die in einem Milieu wichtig sind.

Der Leser wird dem bisher Gesagten bereits entnommen haben, daß unsere Vorstellungen über das Milieu viel Kommunikation seitens der Erwachsenen untereinander verlangen. Dafür muß die notwendige Zeit vorgesehen sein, z. B. regelmäßige Zusammenkünfte und terminlich festgelegte Konferenzen. Was „gute" Zeiten sind für solche Treffen, muß vorher gemeinsam besprochen werden. Trockenes Wiederkauen der Familiengeschichte, alte psychologische Testberichte und „Er sagte – Ich sagte"-Aufzählungen tragen meist wenig dazu bei, die täglichen Anforderungen des Lebens mit den Kindern besser zu meistern. Sie tragen sogar nur begrenzt zu Langzeitplanungen bei, wenn nicht dafür gesorgt wird, daß sie Beziehung zum Alltag haben. Regelmäßige Fallbesprechungen sind natürlich nötig, aber sie können nicht als die einzige oder wichtigste Quelle angesehen werden, wenn es darum geht zu planen, wie das Leben des Kindes geändert werden soll und kann. Sie können nicht häufig noch flexibel genug dazu beitragen, die Details der Verhaltensänderung zu erleichtern und den täglichen Anforderungen gerecht zu werden. Sie haben außerdem allzuleicht die unglückliche Nebenwirkung, die Anteilnahme derer, die am meisten mit den Kindern zu tun haben, nämlich der Erzieher, einzuschränken, und zwar aus einem Gefühl der Zwecklosigkeit. Viel Zeit während der Konferenzen wird darauf verwendet werden müssen, die Einzelheiten der Verhaltenslenkung und -änderung durchzusprechen. Die Bedeutung der einzelnen Verhaltenskomponenten kann dabei durchaus auch zur Sprache kommen, aber fast noch wichtiger sind die Prozesse und Formen, mit deren Hilfe wir Verhaltensänderungen hervorrufen können, die Alternativen, die wir ersinnen, die Hilfsquellen, die wir entdecken und für den Gesamterziehungsprozeß fruchtbar machen. Die Kenntnisse der verschiedenen Experten, die in einem Milieu arbeiten, zusammenzutragen und miteinander Alternativen ausfindig zu machen, kostet Zeit. Alle unsere Ausführungen über das Milieu wollen jedoch gerade diese Frage beantworten: Worüber muß man sich in einem Heim untereinander verständigen, damit das Milieu als optimales Werkzeug für die Verhaltensänderung des Kindes dienen kann.

Wenn wir manchmal zu vereinfachen scheinen oder unsere Ausführungen zu direkt klingen, so möge im Auge behalten werden, daß wir ja nur ein Rahmenwerk für die Gedankenbildung entwerfen wollen. Dieser Rahmen baut auf den Fähigkeiten, Kenntnissen und der Begeisterung auf, die der einzelne Erzieher in das Milieu mitbringt. Unser Rahmenwerk sollte nicht verwechselt werden mit einer Zusammenfassung alles dessen, was es über ein „Milieu" zu wissen gibt. Unsere Ausführungen machen es keineswegs überflüssig, Redl und Bettelheim und andere Milieu-Therapeuten zu lesen. Wichtige Dimensionen und Bereicherungen sind von vielen Praktikern der „Milieukunst" beigetragen worden. Wenn wir nur einige brauchbare Aspekte über die Geschlossenheit und potentielle Wirkungskraft eines Milieus und seiner Lehr- und Lernprozesse beigetragen haben, so betrachten wir unsere Arbeit als erfolgreich. Wenn der Leser jetzt überzeugt ist, daß der Erzieher in den anderen 23 Stunden wirklich – aber wirklich – einen entscheidenden Beitrag dazu liefern kann, gestörte und störende Kinder in brauchbare Bürger zu verwandeln, so sind wir mehr als zufrieden.

Ein Nachwort

Der Leser hat vielleicht bemerkt, daß wir viele Gebiete ausgelassen haben, die traditionell als zum Milieu gehörig betrachtet werden: a) Auswahl und

Organisation des Personals. Was gehört zu einem guten Erzieher, einer guten Hausmutter? Wie sollte die Arbeit aufgeteilt sein? Wie sollte die Rollenverteilung aussehen (die Menschen haben ja viele verschiedenartige Beziehungen zu Kindern), und wer übernimmt welche speziellen Aufgaben (Lehrer, Therapeut); b) das Gebäude und die Ausstattung, das Grundstück, der Raum, die von den Kindern benötigten Gegenstände; c) die Zusammenarbeit mit den Familien. Fragen der Einzelfallarbeit und verschiedener Formen der Sozialen Einzelhilfe im Zusammenhang mit dem Milieu. d) Die Gemeinde und die nachgehende Therapie; die Sicherung der Therapiefolge *außerhalb* der Institution und *nach* der Entlassung des Kindes.

Wir haben verschiedene Gründe dafür, daß wir diese Aspekte außer acht gelassen haben. Der Hauptgrund ist der, daß wir uns hauptsächlich mit dem befassen wollen, was im alltäglichen Leben an Ereignissen und Vorgängen auf Kinder und Erwachsene zukommt. Außerdem würden die Antworten auf die obigen Fragen jeweils ganz anders ausfallen müssen, je nach der Einrichtung, von der die Rede ist (Krankenhausstation, Kinderdorf), dem Personal, das benötigt wird (Heimmutter, Krankenschwester, Erzieher) oder je nach Alter bzw. Diagnose der Kinder (Vorschulalter, Jugendliche, Psychotiker, Verhaltensgestörte). Wir sind *überzeugt,* daß es mehr als eine gute, kohärente Antwort gibt auf alle diese Fragen, je nach Art der Einrichtung, der Kinder, der Familien und der Experten, die man im Auge hat. Wir *hoffen,* daß unsere Ausführungen allgemeingültig genug sind, um auf viele Arten von Milieu bezogen werden zu können.

Literatur

Aichhorn, August: Wayward youth. New York: Meridian Books, 1955; dt. Verwahrloste Jugend. Bern: Hans Huber, [8]1974.

Allen, Layman: Rules and freedom: games as a mechanism for ego development in children and adolescents. Bericht von „Workshop F", 1967, 44. Jahrestagung der „American Orthopsychiatric Association. Zu beziehen vom Autor: 1407 Brooklyn St., Ann Arbor, Mich.

Bettelheim, Bruno: A psychiatric school. In: Quarterly Journal of Child Behavior. 1 (1), 1949, S. 86-95.

Ders.: Truants from life. Glencoe, Ill.: Free Press, 1955.

Ders. und Emmy Sylvester: A therapeutic milieu. In: American Journal of Orthopsychiatry. 18 (2), 1948, S. 191-206.

Dies.: Milieu therapy indications and illustrations. In: Psychoanalytic Review. 36 (1), 1949, S. 54-68.

Bower, Eli: The achievement of competency. In: Learning and mental health in the school. Washington, D. C.: Yearbook of the Association for Supervision and Curriculum Development of the National Education Association, 1966.

Brodie, Richard D.: Some aspects of psychotherapy in a residential treatment center. In: American Journal of Orthopsychiatry. 36 (4), 1966, S. 712-719.

Cummings, John und Elaine: Ego and milieu. New York: Atherton Press, 1963.

Erikson, Erik H.: Childhood and society. New York: W. W. Norton, 1950; dt. Kindheit und Gesellschaft. Stuttgart: Klett, ⁴1971.

Ders.: Identity and the life cycle. In: Psychological Issues. 1 (1), 1959, S. 1-171; dt. Identität und Lebenszyklus. Drei Aufsätze. Frankfurt: Suhrkamp, 1973.

Ferster, C. B.: Transition from animal laboratory to clinic. In: Psychological Record. 17 (2), 1967, S. 145-150.

Ders. und Jeanne Simons: Behavior therapy with children. In: Psychological Record. 16 (1), 1966, S. 65-71.

Freud, Anna: The ego and the mechanisms of defense. New York: International Univertities Press, 1946; dt. Das Ich und die Abwehrmechanismen. München: Kindler (Geist und Psyche 2001).

Dies.: Normality and pathology in children. New York: International Universities Press, 1965; dt. Wege und Irrwege in der Kinderentwicklung. Stuttgart: Klett, ²1971.

Freud, Sigmund: An outline of psychoanalysis. New York: W. W. Norton, 1949; dt. Abriß der Psychoanalyse. Frankfurt: Fischer TB 6043, ²⁰1953.

Gardner, George: The behavioral disabilities in adolescence. In: Sylvano Arieta, Hrsg.: Handbook of psychiatry. New York: Basic Books, 1966.

Ginott, Haim G.: Between parent and child. New York: Macmillan, 1965; Eltern und Kinder. Reinbek: rororo 6081.

Goffman, Erving: Asylums. Chicago: Aldine Publishing Comp., 1961; dt. Asyle. Frankfurt: Suhrkamp (es 678), 1974.

Lovaas, I., G. Freitag, V. Gold und I. Kassorla: Experimental studies in childhood schizophrenia. In: Journal of Experimental Child Psychology. 2 (1), 1965, S. 67-84.

McDermott, John F., Selma Fraiberg und Saul Harrison: Residential treatment of children: the utilization of transference behavior. In: Journal of the American Academy of Child Psychiatry. 7 (2), 1968, S. 169-192.

Mayer, Morris Fritz: The parental figures in residential treatment. In: Social Service Review. 34 (3), 1960, S. 273-285.

Paradise, Robert J.: The factor of timing in the addition of new members to established groups. In: Child Welfare. 47 (9), 1968, S. 524-529.

Redl, Fritz: When we deal with children. New York: Free Press, 1966.

Ders.: Are we barking up the wrong data tree? Twenty clusters of action-relevant observations as basis for decision-making in behavioral crisis situations. Paper, anläßlich der 45. Jahrestagung der „American Orthopsychiatric Association", Chicago, März 1968.

Ders.: How do we know this is normal? Unveröffentlicht.

Ders. und David Wineman: The aggressive child. Glencoe, Ill.: Free Press, 1957; dt. Steuerung des aggressiven Verhaltens beim Kind. München: Piper, in Vorbereitung.

Stanton, Alfred, und Morris Schwartz: The mental hospital. New York: Basic Books, 1954.

Trieschman, Albert E., und Bernard Levine: Teaching the competence to deal with loss. Unveröffentlicht.

White, Robert: Ego and reality in psychoanalytic theory. In Psychological Issues. 3 (3), 1963, S. 1-210.

Wineman, David: The life space interview. In: Social Work. 4 (1), 1959, S. 3-17.

2. Brückenköpfe für mitmenschliche Beziehungen

Larry K. Brendtro

Obwohl oft genug gesagt wird, der mitmenschliche Bezug sei wesentlich bei der therapeutischen Arbeit mit gestörten und delinquenten Kindern, so wird dieser Begriff doch vielfach nur unvollständig verstanden. Viele würden argumentieren, er sei so vage und bar aller Bedeutung, daß er wertlos sei. Andere, deren klinische Erfahrung sie überzeugt hat, daß es solche Beziehungen gibt und daß sie wichtig sind, würden dennoch behaupten, es sei unnötig oder sogar unerwünscht zu versuchen, etwas so Persönliches und Intuitives wie menschliche Bezüge definieren zu wollen. Trotzdem wird wohl jeder, der Gelegenheit gehabt hat, angehende Erzieher zu beobachten, zugeben, daß sie sich um etwas mühten, wovon sie weder genau wußten, was es war, noch, wie sie es erreichen könnten. Wenn Beziehungen tatsächlich wichtig sind, dann müssen wir uns auch bemühen, sie zu verstehen und genau zu wissen, was wir meinen, wenn wir davon sprechen, daß ein Erzieher „eine Beziehung aufzubauen" versucht. Wir werden unsere Abhandlung damit beginnen, das problematische Verhalten unter die Lupe zu nehmen, das die Kinder meist mitbringen. Wir werden dann definieren, was wir unter „Beziehung" verstehen und wie sie kindliches Verhalten beeinflußt. Der Hauptteil des Kapitels wird schließlich dem Versuch gelten, dem Erzieher einige spezifische Vorstellungen darüber zu vermitteln, wie Brückenköpfe menschlicher Beziehungen hergestellt und wie sie therapeutisch benutzt werden können.

Der Begriff Beziehung

Das beziehungsresistente Kind

Bei vielen Heimkindern geraten wir in die zirkuläre Problematik, daß man uns einerseits sagt, die persönliche Beziehung sei unser wichtigstes therapeutisches Werkzeug und daß andererseits die größte Schwierigkeit dieser Kinder gerade darin besteht, daß sie keine guten Beziehungen zu Erwachsenen herstellen können. Solche Kinder scheinen keinen derartigen Kontakt erlauben zu wollen oder zu können, obwohl dieser gerade für die gewünschte therapeutische Arbeit wesentlich und ausschlaggebend wäre. Unsere Versuche, mit diesen Kindern in persönliche Beziehung zu treten, stoßen auf Kommunikationsbarrieren, auf Indifferenz oder sogar auf deutliche Ablehnung eines jeden Erwachsenenmodells.

Kommunikationsbarrieren. Diese Kinder sind oft verschlossen, auf der Hut, einzelgängerisch, undurchsichtig, distanziert, zurückgezogen oder trügerisch. Sie handeln, als ob sie nicht vertrauen könnten, nicht verstehen möchten und auch nicht verstanden sein wollten von Erwachsenen. Sie haben oft eine trügerische Fassade oder errichten eine Mauer zwischen sich und den Erwachsenen. Auf diese Weise bleiben sie in sicherer Distanz und beschränken jede Interaktion auf ein Minimum. Dieses Verhaltensmuster spiegelt sich deutlich in dem folgenden Bericht eines Erziehers, der sich bemühte, mit einem neu angekommenen Jungen in Beziehung zu treten:

Ich näherte mich am ersten Nachmittag Jim, um ihn zu ermuntern, an den Aktivitäten der Gruppe teilzunehmen. Er war verdrießlich ums Haus geschlichen und hatte sich geweigert, mit irgend jemandem zu sprechen oder Fragen zu beantworten. Er war nicht einmal zu den Mahlzeiten gekommen. Obwohl ich wußte, daß andere es vergebens versucht hatten, begann ich zu sprechen. Ich redete von seinen Hobbys (die ich kannte), vom Heim, von den Gründen seines Schweigens, und über alles und jedes, das mir in den Sinn kam. Er zog nur ein Kissen über sein Gesicht, um mich nicht heranzulassen. Als ich trotzdem weitersprach, stand er auf und ging hinaus, so daß ich zu den leeren Wänden sprach. Wir überließen ihn dann sich selbst. Er kam zum Abendessen, aber er hielt sich weiterhin abseits und blieb stumm für mehrere Tage.

Indifferenz. Viele dieser Kinder scheinen völlig gleichgültig dem Lob oder Mißfallen gegenüber, das Erwachsene ihnen zeigen. Sie sind offenbar immun gegen solche sozialen Verstärker wie Anerkennung, Zuwendung, Stirnrunzeln oder Vorhaltungen. Wenn sie überhaupt auf Lohn oder Strafe reagieren, so meist nur auf die ganz materiellen Variationen wie Geld oder Nahrung. Ein solches Kind finden wir im folgenden Beispiel:

Da die Kinder auf dem Wege zum Lincoln Park viel Schwierigkeiten gemacht hatten, wollte die Erzieherin auf dem Heimweg darüber sprechen. „Ich bin enttäuscht darüber, wie sich einige von euch Jungen auf dem Ausflug benommen haben", sagte sie, und etliche sahen betroffen drein, nur Mark nicht! Er hörte nicht im geringsten hin, obwohl er, wie üblich, der Hauptanstifter gewesen war. In gleicher Weise verhielt sich Mark, wenn jemand ihn loben wollte. Er blieb völlig gleichgültig oder fing sogar an, sich wieder daneben zu benehmen.

Ablehnung des Erwachsenenmodells. Diese Kinder identifizieren sich nicht leicht mit dem Verhalten oder den Idealvorstellungen des Erwachsenen, im Gegenteil, sie neigen dazu, die Unterschiede übertrieben hervorzuheben, sich ganz anders als der Erwachsene zu benehmen. Sie lehnen das Erwachsenenvorbild für sozial akzeptables Verhalten ab, sogar solche eher neutralen Dinge wie die Kleidung oder die Sprache des Erwachsenen. Es gibt natürlich normale entwicklungsbedingte Differenzen des Ausmaßes, in dem Kinder Erwachsene nachzuahmen bereit sind (Jugendliche sind es viel weniger als kleine Kinder), aber von den Kindern, von denen wir hier reden, muß eindeutig festgestellt werden, daß sie absolut nicht bereit sind, die Erwachsenen in irgendeiner Form nachzuahmen.

In seiner Novelle über eine heruntergekommene Schule im sozialen Brennpunkt einer Stadt beschreibt Hunter die Versuche eines Lehrers, den Schülern einen besseren Musikgeschmack nahezubringen. Er brachte seine eigenen Schallplatten in die Schule mit und spielte sie ihnen vor. Sie fanden sie nicht nur nicht schön, sondern zerstörten die wertvolle Sammlung. „Zerschlagt das ganze Zeug', rief einer. ,Nein, nein, ihr wißt nicht, was ihr da tut...' Schon schlugen die Platten gegen die Wand, fielen in tausend Stücke. Andere Schüler waren dabei, weitere aus dem Behälter zu reißen, und der Lehrer rannte hin und her, um sie daran zu hindern. Viel später, als schon alles vorbei war, kamen die Tränen, die nicht aufhören wollten, denn diese Schallplatten waren zu einem Teil seiner selbst geworden..." (Hunter, 1954, S. 171 ff.). Nicht alle gestörten Kinder zeigen solch extreme Schwierigkeiten im mitmenschlichen Umgang. Im Gegenteil, die meisten bieten dem Erzieher nicht viel mehr Schwierigkeiten als eine Gruppe von normalen Kin-

dern. Da aber dennoch dem Erzieher diese Verhaltensweisen oft genug be-
gegnen werden, braucht er mehr als Freundlichkeit und gute Absichten, um
mit ihnen entsprechend fertig werden zu können.

Was ist „mitmenschlicher Bezug"?

Fast jeder stimmt zu, daß Beziehung wichtig ist, aber es besteht wenig Einig-
keit darüber, was dieser Terminus denn nun eigentlich beinhaltet. Bevor
wir uns in diesem Kapitel damit beschäftigen, wie Beziehungen mit gestörten Kindern aufgebaut werden, ist es notwendig zu versuchen, diesen glo-
balen Ausdruck abzuklären. Im Anschluß an den vorausgegangenen Abschnitt über das „kontaktresistente" Kind würden wir nun glauben, daß es
gut ist, das „Herstellen einer Beziehung" in drei Elemente aufzuteilen[1]:
Die Vermehrung der Kommunikation mit dem Erwachsenen.
Das vermehrte Ansprechen des Kindes auf die sozialen Verstärker, die der
Erwachsene bereithält.
Die stärkere Tendenz seitens des Kindes, sein Verhalten am Beispiel des
Erwachsenen zu orientieren.
Wenn daher ein Erzieher sagt, er habe eine Beziehung zu einem Kind
hergestellt, so meint er damit, daß er (ein bestimmter unter vielen Erwach-
senen) mit dem Kind vermehrte Kommunikation hat, daß das Kind auf seine
Verstärker anspricht und ihn in seinem Verhalten nachzuahmen versucht.
Wenn der Erzieher im Hinblick auf ein anderes Kind sagt, er habe keine Be-
ziehung zu ihm, so würde das bedeuten, daß eins oder mehrere dieser
Elemente fehlen. In der nun folgenden Diskussion sollen diese drei Elemente
einzeln besprochen werden.

Kommunikation. Das erste Element einer Beziehung besteht in der Kommunikation zwischen zwei Individuen. In dem Maße, in dem die Kommunikation weder gehindert noch verzerrt ist, besteht also eine gesunde
Basis für eine echte Begegnung. Kommunikation ist nicht nur verbal (spre-

---

[1] Wenn man auch berechtigterweise argumentieren könnte, daß eine Beziehung eine zweiseitige Angelegenheit ist, so wollen wir uns doch mehr darauf konzentrieren, welche Wirkung sie auf das Kind hat. Damit soll aber keineswegs die Wichtigkeit der Rolle des Erwachsenen unterschätzt werden, vor allem nicht bei den sogenannten „Gegenübertragungen".

chen, korrespondieren), sondern auch nicht-verbal (Gesten, körperlicher Kontakt). Die Kommunikation kann auf verschiedene Weisen sichtbar werden (das Kind sucht oft die Nähe des Erwachsenen, spricht mit ihm, winkt ihm, richtet Fragen an ihn, springt ihm an den Hals). In dem Ausmaß, in dem die beiden Betroffenen miteinander Kommunikationen austauschen, entwickeln sie meist Signale oder Symbole, die von Außenstehenden nicht ohne weiteres verstanden werden (Kosenamen, besondere Bedeutung von Namen oder Zeichen, persönliche Scherze, eine eigene Sprache).

Soziale Verstärkung. Ein zweites Element der Beziehung ist die erhöhte Ansprechbarkeit des Kindes auf das, was der Erwachsene als Verstärkung anzubieten hat. Der Erzieher, der zu einem Kinde in guter Beziehung steht, hat gewisse verstärkend wirkende Eigenschaften, die andere (Fremde) normalerweise nicht besitzen. In diesem Falle versucht das Kind im allgemeinen, den Gefallen des Erwachsenen hervorzurufen und sein Mißfallen zu vermeiden. Dies gilt auch dann, wenn keine materielle Belohnung und keine konkrete Bestrafung zu erwarten sind. Die früheren Erfahrungen eines Kindes sind meist entscheidend dafür, wie sehr soziale Verstärker das kindliche Verhalten zu beeinflussen vermögen.

Nachahmen. Das dritte Element einer Beziehung besteht in der vermehrten Tendenz des Kindes, einen Erwachsenen nachzuahmen, sein Verhalten an dem seinen zu orientieren. Diese Nachahmung ist mehr als der Wunsch, den Gefallen des Erwachsenen zu finden; denn sie findet oft auch dann statt, wenn der Erwachsene nicht zugegen ist (ein Kind kann z. B. auch dann den Vater noch nachzuahmen versuchen, wenn er schon gestorben ist). Dieses Nachahmen geht sogar oft unbewußt vor sich (wenn beispielsweise ein Kind den Gesichtsausdruck oder den Gang seines Vaters annimmt). Dies geschieht oft auch, ohne daß der Erwachsene es bewußt lehren will. Forschungsexperimente zeigen z. B., daß Eltern, die das aggressive Verhalten ihres Kindes mit Körperstrafe zu ändern versuchen, oft unbewußt das Modell zu noch aggressiverem Verhalten liefern.

Aus dem Vorhergehenden geht klar hervor, daß das Kind, das in einer Beziehung zu einem Erwachsenen steht, in einer verwundbaren Position ist; es kann leicht zum Besseren oder Schlechteren beeinflußt werden. Es genügt daher nicht, daß der Erzieher sich um eine gute Beziehung mit dem Kind bemüht, sondern er muß sie darüber hinaus therapeutisch fruchtbar zu machen wissen. Während ein feindseliger Erzieher a) mit einem bestimmten Kind vielleicht viele Kommunikationen austauscht, b) als sozialer Verstärker für dieses Kind dient und c) vielleicht denjenigen darstellt, den das Kind nachahmen möchte, kann doch die Gesamtwirkung dieses Beziehungsnetzes durchaus negativ sein[2]. Es muß beachtet werden, daß selbst da, wo enge Beziehungen bestehen, nicht immer vorausgesetzt werden kann, daß wir ihre Wirkung auf das Kind genau kennen.

Wie beeinflussen Beziehungen das Verhalten?

Wir beschrieben am Anfang vier Lernprozesse, die der Erzieher anwenden kann, um das Verhalten eines Kindes zu ändern. Diese waren: Einsicht, Belohnung, Identifikation-Imitation und Wieder-und-Wieder-Tun. Je nach Kind und Situation muß der Erzieher wissen, welchen dieser Lernvorgänge er jeweils anwenden will.

Es ist eine der entscheidenden Aufgaben des Erziehers, einem Kinde dabei zu helfen, neue Verhaltensweisen aufzubauen; das Herstellen einer Beziehung ist daher ein erstes Ziel, wenn wir dem Kind echte Hilfestellung leisten wollen. Warum ist der mitmenschliche Bezug in unserer Arbeit mit Kindern von so entscheidender Bedeutung? Vielleicht darum, weil er, einmal etabliert, dem Erwachsenen sehr dabei hilft, drei der genannten Lernprozesse zur Wirkung zu bringen[3].

Elemente der Beziehung		Lernprozesse
Vermehrte Sozialverstärker	.... erleichtern	Lohn-Strafe-Lernprozesse
Vermehrte Kommunikation	.... erleichtert	einsichtsvolles Lernen
Vermehrte Nachahmung	.... erleichtert	Identifikations-Imitations-Lernen

Darstellung 1: Wie Beziehungen das Lernen erleichtern.

[2] Solche Beziehungen werden in der psychoanalytischen Literatur unter dem Titel „Identifikation mit dem Aggressor" abgehandelt.
[3] Im ersten Kapitel wurde als vierter Lernprozeß das „Wieder-und-Wieder-Tun" beschrieben. Dieser Vorgang hängt aber nicht in dem Maße wie die drei anderen von der persönlichen Beziehung ab; darum bleibt er hier unerwähnt.

Darstellung 1 zeigt, wie eine „Beziehung" das Lernen beim Kinde stark beeinflussen kann und damit natürlich auch sein Verhalten. Jedes Element der Beziehung beeinflußt die Verhaltensänderung und erleichtert sie für das Kind. Die gestrichelten Linien zeigen die mehr offensichtlichen Beziehungen zwischen persönlichem Bezug und Lernprozeß an. Wenn also beispielsweise ein Kind auf den Erzieher als Verstärker gut anspricht, so wird es auch durch Lob und Tadel ansprechbar sein, und der Erwachsene braucht sich dann nicht auf materielle Belohnung oder Bestrafung zu beschränken. Wenn das Kind auf Kommunikation mit dem Erwachsenen anspricht, dann ist es auch Vernunftsargumenten, Erklärungen, Vorschlägen oder Erläuterungen eher zugänglich – alles Techniken, die dem Einsichtlernen verwandt sind. Wenn schließlich das Kind einen Erzieher als Modell wählt für sein eigenes Verhalten, so kann erwartet werden, daß es auch andere Erwachsene, wenigstens in bestimmten Aspekten, nachzuahmen versuchen wird.

Mit dem Vorhergehenden haben wir eine Grundlage geschaffen, auf der wir nun diskutieren können, was praktisch dazu gehört, um mit einem gestörten oder delinquenten Kind in therapeutisch wirksame Beziehungen zu treten. Jedesmal, wenn wir von „In-Beziehung-Treten" sprechen, meinen wir a) eine Kommunikationsbasis mit dem Kinde zu finden, b) es für unser Lob oder unseren Tadel ansprechbar zu machen, und c) es mit einem nachahmbaren Modell zu versehen. Unsere Abhandlung wird sich bemühen, sich auf spezifische Dinge zu konzentrieren, die der Erzieher tun oder vermeiden kann bei der Erstellung von „Brückenköpfen" für mitmenschliche Beziehungen. Die Invasionsanalogie, die in dem Ausdruck „Brückenkopf" steckt, ist nicht ohne Bedeutung. Es ist meist am schwierigsten, den anfänglichen Widerstand des Kindes zu überwinden und es überhaupt zu „erreichen". Wenn wir erst einmal einen „Anhaltspunkt" bei ihm gefunden haben, dann sind wir in einer viel besseren Lage, unsere therapeutischen Möglichkeiten ins Spiel zu bringen.

Die Eröffnung von Kommunikationskanälen

Unsere vorhergehende Diskussion hat erläutert, daß die Herstellung enger Beziehungen einen wichtigen Aspekt darstellt für den Aufbau und die Aufrechterhaltung der Kommunikation. Da Kommunikation eine zweiseitige

Angelegenheit ist, müssen wir uns mit dem Inhalt zweier Nachrichtensätze befassen, demjenigen, den wir von dem Kind empfangen, und dem, den wir zu dem Kinde senden. Diese Sätze werden im folgenden besprochen unter den Überschriften „Entziffern der Verhaltenssignale" und „Verbale und nicht-verbale Kommunikation".

Entziffern der Verhaltenssignale

Der Erzieher muß unbedingt einiges Geschick darin entwickeln, zu entziffern, was Kinder sagen, was sie denken und wie sie fühlen. Das bedeutet zwar nicht, daß er zum „Gedankenleser" werden muß, wohl aber muß es ihm möglich sein, vom Verhalten des Kindes das abzulesen, was für das Kind wichtig ist. Diese Fähigkeit ist vielleicht beim Erzieher mehr angeboren als anerziehbar. Einige Erwachsene entwickeln nie die notwendige Feinfühligkeit. Es scheint trotzdem, daß alle Erzieher sich wenigstens zu größerer Wahrnehmungssensibilität erziehen können.
Der Erzieher ist kein Psychotherapeut für das Kind und sollte es auch nicht sein. Sein Verständnis für das Kind kommt nicht primär von regelmäßigen Interviews, wie im Falle des Analytikers, sondern vom alltäglichen Umgang mit ihm, aus natürlichen Gesprächen. Damit dies nicht wie eine allzu dünne Basis aussieht für das Verstehen eines Kindes, möchten wir daran erinnern, daß die meisten Kinder sich uns durch buchstäblich Hunderte von Arten täglich mitteilen. Wir lernen sie kennen aus der Art, in der sie uns begrüßen, aus der Art, wie sie gewinnen, wie sie verlieren, wie sie Erfolg verarbeiten, Versagen hinnehmen, wie sie kämpfen, sich zurückziehen, spielen, weinen, schlafen usw. Es ist ein großer Verlust, daß viele, die täglich mit den Kindern umgehen, nicht verstehen, die Botschaften zu „lesen", die das verbale und das nicht-verbale Verhalten des Kindes dauernd ausstrahlen. Die Erzieher, die gerade „im Dienst" sind, sind oft so sehr von den Augenblicksproblemen absorbiert, daß sie die tiefere Bedeutung eines Verhaltens nicht wahrzunehmen vermögen.
Einige mögen einwerfen, daß der Erzieher ja nicht dazu ausgebildet ist, das Verhalten eines Kindes zu analysieren, und daß dazu ein großes Ausmaß an theoretischem Wissen und klinischer Erfahrung gehört. Trotzdem gibt es viel, das man dem Verhalten auch ohne tiefe Sachkenntnisse entnehmen

kann. Wir wollen nicht andeuten, daß es wünschenswert sei für den Erzieher, die Wurzeln oder Ursachen zu suchen, die das Verhalten des Kindes hervorrufen; er muß jedoch erkennen, daß im kindlichen Verhalten brauchbare Informationen enthalten sind. Um sinnvoll mit dem Kind umgehen zu können, muß der Erzieher in der Lage sein, diese Informationen zu „entziffern".

Der schwierigste Aspekt dieser Entzifferungsarbeit ist der, daß fast alle Kinder Meister sind im „Sich-nicht-entziffern-Lassen". Sie haben gelernt, daß es am sichersten ist, seine Gedanken zu verstecken und seine Gefühle für sich zu behalten, besser noch, ein Täuschungsmanöver in Gang zu setzen und sich so die Erwachsenen vom Halse zu halten. So kann es kommen, daß sie lachen, wenn sie verletzt sind oder sich fürchten, daß sie angeben, wenn sie unsicher sind, oder daß sie ärgerlich brummen, wenn sie sich über etwas freuen. Wenn ein Erzieher mit solchen Kindern richtig umgehen will, so muß er sich dieser oft subtilen und zum Teil verborgenen Nachrichten, die im Verhalten des Kindes erkennbar sind, bewußt sein.

Es ist weder möglich noch notwendig, alle Verhaltensvarianten zu besprechen, die für den Erzieher wichtige Botschaften enthalten können. Es ist dagegen wohl möglich, zwei breite Verhaltensmuster herauszustellen, die bei Heimkindern besonders häufig anzutreffen sind – Muster, die den Erzieher oft ratlos und verwirrt machen. Wenn der Erzieher die Bedeutung dieses Verhaltens besser versteht, so wird er eher in der Lage sein, auf das Kind in einer Weise zu reagieren, die der Entwicklung einer positiven Beziehung förderlich sein kann. Das erste dieser Verhaltensmuster haben wir „Orientierungsreaktionen" genannt. Gemeint sind damit jene Reaktionen, die ein Kind daraufhin zeigt, daß es in eine neue Umgebung versetzt worden ist. Das zweite Verhaltensmuster bezieht sich auf interpersonale Reaktionen oder das „Abtasten der Grenzen", d. h. auf jene gesellschaftlichen Verhaltensarten, die das Kind in seiner früheren Umwelt gelernt hat und die es jetzt auf das therapeutische Heim überträgt. Beide Verhaltensarten sollen weiter unten getrennt behandelt werden.

Orientierungsreaktionen

Die Orientierungsreaktionen kommen nicht ausschließlich bei Kindern vor, die neu ins Heim gebracht werden, sondern können z. B. auch bei Erwachsenen beobachtet werden, die sich in neuen, ihnen fremden Situationen befinden. Neue Situationen sind nicht vorausberechenbar, man weiß nicht, wie man sich verhalten sollte, wie die anderen reagieren werden, welche Gefahren in der neuen Umgebung verborgen sein können. Um herauszufinden, wie die neue Situation anzugehen ist, muß sich der Neuankömmling erst einmal orientieren. Mit „Orientieren" meinen wir a) intensives Beobachten der Zeichen, die über die neue Situation Auskunft erteilen; man könnte von „Sammeln" sprechen; b) Ausprobieren, um noch weitere Ungewißheiten aus dem Wege zu schaffen; „Abtasten" könnte man es nennen.

Sammeln. Während der ersten Tage oder sogar Wochen in dem neuen Heim ist das Kind mit dem Sammeln von Informationen beschäftigt. Es muß sich mit den räumlichen Gegebenheiten bekanntmachen, muß viele Kameraden kennenlernen, viel Personal – keine kleine Aufgabe. Redl und Wineman (1957) haben ausführlich beschrieben, wie geschickt manche Kinder darin sind, die Machtverhältnisse in der neuen Gruppe, die Delinquenzbereitschaft der Kameraden und die Autoritätshierarchie der Erwachsenen zu erfassen. Während dieses Stadiums kommen viele Fragen darüber auf, wer für welche Regel oder Rolle verantwortlich ist und wer über wen was zu sagen hat. Da den Erwachsenen gegenüber kein Vertrauen besteht, wird der Information durch die anderen Kinder mehr Bedeutung beigemessen als dem, was die Erzieher sagen. Erzieher arrangieren es daher oft so, daß ein Kind den Neuen herum- und einführt, ein Kind, das schon lange da ist und etwas Einsicht hat. So wird vermieden, daß der Neuankömmling negative Eindrücke bekommt.

Gesunder Menschenverstand wie auch psychologische Testergebnisse zeigen, daß der „erste Eindruck" von besonderer Bedeutung ist. Während es Monate dauern kann, bis Menschen wissen, was sie voneinander erwarten können, rührt doch die Erwartungshaltung weitgehend von den ersten Eindrücken her. Sie vermögen, das Urteil über die anderen zu färben. Die Bedeutung der ersten Begegnung zwischen Kind und Erzieher sollte nicht unterschätzt werden. Kinder erinnern sich oft lange und lebhaft an die Person, der sie in dem neuen Heim zuerst begegneten. Das Kind ist ja in diesem Augenblick besonders verwundbar. Es kann nicht wissen, was auf es zukommt, wie die Erzieher sein werden, was sie mit ihm machen werden, wie es mit ihnen umgehen soll. Da es vielleicht Böses erwartet, sollte die erste Begegnung freundlich sein; andererseits muß eine sachliche Atmosphäre erhalten bleiben, damit das Kind nicht durch zu aufdringliche Wärme eher erschreckt und verängstigt wird. Das Kind müßte an unserer Art spüren können, daß es willkommen ist, daß wir gern bereit sind, mit ihm zu arbeiten, daß wir sein Unbehagen in dieser unbekannten Umgebung verstehen und daß wir ihm weder Schaden zufügen noch es völlig an uns reißen wollen. Gleichzeitig sammelt das Kind schon Informationen ein über unser Verhalten. Es bietet zunächst ein eher trügerisches Bild von sich selbst dar. Aus Angst z. B., daß andere es übertreffen könnten, übertreibt es vielleicht seine eigene Stärke in bestimmten Dingen, sei es Schwimmen, Sex oder Schlägerei. Das Ausmaß, in dem Kinder versuchen können, ihr wahres Wesen zu verbergen, geht aus der folgenden Schilderung hervor:

Randy war der Lauteste vor dem Schwimmwettbewerb. Er gab an, wie er über einen See geschwommen sei, den Atem drei Minuten lang anhalten könne unter Wasser und wie er angefangen habe, Rettungsschwimmen zu lernen. Die anderen Jungen waren beeindruckt und ermunterten ihn, als erster ins Tiefe zu gehen. Randy war gern bereit. Aber es wurde eine Katastrophe. Er machte eine Bauchlandung und mußte um Luft ringen, als er wieder nach oben kam. Während er noch aus dem Wasser gezogen wurde („gerettet" wäre richtiger), schrie er schon wieder: „Das Sprungbrett war nur schlüpfrig, laßt mich noch einmal springen." Dabei war es offensichtlich für alle, Erwachsene und Kinder, daß er überhaupt nicht schwimmen konnte.

Während der ersten Tage und Wochen in der neuen Umgebung kann man damit rechnen, daß das Kind seinem Verhalten große Zurückhaltung auferlegt. Da es nicht weiß, was mit ihm geschehen wird, kann es vorläufig vieles von dem, was es hergebracht hat, unter Kontrolle halten. Es kann einem unerfahrenen Erzieher leicht passieren, daß er diese anfängliche Zurückhaltung für den Beginn einer guten Beziehung hält. In der Tat aber handelt es sich hier oft um „Flitterwochen", die nichts ahnen lassen von den Schwierigkeiten, die bevorstehen. Es ist z. B. ganz und gar nicht selten, daß gerade besonders delinquente Jugendliche am Anfang ihrer Heimunterbringung mit überhöflichen Redensarten von „Ja", „Nein" und „Wie Sie wünschen" um sich werfen. Der Erzieher darf sich nicht dazu verführen lassen, dieses Verhalten als typisch für den Jugendlichen aufzufassen, denn dieser hat entweder nur Angst vor ihm oder täuscht ihn sogar bewußt. Wenn die Einrichtung nicht eindeutig zu denen gehört, wo Kindern äußerlicher Respekt den Erwachsenen gegenüber abverlangt wird, so kann man sehen, daß diese Art der Zuvorkommenheit seitens des neugekommenen Jugendlichen erstaunlich schnell verschwindet.

Grenzabtastung. Das Kind geht in der neuen Umwelt bald vom Informationssammeln dazu über, die Grenzen des Erlaubten abzufühlen. Während es durch Beobachten der Kinder und Erwachsenen schon viel über das Milieu erfahren hat, möchte es nun selber probieren, womit es noch wegkommen kann und welche Reaktionen es seitens der Erwachsenen zu erwarten hat. Da es meistens mehrere Erzieher sind, die sich in die Aufgabe seiner Führung teilen, mag es sein, daß es jeden einzeln „testet", um festzustellen, ob und wie sie es unter Kontrolle halten. An diesem Punkte mag der Erwachsene, der sich durch das Anfangsverhalten täuschen ließ, glauben, daß nun alles verloren ist. Dem ist natürlich nicht so, sondern das Kind fängt jetzt erst an, mehr „normal" zu handeln, d. h., dieses erste Probieren fällt vielleicht gar noch extremer aus als sein Normalverhalten.

Der Beginn dieses Testverhaltens ist besonders wichtig, da es anzeigt, daß eine Konfrontation zwischen Kind und Erwachsenem bevorsteht. Der Erzieher sollte eher froh sein als davor zurückzuscheuen, denn nun kommt seine Chance, mit dem Kind in eine echte Beziehung zu treten und ihm zu zeigen, daß er anders ist als viele Erwachsene, denen es vorher begegnet sein mag. Ob der Erzieher diese Konfrontation so anfaßt, daß sie zu engeren Beziehungen führt, oder so, daß sie das Kind noch weiter entfremdet, bleibt abzuwarten.

Im Gegensatz zu seinem Betragen während der ersten Tage im Ferienlager war Bob heute abend ziemlich schwierig. Er versuchte absichtlich, Aufruhr dadurch zu schaffen, daß er anale Geräusche machte. Als er gebeten wurde, das sein zu lassen, fragte er zurück: „Und was wollt ihr machen, wenn ich's doch tue?" Wir sagten ihm, daß er aus dem Raum geschickt würde, falls er sich nicht still verhielte. Er machte weiter, und wir schafften ihn hinaus. Er wehrte sich nur schwach, griff dann aber plötzlich nach meinem Arm und

fragte: „Sind Sie jemals von einem Kind gebissen worden?" Ein wenig über-
rascht, versuchte ich ruhig zu wirken und antwortete: „Oh, hin und wieder
vielleicht." Er fragte wieder, was ich tun würde, wenn er mich in den Arm
bisse: „Werden Sie mich mit Ihrem Ledergürtel verhauen?" Ich antwortete,
daß wir hier keine Kinder schlagen, aber auch erwarten, selbst nicht verletzt
zu werden. „Aber was würden Sie tun, mich herauswerfen?" – so fuhr er
fort. Ich sagte wieder, daß wir weder Kindern weh tun, noch sie herauswer-
fen, „aber wir werden uns etwas einfallen lassen, wenn wir gebissen wer-
den". Er sagte nichts für ein paar Minuten, dann meinte er: „Ich bin jetzt
bereit, schlafen zu gehen." Es schien ihm ernst zu sein, also ließen wir ihn in
den Schlafraum zurückkehren, und er verursachte auch tatsächlich keine
weiteren Schwierigkeiten mehr.

Der Erzieher hatte in dieser Situation offenbar bald erkannt, daß der Junge
die Grenzen abtasten wollte, wissen wollte, wie weit er gehen könnte, ehe
der Erwachsene eingreifen und ihn unter Kontrolle bringen würde, und
welche Methoden dabei zu erwarten waren. Dies muß als ein Versuch seitens
des Kindes verstanden werden, die Lebensbedingungen der neuen Umwelt
kennenzulernen. Wenn ein solcher Versuch in ruhiger, fester und zielsicherer
Weise vom Erzieher abgefangen wird, so übersteht er nicht nur diese erste
Runde gut, sondern gewinnt höheren Status in den Augen des Kindes. Wenn
der Erzieher unsicher wird, sich erschrecken oder erregen läßt durch die Herausforderung, so wird er in den Augen des Kindes absinken, vielleicht sogar
dessen Negativismus weiter herausfordern, da es die absoluten Grenzen
sucht. Wenn der Erwachsene überreagiert, zu streng und strafbereit ist, dann
verringert sich wahrscheinlich die Bereitschaft des Kindes, überhaupt mit ihm
in eine persönliche Beziehung zu treten.

Besonders bei älteren Kindern kann die Tatsache, daß der Erwachsene das
„Testverhalten" durchschaut und überlegen handhabt, eine günstige Wir-
kung auf die zu entwickelnden Beziehungen ausüben. Das zeigt folgendes
Beispiel:

Ich ging zur Hütte hinauf, weil die Jungen dem Erzieher das Leben schwer-
gemacht hatten und am Nachmittag keine der vorgesehenen Aktivitäten mit-
machen wollten. Sie lagen alle auf ihren Betten herum. Ich hatte noch kaum
angefangen mit ihnen zu sprechen, als Ray mir das Wort abschnitt und rief:
„Wir werden uns alle auf und davon machen und uns Zigaretten besorgen."
Damit kündigte er an, daß zwei Regeln gebrochen würden, und die Jungen

warteten mit Spannung, was ich nun tun würde. „Na ja, der Strom ist heute abgeschaltet vom Zaun, die Bluthunde sind eingesperrt, da ist es also ein recht günstiger Tag, an dem ihr euch in Schwierigkeiten begeben wollt." Die Jungen lachten, Ray grinste: „Sie sind kaltblütig, Mann!", und die Atmosphäre war entspannt. Wir unterhielten uns dann ein wenig über Autorennen und Sportwettkämpfe.

Der Erzieher in diesem Beispiel hatte bald erfaßt, daß die Jungen testen wollten, ob er fähig wäre, die Situation ruhig und freundlich in der Hand zu behalten. Wäre er überrascht und hilflos gewesen (hätte er, in der Sprache der Jungen, „seine Kaltblütigkeit verloren"), so wäre sein Status abgesunken und die Jungen hätten ihr Vorhaben vielleicht wirklich ausgeführt. Eine Androhung schwerer Strafe hätte die Jungen vielleicht abgehalten (oder erst recht provoziert), aber jedenfalls hätte das dazu geführt, eine Barriere zwischen Gruppe und Erzieher aufzurichten.

Wie lange dauern solche „Orientierungsreaktionen" wie das Abtasten des Erlaubten? Solches Verhalten flaut meistens ab, nachdem es zu ein paar Konfrontationen gekommen ist. Einige Kinder jedoch wollen immer wieder mal die Grenzen testen, egal wie lange sie schon in der Einrichtung sind. Meistens aber legen sich die Kinder ein Verhaltensmuster zu, an das sie sich dann ziemlich regelmäßig halten. Sie wissen, was sie von den Erwachsenen zu erwarten haben, und die Erzieher wissen, was sie von den Kindern erwarten können. Wenn das Orientierungsverhalten nachläßt, ist viel weniger Spannung in der Luft. Während es aber noch anhält, muß der Erwachsene versuchen, aus den Konfrontationen pädagogisches Kapital zu schlagen. Er muß erkennen, daß er hier den Grundstein legt für eine ruhigere und bessere Zusammenarbeit zwischen ihm und dem Kind in der Zukunft.

Wir haben also die Orientierungsreaktionen besprochen, die zu erwarten sind, wenn ein Kind in eine neue Umgebung kommt. Wir wollen uns nun den Verhaltensweisen zuwenden, die das Kind erworben hatte, bevor es in das Heim kam. Wir wollen dieses Verhalten als „interpersonale Reaktionen" kennzeichnen.

Interpersonale Reaktionen[4]

Es gibt eine ansehnliche Menge von Beweisen dafür, daß das Sozialverhalten eines Menschen dadurch gekennzeichnet ist, daß er zu relativ gleichbleibenden und unveränderlichen Reaktionen anderer Menschen gegenüber neigt. Dieses Phänomen ist mit einer Reihe verschiedener Namen belegt worden (z. B. Lebensstil, Lebensthema, interpersonale Reaktionscharakteristiken, u. a.), aber die Sache selbst, die damit gemeint ist, kann im Grunde genommen leicht verstanden werden:

„Jeder von uns ... entwickelt eine bestimmte Gruppe langdauernder Dispositionen, anderen zu begegnen, also charakteristische Reaktionsformen. So wird der eine alle seine Nachbarn als potentielle Feinde betrachten und in seinen Begegnungen mit ihnen zurückhaltend und mißtrauisch sein; ein anderer glaubt sich von lauter wohlmeinenden Freunden umgeben und ist daher offen und großzügiger im Umgang. Diese Dispositionen – hier interpersonale Reaktionscharakteristiken genannt – helfen uns, den Menschen als Sozialwesen zu beschreiben, sein Verhalten zu verstehen und seine Handlungen vorauszuahnen" ... *(Krech, Crutchfield und Ballachey, 1962, S. 103).*

Während diese interpersonalen Reaktionsformen oder Lebensstile zum Teil konstitutions- und zum Teil umweltbedingt sein mögen, scheint doch sicher, daß sich vieles von diesem Verhalten leichter erklären läßt, wenn man weiß, wie ein Mensch die Sozialreize seiner Mitwelt wahrnimmt und interpretiert. Diese Wahrnehmungen sind das Resultat lebenslanger Erfahrungen mit vielen verschiedenen Menschen, von denen die wichtigsten meist die Eltern des Kindes waren. Während aller seiner Erlebnisse hat das Kind gelernt, bestimmte Erwartungen an verschiedene Erwachsene zu richten, und diese Erwartungshaltungen beeinflussen das Verhalten. Während es viele interpersonale Reaktionsstile gibt, haben wir einen ausgewählt, der für die Erzieher-Kind-Beziehung besonderes Gewicht hat. Dieser Stil ist nicht unbedingt typisch für alle Kinder in Heimen, aber er ist sehr stark verbreitet und stellt ein besonders schwieriges Bild dar für den Erzieher. Wir haben dafür den Namen „interpersonaler Reaktionsstil des Mißtrauens" gewählt.

---

[4] Unsere diesbezüglichen Ausführungen lehnen sich stark dem Begriff der interpersonalen Reaktionscharakteristik an, der von Krech, Crutchfield und Ballachey (1962) diskutiert wurde, sowie auch dem Konzept von den Lebensthemen, das von E. B. McNeil und R. L. Cutler (1966) dargestellt wurde.

Wenn ein Kind seine frühere Umgebung verläßt und in eine neue Situation kommt, so bringt es interpersonale Reaktionsstile mit, die unangebracht und unangepaßt sind. Einer der weitestverbreiteten Stile dieser Art ist derjenige, den man mit Erikson (1963) als „grundsätzliches Mißtrauen" bezeichnen kann. Im Gegensatz zu normal aufgewachsenen haben diese Kinder es nicht gelernt, Erwachsene mit angenehmen Ereignissen in Verbindung zu bringen. Sie haben nicht gelernt, sich auf sie zu verlassen, vor allem in Krisensituationen. Vielmehr haben sie erfahren, daß Erwachsene es versäumen, ihre Bedürfnisse zu erfüllen oder daß sie ihm sogar gefährlich sind. Das Verhalten solcher Kinder drückt dann Mißtrauen, Unsicherheit und Verdacht Erwachsenen gegenüber aus.

Wenn ein solches Kind dem Erzieher gegenübersteht, entdeckt der junge Mensch nicht gleich, daß er es hier mit einem ganz anders gearteten Erwachsenen zu tun hat. Der interpersonale Reaktionsstil des Mißtrauens verharrt vielmehr (er wurde in Tausenden von früheren Begegnungen mit Erwachsenen erworben), und zwar hartnäckig, obwohl er (vom Gesichtspunkt des Erwachsenen her) jetzt nicht mehr angebracht ist. Warum besteht das Kind weiterhin darauf, dem Erwachsenen zu mißtrauen, so als ob er nicht gutmütig und vertrauenswürdig wäre? Das Kind kann nicht plötzlich so handeln, als ob alles früher Erlernte nun nicht mehr gültig sei; es kann seine Wahrnehmungen nicht so schnell umstellen. Sein Mißtrauen hat sich bisher wohl bezahlt gemacht, und zwar jedesmal, wenn es mit einem unberechenbaren, drohenden Erwachsenen konfrontiert war – was viele, viele Male vorkam. Es ist verständlich, daß es sich dem neuen Erwachsenen gegenüber genauso verhält. So weit es das beurteilen kann, wird es wahrscheinlich auch diesmal wieder hinters Licht geführt: hinter der freundlichen Maske verbirgt sich auch jetzt ein Mensch, dem man nicht trauen kann. Wenn der Erzieher sich auffällig bemüht, das Kind von seiner Vertrauenswürdigkeit zu überzeugen, so wird das Kind wohl eher noch mißtrauischer oder sogar ängstlich. Es kommt dann vielleicht sogar dazu, Strategien zu entwerfen, die „beweisen" sollen, daß der Erzieher nicht vertrauenswürdig ist.

Welches sind einige der Verhaltensstrategien, die charakteristisch sind für den interpersonalen Reaktionsstil des Mißtrauens? Wir wollen vier Kategorien besprechen unter den Rubriken: „Rückzug", „Entwaffnen", „Angriff" und „Tarnung".

Rückzug. Die einfachste Art, dem Mißtrauen nachzugeben, ist die, daß das

Kind die Interaktion mit dem Erwachsenen vermeidet. Dies äußert sich dann im Verweigern der Teilnahme an gemeinsamen Unternehmungen, am Vermeiden jeglicher Unterhaltung und im allgemeinen Distanzhalten. Solche Zurückhaltung kann sehr entmutigend sein für den Erzieher, der echte Anstrengungen macht, das Kind anzusprechen und mit ihm in eine echte Beziehung zu kommen. Ein Erzieher, der noch neu ist im Beruf, ist es nicht gewohnt, daß seine Bemühungen so konstant abgewiesen werden, und es kann leicht passieren, daß Enttäuschung und Frustration ihn dazu bringen, jede Mühe um Kommunikation aufzugeben.

Beispiel A: *Jedesmal, wenn ich Walter begegnete, grüßte ich ihn freundlich. Seine Reaktion war immer kaltes Schweigen, dazu wendete er noch das Gesicht ab, um meinem Blick nicht zu begegnen. Wenn ich ihn etwas fragte, bekam ich bestenfalls ein Brummen zur Antwort. So blieb es fast den ganzen Winter, drei Monate lang.*

Beispiel B: *Tony vermied es erfolgreich, daß ich mich ihm nähern konnte. Trotzdem wurde ich den Eindruck nicht los, daß er es als weiteren Beweis unserer Indifferenz ihm gegenüber verbuchen würde, wenn ich mir keine Mühe mehr gäbe. Schließlich beschlossen wir, ihm zu sagen: „Wir wissen, du sagst nicht gerne etwas. Trotzdem, da wir uns gerne mit dir unterhalten, werden wir dir wahrscheinlich jedesmal eine Menge vorerzählen, wann immer wir dir über den Weg laufen – aber mach' dir nichts draus, du brauchst uns nicht zu antworten." Ein paar Tage später wurde er sehr viel gesprächiger. Da Rückzug ein Ausweichen vor unangenehmen Situationen darstellt, müssen wir im Auge behalten, daß zu starkes Drängen unsererseits die Lage womöglich nur verschlimmert. Es ist höchst selten, daß die Rückzugstaktik des Kindes direkt angehbar ist. Wir sollten es vielmehr nur vorsichtig ansprechen und ihm viel Zeit lassen. Wir werden darauf später noch ausführlicher zurückkommen.*

Entwaffnung. Ein anderer Weg, mit bedrohlichen Personen fertigzuwerden, besteht darin, daß man sie entwaffnet. In gewissem Sinne braucht das Kind diejenigen Erwachsenen nicht mehr zu fürchten, über die es die Oberhand gewinnt. Diese Kinder entwickeln oft ein erstaunliches Repertoire von Verhaltensweisen, die dazu dienen, den Erwachsenen „kampfunfähig" zu machen. Dadurch gerät der Erzieher in die Defensive, anstelle des Kindes. Solche Kinder drohen z. B., daß sie etwas über den Erwachsenen wissen und daß sie es dem Direktor sagen werden. Zu solchen Zeiten denken oft selbst erfahrene Erzieher darüber nach, was sie zu verbergen haben, wenn überhaupt irgend etwas. Diese Kinder sind sehr findig darin, ein Verhalten des Erziehers zu entdecken, das man gegen ihn ins Feld führen könnte. Erzieher tun daher gut daran, eine hohe Qualität von Sprache und Verhalten zu wahren, damit ein Kind nicht etwaige Fehler als Waffen gegen sie einsetzen kann. Ein Erzieher z. B. wußte, daß mehrere Jungen geraucht hatten, und gab ihren Bitten nach, es nicht den Therapeuten zu berichten. Er wollte sich die Jungen damit zu Freunden machen. Nach ein paar Tagen hatten sie die Oberhand und drohten: „Wir werden dem Supervisor mitteilen, daß Sie gesehen haben, daß Jungen rauchten und daß Sie nichts unternommen haben."

Eine andere Art, mit dem Erzieher fertigzuwerden, besteht darin, daß man ihn seiner Haltung und Zuständigkeit beraubt in der Hoffnung, daß er sich dann aus Angst zurückhalten wird. Ein gutes Beispiel ist hier das Verhalten zweier Buben in der Vorpubertät einer Erzieherin gegenüber:

In der Abenddämmerung fragten Willy und Dale, ob sie mich allein sprechen könnten, etwa draußen auf den Treppenstufen. Es kam mir etwas ungewöhnlich vor, aber andererseits schien es eine gute Gelegenheit, mit den beiden in ein echtes Gespräch zu kommen, also stimmte ich zu. Sie fragten, was es sei, das ein Mann tue, wenn er einer Frau ein Baby geben wolle. Ich antwortete so eindeutig wie ich konnte, entdeckte aber bald, daß ich in eine Falle hineingegangen war. Sie waren nicht wirklich an Information oder Terminologie interessiert, sondern wollten mich dazu bringen, einen ordinären Ausdruck zu gebrauchen, der diesen Vorgang beschreibt. Als ich nicht nachgab, sagten sie, ich hätte mit Walter (einem Erzieher) Geschlechtsverkehr gehabt, daß jemand uns im Gebüsch beobachtet hätte. Ich war so durcheinander, daß ich sagte: „Es muß jemand anders gewesen sein, denn Walter und ich waren es nicht", und das war sicher nicht die richtige Reaktion. Ich brach die Unterhaltung ab, aber sie nannten mich eine „Hure", wann immer sie mir begegneten. Endlich mußte ich dem Supervisor von diesem Vorgang berichten. Sie ließen das Schimpfwort daraufhin fallen, munkelten aber dann statt dessen über Beziehungen zwischen dem Supervisor und mir.

Eine andere verbreitete Taktik, die mißtrauische Kinder anwenden, besteht darin, daß sie den Bemühungen des Erziehers andere als therapeutische Motive unterstellen. So behaupten sie, der Erzieher tue dies nur des Geldes wegen, oder weil er keinen anderen Beruf ergreifen konnte, oder sie sagen, er würde „sie bestimmt schlagen, wenn er nicht wüßte, daß er deswegen seine Stelle verlieren würde". Diese Taktik gibt dem Kind einen Grund, an seinen Verhaltensweisen festzuhalten und sein Mißtrauen nicht aufzugeben, obwohl der Erzieher anders ist als die Erwachsenen, mit denen es bis dahin zu tun hatte.

Angriff. Wenn ein Kind Erwachsene bisher als gefährlich erlebt hat, so neigt es dazu, verwirrt zu sein, wenn der Erzieher ungefährlich und vertrauenswürdig zu sein scheint, also der gewohnten Vorstellung nicht entspricht. Es verfällt dann leicht darauf, beweisen zu wollen, daß auch dieser Erwachsene gefährlich ist. Das läßt sich z. B. dadurch bewerkstelligen, daß man ihn bei einer Lüge „ertappt". Selbst rigoros ehrliche Erzieher werden entdecken, daß man ihnen spitzfindige Unwahrheiten unterschieben möchte, um so seine Vertrauensunwürdigkeit beweisen zu können. Gerade dann, wenn der Erwachsene solche Situationen geschickt zu meistern versteht, muß das Kind zu gröberen Mitteln greifen, um sich zu beweisen, daß es doch recht hat. Die extremste Methode besteht darin, einen Kampf mit dem Erwachsenen zu provozieren.

Gary war nicht zufrieden damit, wie Hal, sein Erzieher, das Baseballspiel lenkte. Auf dem Wege zurück ins Haus, bedachte er ihn unentwegt mit Schimpfkanonaden. Als dies Hal nicht dazu bringen konnte, ihm mit gleicher Münze zurückzuzahlen, begann Gary wohlüberlegt und absichtlich, Hal gegen die Schienbeine zu treten. Hal versuchte, ihn durch Scherzen abzuwehren, aber Gary ließ nicht nach. Schließlich gab Hal (über diesen Angriff nun doch wütend werdend) Gary einen Stoß, um ihn loszuwerden. Obwohl Gary ganz offenbar völlig unverletzt war, begann er hysterisch zu schreien, er rannte vom Hause weg und schluchzte, er werde nie wiederkommen. Ein anderer Erzieher mußte Gary, der wirklich im Begriff war fortzulaufen, zurückholen. Endlich zurückgebracht, bestand er weiterhin darauf, Hal habe ihn zusammenschlagen wollen.

Dies ist ein extremes Beispiel, aber es demonstriert, wie Kinder es anstellen können, daß das Verhalten der Erwachsenen ihre eigenen verzerrten Wahrnehmungen unterstützt. Kinder versuchen oft, einen Angriff auf sie in so direkter Weise zu provozieren. Es ist wohl üblich, daß Kinder verbal und durch Beleidigung zu provozieren suchen. Wenn der Erwachsene dies wie eine Aufforderung zum Kampf behandelt, so verstärkt er damit den Lebensstil des Kindes, der im Mißtrauen befangen ist. Andererseits muß natürlich etwas geschehen; es ist keineswegs immer richtig, die Provokation einfach ignorieren zu wollen. Folgendes Beispiel zeigt einen im Irrtum befangenen Erzieher: *Als ich Rodney sagte, er müsse nun zu Bett gehen, weigerte er sich. Ich bestand darauf und zu meiner Überraschung schlug er mir ins Gesicht. Ich sagte ihm, es werde ihm nicht gelingen, mich in Rage zu bringen, und hielt ihm die andere Wange hin. Er schlug noch einmal zu. Dann ging ich ruhig weg.*

Es ist nicht nötig, den Eindruck erwecken zu wollen, daß wir nie ärgerlich sein oder provoziert werden können; denn für die meisten von uns ist solche Passivität im Falle des Angriffs gar nicht möglich. Trotzdem müssen wir versuchen, durch unser Verhalten dem Kind klarzumachen, daß wir nicht so sind wie die gefährlichen und vertrauensunwürdigen Erwachsenen, mit denen es bisher zu tun hatte. Dies wird mehr im Detail erörtert werden, wenn wir von der Behandlung des erregten Kindes sprechen (Kapitel 7).

Tarnung. Bisher haben wir gesehen, wie mißtrauische Kinder Strategien des Rückzugs, der Entwaffnung und des Angriffs einsetzen, um mit Erwachsenen fertigzuwerden. Diese Strategien verhindern das Entstehen einer konstruktiven Beziehung, denn die Erwachsenen neigen dazu, ihren natürlichen Reaktionen nachzugeben, und damit verstärken sie ungewollt den Vertrauensvorbehalt des Kindes. Aber sogar wenn der Erwachsene auf diese Strategien nicht „hereinfällt", wird das Kind nicht sehr bald seine Taktiken aufgeben. Wenn das Kind langsam anfängt, in vertrauensgetragene Interaktionen einzutreten, verbirgt es diesen ersten Versuch oft unter dem Deckmantel seiner früheren Strategien. Das folgende Beispiel illustriert dies; der Erzieher war zum Glück in der Lage, die ersten Anzeichen zu einem Vertrauensverhältnis zu erkennen, obwohl das Interesse des Kindes unter aggressivem Verhalten getarnt wurde.

Jeden Tag, wenn ich um 3.30 Uhr meinen Dienst begann, war Jim „zufällig" gerade in der Gegend. Jedesmal begrüßte er mich mit einem Kommentar wie: „Verflixt, den ganzen Nachmittag müssen wir Sie hier haben", oder „Hier kommt der schlimmste Erzieher, den es gibt". Oder er stöhnte und sagte, er könne mich nicht ausstehen. Ich begrüßte ihn immer gleichmäßig freundlich, denn ich spürte, daß er mich im Grunde gar nicht so ungern mochte, obwohl er die anderen Erzieher nie in so aggressiver Form begrüßte. Eines Tages verriet er sich selbst. „Ich kann kaum den Dezember, den 4., 5., 8. und 11. abwarten, wenn Sie dienstfrei haben." Da unser Terminkalender

sich dauernd ändert, ist es für mich selbst sogar schwer, meine freien Tage zu
wissen, Jim hatte sich also besondere Mühe gegeben, diese Tage ausfindig zu
machen. „Ich glaube, ich werde dich vermissen an meinen freien Tagen",
sagte ich. Er grinste verschmitzt, aber von dem Tage an wurden seine Be-
grüßungen allmählich freundlicher.

Eine andere Variation getarnten Verhaltens ist der Gebrauch rauher körperlicher Kommunikationsarten mit dem Erwachsenen. Die Kinder springen ihm
aggressiv auf den Rücken, boxen ihn in die Rippen, packen ihn rauh am
Arm, reißen ihm etwas aus der Hand und laufen davon. Solches Benehmen
ist die Aufforderung zur Interaktion. Der Erzieher, der dieses Verhalten
streng bestraft, verhindert nicht nur dieses besondere Benehmen, sondern
auch den Versuch nach sozialer Interaktion. Die beste Reaktion ist die, die
dem Kind klarmacht, daß man sich wohl mit ihm beschäftigen möchte, daß
es aber bessere Arten gibt, sich miteinander zu unterhalten.

Es wäre eine zu radikale Umstellung des interpersonalen Stiles, wenn ein
Kind plötzlich von einer mißtrauischen zu einer vertrauensvollen Haltung
dem Erwachsenen gegenüber umschalten würde. Indem es sein Interesse an
dem Erzieher hinter scheinbar feindseligem und draufgängerischem Betragen
tarnt, kann es einen gewissen Grad der Kommunikation aufrechterhalten und
zugleich weitertesten, ob es sicher ist oder nicht, dem Erwachsenen zu trauen.
Wenn der Erzieher diese Annäherungsversuche falsch versteht und behandelt, so drosselt er weitere Kommunikationsversuche. Diese Situation ist der
des pubertierenden Knaben gar nicht unähnlich: er hat noch nicht gelernt,
sich in der Gesellschaft von Mädchen wohl zu fühlen und drückt daher sein
erwachendes Interesse an ihnen dadurch aus, daß er sie herausfordert und
aufzieht. Die klugen kleinen Mädchen haben es bald heraus, wie sie das Aufziehen mitmachen und so die Aktion in Gang halten können; die weniger
klugen halten die Jungen auf Abstand oder melden sie sogar den Lehrern –
sie wachsen ohne männliche Spielkameraden oder Freunde auf.

Verbale und nicht-verbale Kommunikation

Verbale Kommunikation

Der Erzieher hat täglich Hunderte von Gelegenheiten, mit den Kindern, die
ihm anvertraut sind, in sprachliche Kommunikation zu treten, obwohl viele

Gesprächsgegenstände nur alltägliche Dinge betreffen und in Anwesenheit der Gruppe keine sehr persönlichen Dinge besprochen werden können. Die Geschicklichkeit, mit gestörten Kindern ins Gespräch zu kommen, variiert stark unter den Erziehern. Während einige immer ein Grüppchen redender Kinder um sich versammelt haben, fühlen andere sich offensichtlich gar nicht wohl, wenn sie Kinder anreden oder ihnen zuhören. Dieses Unbehagen wird vor allem bei neuen Erziehern deutlich, die ängstlich fragen: „Wie macht man es, daß die Kinder sich an der Unterhaltung beteiligen?" oder: „Worüber soll ich denn mit ihnen reden?" In diesem Abschnitt werden wir einige Richtlinien und Gefahren besprechen, die im sprachlichen Umgang mit gestörten Kindern wichtig sind.

Verbale Kommunikation ist in manchen Situationen leicht, in manchen schwierig. Gesellschaftsspiele, die um den Tisch herum stattfinden, bringen z. B. fast immer Unterhaltung mit sich, ob sie nun auf das Spiel selbst oder etwas anderes bezogen ist. Das Spiel schafft die Struktur für eine Kommunikation, die andernfalls unmöglich oder schwierig wäre. Sogar wir als Erwachsene finden es oft schwierig, eine Konversation zu führen, ohne bestimmte Hilfsmittel, es sei denn, wir kennen die andere Person sehr gut. Daher gibt es Bridge-Clubs, Kartenpartien, Tennisspiele, Nähkreise usw., die alle die sprachliche Unterhaltung fördern. Es ist wichtig für den Erzieher, sich diesen einfachen Grundsatz einzuprägen. Vor allem am Anfang kann die Kommunikation besser zustande kommen, wenn sie sich auf die jeweilige Tätigkeit oder Routine der Gruppe bzw. des Hauses bezieht.

Sollte die Konversation jedoch nie über „Clubgespräche" hinauswachsen, würden die Kinder vermutlich bald das Interesse am Gespräch mit dem Erzieher verlieren. Ein „guter Zuhörer" zu sein, wird einige Kinder anziehen, aber mit den meisten wird er sich doch in eine aktivere Unterhaltung einlassen müssen. Vor allem am Anfang einer Beziehung hat natürlich derjenige Erzieher einen großen Vorteil, dem Smalltalk leicht fällt, besonders, wenn er auch noch Humor hat. Viele der Erwachsenengespräche bleiben ja im leichten Unterhaltungsstil. Um kein Mißverständnis aufkommen zu lassen, möchten wir betonen, daß ein Smalltalk Mittel zum Zweck, nicht Selbstzweck ist. Es ist zu bedauern, daß manche Erwachsene und Kinder unfähig sind, über diesen leichten Unterhaltungsstil hinauszuwachsen.

Das Thema selbst ist natürlich auch ein kritischer Punkt in der Entstehung und Aufrechterhaltung eines Gespräches. Worüber redet man mit gestörten und delinquenten Kindern? Dies ist eine kritische Frage für viele Erwachsene, besonders solche, die nicht wissen, was sie über Namen und Alter des Kindes hinaus fragen sollen. Die Antwort hängt von Alter, Geschlecht, Vorgeschichte und anderen, das Kind betreffenden Faktoren ab; es ist schwer, bestimmte Themen anzugeben. Geschickte Erzieher richten sich nach dem, wovon das Kind spricht, nach seinen Interessen. Schon wenn ein Kind neu in die Gruppe kommt, lassen sich seine Interessen an dem ablesen, was es mitbringt. Trotzdem kommt es leider vor, daß ein Erwachsener seine Schwimmflossen, seine Badehose, Taucherausrüstung, Tiefseeabenteuer-Comics und ähnliches mehr auspackt, ohne zu wissen, worüber er mit dem Kind sprechen soll.

Es gibt natürlich einige Themen, von denen man mit größerer Wahrscheinlichkeit erwarten kann, daß sie das Interesse des Kindes wecken. So werden sich Jungen fast immer für Fußball, Boxen, Autorennen, Gewehre und die neuesten Jazzkapellen interessieren. Der Erzieher sollte darauf gefaßt sein, einen Experten unter den Kindern anzutreffen. Es sollte ihn nicht umwerfen, wenn er z. B. mit Begeisterung von den „Vier Jahreszeiten" spricht, nur um dann zu erfahren, daß diese, wie er dachte neueste Sängergruppe, schon wieder überholt, nicht mehr „in" ist. Viele Erzieher informieren sich über die neuesten Entwicklungen auf diesen Gebieten, auch wenn sie kein persönliches Interesse daran haben. Sie wollen bei der Unterhaltung mithalten können, ohne den Kindern langweilig zu werden.

Aus unerfreulichen Gründen meinen einige Erzieher, sie seien nicht eigentlich „therapeutisch" tätig, so lange sie nicht über die besonderen Probleme oder Konflikte des Kindes sprechen. Es kann nicht genug betont werden, daß viele der Erzieher, die den besten Einfluß ausüben, niemals „psychologische" Themen als solche anrühren. Im Gegenteil, es ist im allgemeinen unangebracht für den Erzieher, einen Amateuranalytiker zu spielen. Die folgenden Beispiele sollen einige dieser Probleme beleuchten:

Die psychiatrische Klinik hatte uns gewarnt, daß Jim als erstes versuchen werde, möglichst viele Zuhörer für seine Leidensgeschichten zu finden. Dies war darum besonders gefährlich, weil Jim die Tendenz hatte, sich in richtige Depressionen hineinzureden, und einmal hatte er in einem solchen Falle versucht, Selbstmord zu begehen. Wir dachten, wir hätten alle informiert und allen geraten, das Thema zu wechseln, falls Jim anfangen würde, über sich selbst zu reden; aber wir hatten die Sozialarbeit-Praktikanten vergessen. Be-

vor wir noch recht erfaßten, was los war, fanden wir Jim in einem Baum.
Er drohte, herunterzuspringen. Unten stand die Praktikantin und versuchte,
es ihm auszureden. Sie hatte geglaubt, als Jim anfing, es handle sich um wich-
tige Informationen und hatte ihn weiter ermutigt. Dann wuchs ihr die Situa-
tion über den Kopf. Wir schickten sie fort und wenig später kam Jim her-
unter.

Tony hatte sich mit dem Erzieher über einige seiner Schwierigkeiten zu
Hause, mit den Eltern, unterhalten, und zwar ziemlich regelmäßig abends
vor dem Schlafengehen. Wenn der Mitternachtsdienst begann, fand man
Tony meist ruhelos, sich beklagend, er fühle sich nicht wohl und sei unfähig
zu schlafen.

Bill hatte eine gute Beziehung zu seinem Erzieher Ed und begann, Ed alles
das zu erzählen, was er mit seinem Psychotherapeuten besprochen hatte. Ed
ermutigte ihn darin. Bill brachte immer mehr Material über seine Vorge-
schichte zu Tage, das bisher unbekannt war. Jedoch zur gleichen Zeit, zu der
er Ed alles erzählte, hörte er auf, zu seinem Therapeuten über diese Dinge zu
reden. Es kam soweit, daß der Therapeut nur von Ed etwas über Bill erfah-
ren konnte. Der Erzieher mußte schließlich gebeten werden, diese Gespräche
zu unterbinden. Danach redete Jim dann wieder während der Therapie-
stunde.

Diese Beispiele zeigen, daß der Erzieher als Amateurtherapeut sich sehr bald
in einer Lage befinden kann, die ihn völlig überfordert. Dies soll wiederum
nicht heißen, daß der Erzieher *nie* mit dem Kind über psychische Probleme
sprechen soll. Er muß nur umsichtig und vorsichtig sein. Eine gute Faustregel
ist die, daß man die Gespräche auf das Hier und Jetzt zu beschränken versucht, also auf Ereignisse und Schwierigkeiten, die mit der jetzigen Lebens-
lage zusammenhängen, nicht aber mit der Vorgeschichte oder Familie des
Kindes. Der Erzieher wird bald sehen, daß es genügend aktuelle Angelegenheiten zu besprechen gibt, ohne daß man in die Vergangenheit des Kindes
zurückblenden müßte. Wenn ein Kind darauf bestehen sollte, mit dem Erzieher über psychische und vergangene Probleme sprechen zu wollen, wäre
eine taktvolle Überweisung an den Therapeuten die richtige Antwort.

Wenn das Kind das Gefühl bekommt, der Erzieher wolle unbedingt seine
psychischen Probleme kennen und bereden, so kann es durchaus mit Angst
reagieren. Einige Kinder fürchten, daß jeder Erwachsene im Heim eine Art
Analytiker sei, und der Erzieher, der diesen Anschein verstärkt, muß mit

verstärkter Ablehnung rechnen. Die extreme Sensibilität eines sehr intelligenten, delinquenten Knaben von elf Jahren wird in folgendem Gespräch offenbar:

Ich stand mit Mac am Strand, und wir sprachen über Bootsfahrten, Angeln und allgemeine Dinge. Da Mac sehr entspannt schien, sehr offen und mitteilsam, schlug ich vor, daß wir uns „da drüben" auf den umgelegten Baumstamm setzen wollten. Er schaute mich aus den Augenwinkeln an und sagte: „Nein, nein, hören Sie auf, Sie werden doch nicht so einen Psychologentrick auf mich anwenden wollen!" Er wandte sich ab, ging weiter und vermied meine Nähe für den Rest des Tages.

Jeder benutzt gewisse Unterhaltungsregeln und Begrüßungsriten in der Begegnung mit anderen, um über die erste Verlegenheit hinwegzukommen. Da viele Kinder bei ersten Gesprächen mit Erwachsenen sogar sehr verlegen sind und großes Unbehagen empfinden, ist es vielleicht gut, wenn der Erzieher es anfangs bei der Konversation mit kurzen Wendungen gut sein läßt. Das Alltagsleben gibt dem Erzieher ungezählte Gelegenheiten, „zufällig" des öfteren vorbeizukommen im Laufe eines Tages und dann jedesmal eine kurze Unterhaltung zu führen, vielleicht nur für einige Sekunden. Solch kurzer Gedankenaustausch verursacht kaum ängstliche Rückzugsmanöver bei den Kindern. Ein Erzieher könnte z. B. ein Kind zufällig auf der Straße sehen. Er möchte zwar mit diesem Jungen besonders gern in nähere Beziehung kommen, entscheidet jedoch, daß auf ihn zuzugehen und mit ihm eine Unterhaltung über das gestrige Spiel zu führen, den Jungen abschrecken könnte. Statt dessen grüßt er zu ihm hinüber und sagt beiläufig: „Na, da ist ja der gute Spieler, der mich gestern mehrfach geschlagen hat." Der Knabe sagt vielleicht gar nichts, lächelt aber freundlich in der Erinnerung an das gestern gewonnene Ballspiel. Man kann erwarten, daß die nächste Begegnung zwischen diesem Knaben und dem Erzieher weniger steif ausfallen wird.

Daß ein Kind an einem bestimmten Thema interessiert ist, das ist an und für sich nicht immer ein hinreichender Grund, dieses Thema zu besprechen. Erfahrene Erzieher gestörter Kinder wissen, daß einige wiederkehrende Themen mit Vorsicht zu behandeln sind. Er muß es z. B. spüren, wenn er das „Opfer" eines zweideutigen Witzes werden soll. Wenn er z. B. gefragt wird, ob er wisse, was der Bauer zum Reisevertreter gesagt habe, nachdem dies und das geschehen sei, so entzieht der Erzieher sich dieser Unterhaltung am besten, indem er etwa sagt: „Ihr scheint in der Stimmung für dummes Zeug

zu sein." Ebenso vorsichtig sollte der Erzieher vorgehen, wenn Kinder anfangen, ihn über sein Privatleben auszufragen. Während es sich hier oft um
ein echtes persönliches Interesse handelt, kann das jedoch durchaus auch eine
Falle sein. Es wäre besonders unklug, frühere Missetaten des Erziehers zu
besprechen: Schulstreiche usw., selbst wenn die Kinder fragen, ob er je etwas
Derartiges gemacht hätte, ob er schon einmal festgenommen oder aus der
Schule geworfen worden sei usw. Die Kinder werden mit hoher Wahrscheinlichkeit wissen wollen, ob der Erzieher verheiratet ist, und das sollte wahr-
heitsgemäß beantwortet werden. Dies ist aber oft der Auftakt zu persön-
licheren Fragen (wie die, ob er eine Freundin habe), und der Erzieher muß
in der Lage sein, sich früh und taktvoll genug der Befragung zu entziehen.
Der Erzieher soll nicht glauben, er müsse sein Privatleben vor den Kindern
offenlegen, damit sie es inspizieren können. Er sollte das Recht verspüren,
sich zurückzuziehen aus dem Gespräch oder das Thema zu wechseln, wann
immer die Fragen zu persönlich werden. Es besteht sonst die Gefahr, daß er
sich weiter hineinziehen läßt, als er eigentlich gehen wollte, und dann ist
der Rückzug schwer.
Unterhaltung ist nicht immer eine angenehme Sache. Der Erzieher wird oft
mit dem Kind reden müssen, wenn es offenen Widerstand zeigt und zur
Widerrede geneigt ist. Alle Erzieher werden irgendwann einmal nahe an den
Punkt gebracht, wo ihnen das Temperament durchgeht. Es bedarf beträcht-
licher Erfahrung, Selbstkontrolle und vielleicht sogar einer guten Portion
Humor, bevor man lernt, welche Reaktionen in bestimmten Situationen die
besten sind. Manchmal ist der Erzieher vielleicht so wütend, daß er nicht
sicher ist, was er sagen würde, oder mit welcher Stimme, wenn er jetzt den
Mund auftäte. Es ist dann wohl wirklich besser, eine Weile nichts zu sagen.
Es ist gut, sich ins Gedächtnis zu rufen, daß Ungesagtes später immer noch
nachgeholt werden kann, aber daß das Wort, das einmal gesprochen ist, sich
nicht wieder ungeschehen machen läßt. Wenn man zunächst einmal schweigt,
kann man seine Gedanken besser sammeln und vielleich kommt einem sogar
ein guter Gedanke zu dem, was man sagen sollte. Das gleiche gilt für den
Fall, daß das Kind sehr aufgebracht ist. Es läßt sich besser mit ihm reden,
wenn man ihm ein wenig Zeit gelassen hat, sich zu beruhigen. Es gibt aber
auch andere Wege, dem Kinde zu helfen, seinen Zorn abzureagieren; diese
kommen in Kapitel 7 ausführlicher zur Sprache.
Wir sagten, der Erzieher solle versuchen, aus der Unterhaltung mit dem

Kind herauszuhören, wo seine besonderen Interessen liegen. Es ist umgekehrt auch möglich, daß der Erzieher seine eigenen Hobbys, Interessen oder Pläne in das Gespräch einfließen läßt; das Kind kann unter Umständen lebhaftes Interesse daran zeigen. Aber auch hier ist andererseits wieder Vorsicht geboten. Man sollte keine Themen aufbringen, die für die Kinder ungeeignet sind. Viele junge Erzieher kommen heute von Universitäten und Schulen, an denen große Toleranz für abweichende Ideen und Redefreiheit herrscht. Der Erzieher muß aber seine persönliche Lebensphilosophie von seiner Arbeit mit gestörten Kindern zu trennen wissen, besonders wenn sie kontrovers ist. Die Kinder haben mehr als genug eigenes Konfliktmaterial; sie können sich nicht auch noch mit diversen Lebenskonflikten, die den Erzieher beschäftigen, befassen. Wir haben besonders solche Themen im Auge wie Religion, Politik, Sexualmoral, Bürgerrechte usw. Obwohl der Erzieher sich mit Themen dieser Art leidenschaftlich auseinandersetzen mag, ist große Diskretion im Heim geboten. Er arbeitet ja mit Kindern, nicht mit Erwachsenen, und es sind darüber hinaus nicht seine eigenen Kinder.

Nicht-verbale Kommunikation

Verhaltenspsychologen haben nun schon seit vier Jahrzehnten die nicht-verbale Kommunikation erforscht; trotzdem sind unsere Kenntnisse bisher unvollständig geblieben. Sogar ein Kleinstkind kann schon die „Nachrichten" entziffern, die seine Eltern durch die expressive „Körpersprache" vermitteln (Sullivan, 1953), und trotzdem hat die Wissenschaft nur eben begonnen, darüber zu spekulieren, was eigentlich vor sich geht, wenn ein Kind diese Signale empfängt. Obwohl es bisher kaum eine wissenschaftliche Basis gibt, auf der wir dieses Thema diskutieren könnten, so fühlen wir uns doch bemüßigt, unsere Vorstellungen darüber mitzuteilen, welche Rolle die nicht-verbale Kommunikation im Umgang mit gestörten Kindern spielt.
Wir setzen einmal voraus, daß a) Kinder nicht-verbalem Verhalten unsererseits durchaus Bedeutungen zumessen, daß b) einige Verhaltensweisen mehr oder weniger gleichmäßig wahrgenommen werden, und daß c) der Erzieher sein nicht-verbales Verhalten weitgehend dirigieren oder auch modifizieren kann, je nachdem, was er dem Kinde mitteilen möchte. Die beiden folgenden hypothetischen Beispiele werden illustrieren, was wir meinen:

Ein Kind hört nicht auf den Erzieher und weigert sich, in sein Zimmer zu gehen. Der Erzieher, dem schon klar ist, daß es jetzt zu einer offenen Auseinandersetzung kommen wird, geht mit der Haltung „fertig zum Schlagen", auf das Kind zu; es greift den Erzieher an.

Dasselbe Kind widersetzt sich der Anordnung, in sein Zimmer zu gehen. Der Erzieher, der die kommende Auseinandersetzung ahnt, nähert sich dem Kinde in entspannter Körperhaltung. Das Kind knurrt und brummt, aber es geht.

Im ersten Beispiel gab der Erzieher zu verstehen, daß er die Auseinandersetzung vorausahnte und bereit war, Gewalt anzuwenden. Im zweiten Beispiel gab seine Haltung zu verstehen, daß er keine Konfrontation erwartete, sondern voraussetzte, daß das Kind gehorchen werde. Wir wollen damit sagen, daß das Kind unterschiedlich reagieren wird, je nach der Botschaft, die ihm die Körpersprache vermittelt.

Es mag uns überraschen zu entdecken, daß es sehr viel nicht-verbale Kommunikation unter den Menschen gibt; denn unsere große verbale Geschicklichkeit läßt uns oft übersehen, wie wichtig auch die nicht-verbalen Kanäle sind. Sogar Tiere reagieren unterschiedlich aufeinander je nach Körperhaltung. Es gibt drohende Haltungen (z. B. der gekrümmte Rücken der Katze) und nicht-drohende Haltungen (in vielen Gattungen z. B. rollt das Tier sich auf den Rücken, so dem anderen seine verletzlichen Körperteile darbietend). Welches sind einige Beispiele für nicht-verbale Signale, die für den Erzieher wichtig sind?

Wir haben beschrieben, wie gewisse Körperhaltungen bevorstehende Konfrontationen anzeigen. Viele Erzieher drücken mehr oder weniger dauernd eine Drohung aus, einfach durch ihre Haltung den Kindern gegenüber, im Ton der Stimme oder durch andere Zeichen. Diese Erzieher sind sich oft ganz und gar nicht bewußt, was es ist, das sie dauernd mit aggressiven Kindern in Konflikt bringt. Andere Erzieher dagegen haben eine weniger drohende Art und bedienen sich vornehmlich positiver Signale. Sie bedienen sich etwa des Augenkontaktes, des Kopfnickens, sie machen verschiedene Gesten, zeigen durch physische Nähe (ohne Worte), daß sie dem Kind nahestehen oder daß es seine Sache gut gemacht hat, daß sie ihm beistehen, es beschützen werden usw.

Folgende Aufzeichnung eines Erziehers ist in diesem Zusammenhang interessant:

Rodney war erst vier Tage aus dem Heim und wieder zu Hause, als er fest-
genommen wurde wegen Belästigung eines Mädchens. Er wurde wieder ins
Heim gebracht und kam an, als ich gerade Dienst hatte. Es war ihm anzu-
merken, daß er gerne gewußt hätte, ob ich „Bescheid" wußte und ob ich ihm
trotzdem noch wohlgesonnen sei. Er stand abseits in einer Zimmerecke und
weinte. Ich wußte nicht, was ich sagen sollte, aber ich machte mir in seiner
Ecke zu schaffen und faßte ihn einmal kurz am Arm. Er schaute auf und
sagte durch die Tränen hindurch: „Danke. Wenn nur mein Alter mich so gut
verstünde wie Sie!"

Kinder sind durchaus für nicht-verbale Mitteilungen empfänglich. Sie können sogar oft Gefühle „lesen", deren sich der Erwachsene selbst gar nicht
bewußt ist. Ein Erzieher erinnert sich an einen Vorfall, der mehrere Jahre
zurückliegt: die Gruppe wollte sich seiner Autorität nicht beugen. Als seine
Geduld gerade am absoluten Ende angekommen war, rief plötzlich einer der
Jungen: „Paßt auf, paßt auf! Er flötet wieder. Er wird richtig wütend!" Es
stimmte, obwohl er sich dessen bisher nicht bewußt gewesen war: wann immer er sich dem „Explosionspunkt" näherte, begann er zu pfeifen. Kinder
nehmen durchaus auch die Körpersprache wahr, die Erzieher untereinander
austauschen, wenn sie gemeinsam mit einem schwierigen Kind umzugehen
haben. Sollten sie sich etwa nervöse oder unsichere Blicke zuwerfen, so können sie sicher sein, daß diese auch vom Kind erfaßt werden.

Es ist unmöglich, alle Nuancen der nicht-verbalen Kommunikation zu behandeln. Nicht-verbale Kommunikation besteht ja nicht nur aus einigen isolierten Techniken, sondern sie ist eine Sprache für sich, und zwar eine
Sprache, für die bisher keine Lexika zusammengestellt wurde. Trotzdem
sollte sich der Erzieher der Wichtigkeit dieser Signale voll bewußt sein, besonders im Umgang mit gestörten Kindern. Im folgenden soll ein Aspekt
der nicht-verbalen Sprache behandelt werden, bei dem besondere Vorsicht
geboten ist: der körperliche Kontakt.

Körperkontakt. Wenige Angelegenheiten sind Gegenstand so großer Bedenken und werden dennoch so wenig behandelt wie die Frage des physischen
Kontaktes zwischen Erzieher und Kind. Dem Erzieher wird abwechselnd
geraten: a) daß Körperkontakt das allerwichtigste Mittel der Kommunikation mit den meisten Kindern ist; b) daß physische Berührung nur in seltenen
Fällen und ganz unaufdringlich stattfinden soll; c) daß körperlicher Kontakt

soweit wie möglich zu vermeiden sei. Der Erzieher wird davor gewarnt, „verführerisch" auf die Kinder zu wirken. Andererseits findet er es unnatürlich, so eng mit Kindern zusammenzuleben und sie auf „Armeslänge" von sich zu halten. Viele Erzieher halten Körperkontakte im Verlauf ihrer Arbeit mit den Kindern für unerläßliche Mittel zur Kommunikation.

Wenn es auf den ersten Blick etwa so aussieht, als sei nur der Kontakt von Erziehern mit Mädchen und von Erzieherinnen mit Jungen problematisch, ist das doch keineswegs so. Das Problem betrifft auch nicht etwa nur neue und noch unerfahrene Erzieher. Während die Situation bei heranwachsenden Jungen und Mädchen komplizierter wird, bestehen doch auch Probleme im Umgang mit jüngeren Kindern. Es versteckt sich hinter allen diesen Annahmen und Ratschlägen die Sorge, daß ein Erzieher physische Kontakte mit Kindern zu seiner eigenen Befriedigung mißbrauchen könne. Dabei braucht es sich nicht einmal um direkt „unzüchtige" Berührungen zu handeln, sondern Unbehagen entsteht schon dann, wenn ein Erzieher sich dauernd in der Nähe bestimmter Kinder aufhält, oft einen Vorwand findet, seinen Arm um das Kind zu legen, oder wenn er häufiger mit Kindern rauft oder sie kitzelt. Vor allem wäre falsch bei solchen Kontakten, wenn das Bedürfnis mehr auf seiten des Erziehers liegt als in den Bedürfnissen des Kindes und des jeweiligen Augenblicks.

Trotzdem lassen sich mehrere Gründe aufzählen, warum körperliche Berührung wirksam sein kann in der Herstellung echter persönlicher Beziehungen. Da viele Kinder mit Anpassungsschwierigkeiten auf verbale Kommunikation nur minimal reagieren, stellt die Körpersprache einen guten Kanal dar. Es gibt auch Hinweise darauf, daß Kinder aus den unteren Bevölkerungsschichten sich leichter körperlich als sprachlich ausdrücken (McNeil, 1960) und daß sie Körpersprache besser verstehen als Worte (Minuchin, 1966). Es ist zu beachten, daß körperlicher Kontakt tatsächlich in den engsten mitmenschlichen Beziehungen (Mutter-Kind, Eheleute) eine wesentliche Rolle spielt. Tierexperimente haben gezeigt, daß physische Kontakte ein primärer Faktor sind bei der Bildung von positiven Beziehungen zwischen Individuen (Harlow, 1960). Es ist daher keineswegs unrealistisch zu erwarten, daß körperliche Kontakte einen natürlichen Teil der Beziehung und Kommunikation mit Kindern im Heim darstellen, vor allem mit den jüngeren unter ihnen.

Körperliche Berührungen können dazu dienen, dem Kinde etwas mitzuteilen, das sich überhaupt schwer in Worte fassen läßt, oder das, ausgesprochen, unpassend klingen würde. Es kann z. B. viel einfacher sein, einem freundlich grüßenden Kind durchs Haar zu fahren, als ihm etwa zu sagen: „Ich freue mich, dich zu sehen, und ich mag dich gern." Aber Berührungen wie Techniken anwenden zu wollen, ist ein heikles Geschäft, wie unerfahrene Erzieher sehr schnell merken werden. Es gibt Situationen, in denen jede Berührung absolut unangebracht ist. Man sollte folgende Vorsichtsmaßregeln beachten, die nicht gegen Körperkontakte per se gerichtet sind, sondern abzuwägen sind, wenn man Fehler vermeiden möchte.

Physischer Kontakt und Eifersucht seitens der anderen Kinder. Körperkontakte können sich negativ auswirken, wenn sie von anderen Kindern gesehen werden. Es gibt viele gestörte Kinder, die das Gefühl nicht ertragen können, ihren Erzieher mit anderen teilen zu müssen; sie reagieren mit starker Eifersucht und mit Neid auf jede Berührung, die einem anderen Kind zukommt. Dies gilt vor allem dann, wenn ein Erzieher allgemein beliebt ist. Während der Erzieher gleichzeitig mehrere Kinder in seiner Obhut hat und mit allen gute Beziehungen sucht, muß er doch darauf achten, daß er keines dadurch entfremdet, daß er einem einzelnen zu viel oder zu demonstrativ seine Zuwendung zeigt. Der folgende Bericht eines Erziehers beleuchtet diesen Gesichtspunkt:

Als die Gruppe den Fußballplatz verließ, sprang Terry auf meinen Rücken und wollte getragen werden. Meistens scherze ich in so einem Fall und bewege das Kind langsam dazu, daß es absteigt und neben mir her geht. Ich sage, es sei zu schwer, meine Schultern seien zu schwach und dergleichen mehr. Da dies aber bei Terry das erste Mal war, daß er überhaupt einen solchen freundlichen Kontakt suchte, beschloß ich, es gut sein zu lassen. Als wir uns dem Haus näherten, wollten die anderen auch „reiten", vor allem Alvin, der fast weinte und ausrief: „Ich darf nie auf deinem Rücken reiten – du magst Terry lieber als mich!"

In einer solchen Situation muß der Erzieher nein sagen können, ohne dabei dem Kind, das den Kontakt sucht, das Gefühl zu geben, daß die Ablehnung ihm selber gilt.

Körperlicher Kontakt und sexuelle Stimulierung. Berührungen, die normalerweise ganz neutral sind, können bei gestörten Kindern sexuelle Erregung hervorrufen. Diese Schwierigkeit besteht unabhängig vom Alter oder Geschlecht des Kindes als auch des Erziehers; solche Kinder sind häufig nicht in der Lage, die entstandene Spannung zu meistern, und sie reagieren dann mit Schuldgefühlen, Angst, Aggression oder anderen negativen Verhaltensformen. Die folgenden Beispiele mögen das erläutern:

Beispiel A: *Tyrone (12 Jahre alt) wandte sich an den Supervisor und sagte, er habe ein Problem. Der Supervisor möge doch seiner Erzieherin Mary sagen, sie solle von seinem Bett wegbleiben, nachdem er sich abends im Schlafanzug hingelegt habe. „Wenn sie sich so über mich beugt und mich zudeckt, da werde ich ganz aufgeregt und nachher muß ich dauernd an sie denken und kann nicht einschlafen."*

Beispiel B: *Die Erzieherin Barbara bat den Supervisor mit Robert (12 Jahre alt) zu sprechen und ihn zu bitten, seine Hände von ihr zu lassen. Sie erzählte, er würde ihre Hand halten oder die seine auf ihre Schulter legen, und danach finge die Hand aufdringlich zu wandern an; wenn sie versuchte, ihn daran zu hindern, würde er wütend und versuche, sie zu schlagen. Als Robert zur Rede gestellt wurde, meinte er sehr verärgert, „wenn sie ihre Hände bei mir hinlegen kann, warum dann nicht ich auch bei ihr?" Wir kamen überein, daß in Zukunft niemand seine Hände auf den anderen legen würde.*

Einige Kinder sind so leicht sexuell erregbar, daß man eine absolute „Hände-weg"-Politik betreiben muß. Ein Knabe beispielsweise, der homosexuelle Erlebnisse mit älteren Männern gehabt hatte, schien körperliche Kontakte willkommen zu heißen. Es wurde beschlossen, daß alle männlichen Erzieher jeden physischen Kontakt vermeiden würden. Die Durchführung einer solchen Taktik kann schwierig werden, wenn der Betroffene selbst auf alle mögliche Art und Weise den Kontakt erzwingen will. Das beste Beispiel dafür haben wohl McDermott, Fraiberg und Harrison (1966) gebracht; sie beschrieben einen Fall, in dem ein heranwachsender Knabe sexuelle Befriedigung dadurch erfuhr, daß er während hemmungsloser Aggressionsausbrüche von Erwachsenen mit körperlicher Gewalt festgehalten werden mußte[5].

Physischer Kontakt als Auslöser von Angstgefühlen. Eine andere Vorsichtsmaßnahme bei körperlichen Kontakten muß solchen Kindern gelten, die auf Grund ihrer Vorgeschichte jeden Körperkontakt als Bedrohung empfinden.

---

[5] Das Thema Körperkontakt während der Anwendung von körperlicher Gewalt kommt in Kapitel 7 ausführlich zur Sprache.

Das Kind, das wegen früherer emotioneller Ablehnung Angst hat, sich anderen zu nähern und mit ihnen echten inneren Kontakt aufzunehmen, kann von körperlichen Berührungen, die ihm viel zu intim vorkommen, abgeschreckt und verängstigt werden. Manche Kinder, die einmal physisch mißhandelt wurden, scheuen instinktiv vor jeder Berührung zurück oder werden steif vor lauter Abscheu vor dem Kontakt. Gestörte Kinder mit früheren sexuellen Traumata neigen dazu, auch die neutralste Berührung als sexuelle Annäherung auszulegen; sie projizieren ihre eigenen Schwierigkeiten auf den Erzieher und werfen ihm vor, er sei „andersrum" oder „eine Dirne". Schließlich muß man noch an gewisse Kinder denken, die an zwanghaften Phantasien darüber leiden, was mit ihnen passieren könnte, wenn jemand sie berührt; der bekannteste derartige Fall ist wohl der von Rubin (1961) in „Lisa und David" berichtete. Zum Glück kommt diese psychotische Störung nur sehr selten vor.

Körperberührung und Aggression. Es ist durchaus üblich für männliche Erzieher, daß sie mit Jungen gelegentlich freundlich raufen und herumtollen. Sie führen auch sportliche Spiele durch, die Körperkontakt voraussetzen: Ringen, Football usw. Einige Erzieher glauben, ihre körperliche Überlegenheit demonstrieren zu müssen, damit sie die Kinder dann leichter behandeln und führen können. Sie müssen aber sehr vorsichtig dabei sein, daß sie nicht zu weit gehen und auf das Kind so aggressiv wirken wie einige brutale Erwachsene aus der Vorgeschichte des Kindes. Während es anfangs oft so aussehen mag, als ob Buben nur physische Stärke respektierten, so muß man doch außerordentlich vorsichtig sein, daß man die Körperkraft nicht zu Ausbrüchen negativer, feindseliger Gefühle mißbraucht; denn sonst überreagieren manche Buben mit großer Aggressivität. Ein scherzhaft gemeintes Raufen kann durchaus schlimm ausgehen, wie man am folgenden Beispiel sehen kann:
Essex wollte nach dem abendlichen Schwimmen nicht wieder ins Haus zurückkehren. Als er unter Druck gesetzt wurde, sagte er unter Tränen, „in meinem ganzen Leben werde ich nicht mehr mit Ralph (Erzieher) in ein Zimmer gehen! Er hat versucht, mich unter Wasser umzubringen". Wir besprachen den Vorfall mit dem Erzieher. Aber es kam dabei nicht mehr heraus, als daß er etwas übereifrig mit den Jungen im Wasser gerauft hatte. Essex schluckte offenbar dabei etwas Wasser und nahm dann an, daß Ralph ihn ertränken wollte. Ralph entschuldigte sich bei Essex und versicherte ihm, daß

absolut nichts Böses beabsichtigt gewesen sei. Essex ging dann doch endlich
wieder ins Haus.

Als allgemeine Regel mag gelten, daß es vielleicht am besten ist, alle Aktivitäten zu meiden, die leicht zu Verletzungen führen könnten. Man sollte auch bedenken, daß das, was dem Erwachsenen harmlos erscheint, aus der Perspektive des Kindes wie ein Angriff aussehen kann, besonders bei mißtrauischen Kindern.

Wäre es nicht besser, angesichts dieser potentiellen Gefahren jeglichen körperlichen Kontakt zu vermeiden? Dies ist in manchen Situationen wohl wirklich die beste Lösung, vor allem, wenn man mit halberwachsenen Kindern des anderen Geschlechts zu tun hat. Trotzdem gibt es auch Momente, wo es fehl am Platze wäre, den diskreten Gebrauch von physischen Kontakten ganz auszuschließen, denn er ist oft auch wichtig, um mit gestörten und delinquenten Kindern in echte Beziehung zu kommen.

Erhöhte Anziehungskraft

Unsere vorausgehende Diskussion bezog sich auf die Beziehungen zwischen Kindern und Erziehern. In diesem Abschnitt wollen wir unsere Aufmerksamkeit nun auf den besonderen Aspekt der Anziehungskraft des Erziehers richten. Wie wird er zu einem Verhaltensmodell, zu einem positiven sozialen Verstärker für das Kind? Wir müssen aber unseren Ausführungen eine warnende Mahnung vorausschicken. Wir verstehen bis heute durchaus nicht alle Gründe dafür, warum ein Kind einem Erwachsenen nacheifert und seine Anerkennung zu gewinnen sucht. Noch wissen wir nicht, warum er gerade diesen zu seinem Modell erwählt und nicht jenen. Man würde beispielsweise erwarten, daß ein Kind einen sehr gütigen Elternteil nachzuahmen versuchte, aber es kann durchaus sein, daß es im Gegenteil dem kalten, abweisenden Elternteil nacheifert, um dadurch seine Anerkennung und Liebe zu gewinnen. Ebenso kommt es vor, daß ein Kind nicht nur seine Eltern, sondern auch völlig fremde Menschen zum Vorbild nimmt. Bis weitere Forschungsarbeiten mehr Licht auf diese Vorgänge werfen, scheint keine Einzelerklärung wirklich befriedigend.

Obwohl unser Verständnis für diese Prozesse bisher inadäquat ist, so muß doch der Erzieher jetzt schon alles daran setzen, sich dem Kind als nachahmbares Modell wertvoll zu machen. Einige Forschungsarbeiten scheinen zu bestätigen, daß sich das Kind, je mehr es sich dem Erwachsenen zugetan fühlt, desto leichter von ihm lenken und beeinflussen läßt (Goldstein, Heller und Sechrest, 1966). Man würde erwarten, daß solche Prozesse sowohl durch ein Lohn-Strafe-System des Lernens zustande kommen (d. h. soziale Verstärkung) als auch durch Lernprozesse der Imitation-Identifikation und der Einsicht. Unsere Diskussion dreht sich um die Frage, wie persönliche Attraktion erhöht werden kann. Solange ein Kind sich nicht zu dem Erwachsenen hingezogen fühlt (oder sogar keine gute Meinung von ihm hat), solange wird es den Wünschen des Erwachsenen wenig offen gegenüberstehen; und dies ist bei vielen gestörten und delinquenten Kindern der Fall. Es bieten sich drei Wege an, die Dinge besser in den Griff zu bekommen. Erstens könnten die positiven Eigenschaften des Erziehers noch erhöht und weiter betont werden. Zweitens könnten die negativen Seiten des Erwachsenen vermindert oder sogar beseitigt werden. Drittens könnte der Erzieher versuchen, die Gelegenheiten bewußt auszunutzen, bei denen die Kinder am meisten ansprechbar sind, d. h. die Krisenzeiten, in denen das Kind sich am stärksten zu dem Erzieher hingezogen oder am wenigsten von ihm abgestoßen fühlt.

Maximale Attraktion des Erziehers

Wie kann der Erzieher seine positive Wirkung auf das desinteressierte Kind verbessern? Zunächst einmal hilft die Tatsache, daß er die Quelle einer Anzahl positiver Verstärker ist, von denen das Kind abhängig ist. Einige Lehren über die Heimerziehung betonen sehr die Wichtigkeit, die Bedürfnisse der Kinder zu befriedigen. Obwohl totale Bedürfnisbefriedigung weder möglich noch gesund ist, bleibt es doch eine Tatsache, daß der Erwachsene, wenn er Bedürfnisse zu befriedigen vermag, für das Kind positive Züge annimmt. In vielen Einrichtungen sind die Erwachsenen nur selten mit positiven Situationen assoziiert (zumindest im Vergleich mit der Menge negativer Begegnungen), und es ist daher leicht verständlich, daß sich die Kinder nicht allzusehr zu den Erwachsenen hingezogen fühlen.

Der Erzieher muß jedoch im allgemeinen sehr viel mehr zu bieten haben als die Befriedigung grundlegender Bedürfnisse, um auf das Kind anziehend zu wirken. Eine Möglichkeit, die Kinder für sich zu gewinnen, besteht darin, sich mit ihnen zusammen zu betätigen. Der Erzieher muß sich zwei Fragen stellen: erstens, was interessiert das Kind jetzt, was wünscht es, was ist ihm angenehm? Zweitens, welche besonderen Talente, Vorzüge oder Ideen habe ich, die für das Kind von Interesse sein könnten? Da Kinder und Erzieher beide unterschiedlich zusammengesetzte Gruppen sind, müßte sich eine große Skala von Aktivitäten anbieten.

Es ist überraschend, wie bestimmte Beschäftigungen das Interesse eines Kindes gewinnen, während sie von anderen Kindern ebenso stark abgelehnt oder ignoriert werden. Ein Erzieher mag das eine Kind mit seiner Schwimmkunst beeindrucken, das andere mit seinem guten Gitarrenspiel. Unsere Beobachtungen haben uns gelehrt, daß die Attraktivität des Erziehers für die Kinder aus so verschiedenen Fertigkeiten herrühren kann wie Camping, Automechanik, Gärtnerei, Nähkunst, Musik, Fremdsprachen, Kunst, Modellflugzeuge, Briefmarkensammeln, Angeln und sogar Bienenzucht. In jedem dieser Fälle teilten Kind und Erwachsener ein gemeinsames Interesse oder der Erzieher besaß eine Fertigkeit, die das Kind von ihm lernen wollte. Im allgemeinen kann man sagen: je mehr Interessen und Fähigkeiten ein Erzieher hat, desto größer ist die Wahrscheinlichkeit, daß er bestimmten Kindern besonders gut gefällt. *Welche* Fertigkeiten es sind, ist an sich nicht so wichtig, solange man nur überhaupt etwas zu entgegnen hat, wenn ein Kind fragt: „Was ist denn so Besonderes an ihm?" Diese Sache sollte nicht unterschätzt werden; Kapitel 3 widmet sich ausführlich der Entwicklung von Aktivitätsprogrammen für Gruppen und einzelne.

Neben solchen Beschäftigungen sind dem Kind auch andere Dinge wichtig. So beschreiben z. B. Kvaraceus und Müller (1959), wie bei manchen Gruppen der unteren Volksschichten solche Belange wie Stärke, Widerstandskraft, Gerissenheit und aufregende Abwechslung hoch im Kurs stehen. Der Erzieher, der diese Eigenschaften zu besitzen scheint, hat eine bessere Ausgangsposition bei solchen Jungen als derjenige, der ihnen schwach, farblos und leicht zu überlisten erscheint. In den Augen vieler delinquenter Jugendlicher bemißt sich Klugheit keineswegs nach Schul- und Universitätszeugnissen. Sie besteht für sie vielmehr darin, daß man in der Lage ist, Leute und Situationen zu meistern und sich nicht von anderen überrumpeln zu lassen. Ebenso scheint es, daß delinquente Kinder sich von neuartigen, unerwarteten und aufregenden Dingen angesprochen fühlen; der Erzieher, der sie geschickt einzusetzen versteht und oft in unvorhersehbarer Weise reagiert, hat eine bessere Verhandlungsbasis bei diesen Kindern.

Bei einigen Kindern ist es notwendig zu beweisen, daß der Erwachsene am Ende immer der Stärkere ist und daß er weder hinters Licht geführt noch manipuliert werden kann. Bei solch schwierigen Kindern, die immer wieder die Situation zu manipulieren versuchen, kann der Erzieher oft nur dadurch die Oberhand behalten, daß er sie in ihren eigenen Spielregeln noch übertrifft. Klinische Beobachtung hat gezeigt, daß diese Kinder vor allem zwei Reaktionsformen seitens der Erwachsenen hervorzurufen versuchen. Entweder läßt der Erzieher sich überwältigen oder er hält das Kind mit größter Strenge unter seiner Gewalt. In jedem dieser Fälle verliert der Erwachsene an Ansehen, da er vom Kind entweder als Schwächling oder als Rohling empfunden wird. Es steht dem Erzieher eine dritte Alternative offen, die den Vorteil hat, ihn weder zur Kapitulation noch zur Gewalt zu zwingen: er geht noch taktischer vor als das Kind. Zwei Beispiele sollen das erläutern; beide ereigneten sich zwischen dem gleichen Kind und Erzieher.

Rod (12 Jahre alt) war wütend, daß der Erzieher darauf bestand, daß er seine Dusche nehmen müsse wie alle anderen, ehe er mit ihnen den Abendimbiß nehmen könne. „Wenn ich meine Limonade nicht jetzt sofort bekomme, wird auch niemand anders sie kriegen", rief er aus. Er ging gelassen an den Tisch und spuckte in die Kanne. Dann ging er stolzen Schrittes aus dem Raum; er hatte dem Erzieher gezeigt, wer hier der Chef ist! Noch ehe die anderen Jungen Zeit hatten zu reagieren, erklärte der Erzieher, laut genug, damit Rod es hören konnte: „Schüttet die Limonade weg, Jungens, heute abend bekommen wir Eis!" Rod begann zu fluchen, lief in sein Zimmer, heulte eine Weile, nahm dann seine Dusche und war für den Rest des Tages friedlich.

Rod wußte, daß er etwas zu erwarten hatte, weil er sich mit Tony geschlagen hatte. Als der Erzieher kam, um mit ihm zu sprechen, verzog er sich auf die höchste Stelle des Daches und rief herunter: „Wer mit mir reden will, muß schon hier heraufkommen und mich herunterholen." Der Erzieher, der keinerlei Lust verspürte, sich auf einen Ringkampf auf dem Dach einzulassen, erklärte Rod, es spiele keine Rolle, wie lange er da oben bliebe, er müsse am Ende doch für seine Rauferei geradestehen. „Dann wollen wir mal sehen, wer am längsten warten kann", rief Rod zurück. „Du kannst warten", entgegnete der Erzieher, „aber ich muß meine Arbeit fortsetzen", und damit wandte er sich wieder dem Hause zu. Rod schrie dann den anderen Jungen zu, sie sollten zu ihm aufs Dach kommen. Der Erzieher sagte ihnen statt dessen: „Wer zuletzt in der Turnhalle ankommt, muß aufräumen." Alle verließen den Ort und stürmten zur Turnhalle, wo sie mit dem Erzieher Ball spielten. Nach einer halben Stunde kam Rod an und sagte, er sei nun bereit, die Sache zu besprechen.

Obwohl man das Gegenteil erwarten würde, ist es durchaus nicht so, als ob sich das Kind dadurch, daß man es zu manipulieren versteht, abgestoßen fühlt; die Beherrschung des Kindes darf nur nicht den Charakter eines Strafverfahrens haben. Hoffer (1949) und Aichhorn (1935) haben beide besprochen, wie praktisch es ist, wenn man ein Kind in der Hand behalten kann, das überzeugt ist, es könne alle Erwachsenen nach seinem eigenen Willen lenken und unter Kontrolle halten. In gewissem Sinne übertrifft der Erzieher hier das Kind bei seinem eigenen Spiel. Da es ihm wichtig ist zu steuern und zu dirigieren, kann es nicht umhin, diese Eigenschaften, die der Erzieher so offenbar in noch höherem Maße besitzt, zu bewundern und ihn ˎdafür anzuerkennen. Es muß allerdings ausdrücklich gesagt werden, daß der Erwachsene ein Kind nur innerhalb anerkannter sozialer Umgangsformen manipulieren darf; das schließt also z. B. aus, daß man das Kind belügt, was viele Erwachsene oft tun. Es ist außerdem selbstverständlich, daß mit der Zeit die Beziehung über die Bewunderung eines jüngeren für einen erfahreneren „Ganoven" hinauswachsen muß.

Taktiken, die vermieden werden müssen. In der Bemühung, sich den Kindern genehm zu machen, greifen manche Erzieher zu Methoden, deren Konsequenzen auf sie selbst zurückfallen. Es gibt vor allem vier Praktiken dieser Art, die sich gehäuft beobachten lassen. Die erste besteht darin, daß man nachsichtig mit dem Kinde verfährt in der stillen Hoffnung, daß es einen dann eher „liebt". Die Kinder selbst tragen oft zu dieser Haltung bei, indem sie ankündigen, sie würden nie mehr mit dem Erzieher sprechen, wenn er nicht dies oder jenes für sie tue. Der Erwachsene, der weiß, wie hart und inkonsequent diese Kinder früher behandelt wurden, kann dazu neigen zu glauben, daß eine milde und ganz und gar akzeptierende Haltung nun den besten Erfolg garantiert. Während dies in der Einzelpsychotherapie seine Richtigkeit haben mag, trifft es sicher nicht zu für eine Gruppe, die zusammenlebt. Die meisten Kinder brauchen Disziplin von außen, verlangen sie sogar mit Worten. Den Erzieher, der nie eingreift, halten sie für ängstlich und unsicher.

Ein anderer häufiger Irrtum besteht darin, daß der Erzieher versucht, einer der ihren zu werden. Das passiert vor allem bei jungen Praktikanten, die in ihrer Rolle als Erwachsene noch nicht genügend gefestigt sind; ihnen mag es angebracht erscheinen, so zu tun, als wollten sie nur ein Junge unter Jungen sein. Während junge Erzieher, gerade weil sie noch nicht zur verachteten Erwachsenengeneration gehören, oft eine bessere Ausgangsposition haben, müssen sie doch darauf achten, daß sie sich eine Erwachsenenrolle zulegen. Früher oder später werden sie in Situationen geraten, in denen sie eine fest umrissene Rolle annehmen und durchsetzen müssen. Zudem ist eine der wichtigsten Lektionen, die ein Kind lernen muß, diejenige, mit Autoritätsfiguren umzugehen. Der Erwachsene, der keine Autorität hat, beraubt das Kind der Gelegenheit, diese wichtige Lebensfunktion zu erlernen.

Eine dritte Taktik besteht oft darin, daß der Erwachsene sich beim Kind dadurch herauszustreichen und beliebt zu machen versucht, daß er andere Erzieher, die das Kind kennt, kritisiert. Der Erzieher beschwert sich z. B. vor dem Kind über die Heimverwaltung oder über den Vorgesetzten usw. und bringt so zum Ausdruck: „Ich bin doch besser als die." Es kommt sogar vor, daß er sich in Gegensatz zu den Eltern des Kindes stellt, und das ist der schwerste Fehler, den ein Erzieher begehen kann. Kinder, die in Pflegefamilien nicht zurechtgekommen sind, berichten häufig, daß ihnen immer wieder vor Augen gehalten wurde, daß sie es hier doch „viel besser" hätten „als bei ihren Eltern". Andere Mitarbeiter herunterzumachen stört nur das Zusammenleben; die Eltern eines Kindes herabzusetzen (auch, wenn das Kind selbst Schlechtes über sie sagt), ist in jedem Falle, egal wie subtil es gemacht wird, eine schwere Beleidigung.

Der vierte Fehler, der öfter vorkommt, besteht darin, daß der Erzieher versucht, an Elternstelle zu treten. Dies kann man als „Einmischung" bezeichnen, denn hier geht der Erzieher zu weit in seiner Bemühung, sich bei dem Kinde beliebt zu machen. Wir können nicht versprechen, dem Kinde alles zu sein; es sei denn,es ist wirklich unser eigenes. Der Erzieher, der ein bestimmtes Kind herausgreift und mit Geschenken, Privilegien oder dauernder Zuwendung überschüttet, verspricht eine Elternrolle, die er auf die Dauer nicht aufrechterhalten kann. Es ist nicht nur so, daß die anderen Kinder und Mitarbeiter solche Bevorzugung ablehnen, sondern oft genug meidet das Kind selbst den Erwachsenen, da es nicht als „Liebling" abgestempelt sein möchte. Wir möchten jedoch nicht den Eindruck erwecken, als sei der uninteressierte, distanzierte Erzieher pflichtbewußter als der, der sich zu stark engagiert; es ist besser, einem Kind zuviel als zuwenig zu bieten.

Minimalisieren der negativen Eigenschaften der Erwachsenen

Feindselige Auseinandersetzungen meiden. Es ist erstaunlich, wie ein einziges Kind es in kurzer Zeit fertigbringen kann, aus einem ruhigen und vernünftigen Erwachsenen ein verstörtes und total verärgertes Individuum zu machen. Das kommt daher, daß dieser Erwachsene auf vernünftiges Vorgehen vernünftige Reaktionen erwartet. Aber diese Kinder verhalten sich nicht in der erwarteten Weise. Oft wird aus dem, was als wohlmeinende Begegnung anfing, eine stürmische Kraftprobe oder ein verständnisloses Auseinandergehen. Viele gestörte oder delinquente Kinder und Jugendliche sind dazu gekommen, alle Erwachsenen mit negativen Empfindungen zu assoziieren. Es ist verständlich, daß der Erwachsene dieser Einstellung entgegenwirken möchte, um nach Möglichkeit die Barrieren zu einer besseren Beziehung soweit wie möglich abzubauen. Während daher starke Bestrafung ein besonderes Verhalten wohl zu unterdrücken vermag, wird doch gleichzeitig auch die allgemeine Empfänglichkeit des Kindes für positive soziale Werte reduziert. Das Kind zieht sich dann auch von seinem Erzieher zurück (Azrin und Holz, 1966). Trotzdem ist es durchaus verständlich, daß viele Erzieher auf die sehr abweichenden und aggressiven Verhaltensweisen der Kinder mit ebenso stark negativ besetzten Straf- und Kontrolltechniken zu kontern versuchen. Wie verständnisvoll der Erwachsene auch zu sein versucht, die Wahrnehmungen des Kindes unterliegen weiterhin den Vorurteilen, die es im Umgang mit anderen Erwachsenen in der frühesten Kindheit erworben hat. Es kostet sehr viel Mühe seitens des Erziehers, zu vermeiden, daß er einfach in die Kategorie der verhaßten Erwachsenen mit eingeordnet wird. Einiges kann er allerdings tun, um die Abneigung des Kindes zu vermeiden, und das soll in den nächsten Abschnitten zur Sprache kommen.

Der Machtkampf. Adlers Schüler (z. B. Dreikurs, 1964) haben die Tendenz mancher Kinder beschrieben, den Erwachsenen in Machtkämpfe zu verwikkeln, bei denen jeder die Oberhand zu gewinnen sucht. Dieser Machtstreit ist in Heimen sehr verbreitet und man kann beobachten, daß sich manche Erzieher viel öfter darin verwickeln lassen als andere. Das Modell dieser Auseinandersetzung kennen alle Eltern nur zu gut: „Nein, ich will nicht! – Doch, du mußt, und zwar sofort! – Ich will aber nicht, und du kannst mich nicht zwingen! – O doch, und ich werde dich zwingen", usw. Kleine Anlässe, wenn unvorsichtig gehandhabt, können zu Auseinandersetzungen solchen Ausmaßes führen, daß sie zum ursprünglichen Anlaß in keinerlei Verhältnis mehr stehen. Während es Machtkämpfe gibt, die der Erwachsene bis zu seinem „Sieg" durchtragen muß, gibt es andere, von denen er sich besser so früh wie möglich zurückzieht. Das wird im folgenden Fall deutlich, wo ein Lehrer mit einem zehnjährigen Jungen in einem Machtstreit verwickelt ist:

Billy brachte es immer wieder fertig, mich in einen Riesenstreit über Kleinigkeiten zu verwickeln. Ich hatte das volle Ausmaß dieser Situation nicht erkannt, bis ich mich eines Tages dazu hinreißen ließ, ihn zu verprügeln, weil er sich nicht die Nase putzen wollte.

So etwas passiert, wenn wir die Herausforderung des Kindes unbesehen annehmen. Einige Erzieher scheinen ein Gespür für aufkommende Konfrontationen zu haben und können sie vermeiden; andere gehen offenbar blindlings auf den Leim.

Es gibt fünf Redewendungen, die man oft am Anfang eines Machtkampfes hören kann. Der Erzieher täte gut daran, sie sich einzuprägen und einen Moment nachzudenken, bevor er darauf reagiert:

1. „Ich will nicht!"
2. „Laß mich in Ruh', Mensch!"
3. „Ist mir doch egal, was du sagst!"
4. „Zwing mich doch!"
5. „Ich mache, was ich will!"

Diese Liste ist keineswegs vollständig, und der Erzieher kann beobachten, daß es andere bestimmte Ausdrücke gibt, die bei ihm eine bestimmte Reaktion auslösen, die dann eher dazu führt, den Kampf weiter anzufachen, als etwa das Kind auf andere Gedanken zu bringen. Was hier passiert ist, daß beide Parteien sich in eine Situation hineinmanövrieren, in der sie nicht nachgeben können, ohne dabei an Gesicht zu verlieren. Das Hauptgebot heißt daher: solche Situationen, soweit wie möglich, gar nicht erst entstehen lassen! Geschieht es dennoch, so sollte der Erzieher überlegen, ob es sich lohnt, diese

Auseinandersetzung zu Ende zu führen. Wenn der Anlaß ein geringfügiger ist, so tut er in jedem Falle gut daran, sich dem Kampf zu entziehen. Es ist gesagt worden, daß derjenige Erzieher ein großes Plus hat, der nein sagen und bei nein bleiben kann, ohne dabei den Stolz des Kindes herabzusetzen. Das soll nicht etwa besagen, daß es per se wertvoll sei, wenn der Erwachsene dem Kinde gegenüber nachgibt. Wir wollen nur sagen, daß es Zeiten und Situationen gibt, in denen es besser ist, eine Auseinandersetzung fallen zu lassen, sie nicht bis zum Ende durchzustehen. Die beste Art dies zu tun kann darin bestehen, daß man in Schweigen verfällt, vielleicht auch sogar weggeht. Dies ist nicht gleichbedeutend mit einer Niederlage, denn das Kind bleibt zurück und fragt sich, was der Erwachsene nun wohl vorhat. Eine andere gute Taktik ist die der Verzögerung, etwa durch folgende Bemerkung: „Nun, es hat keinen Zweck darüber zu debattieren. Es ist eben so. Wenn du's nicht verstehst, müssen wir uns halt später wieder darüber unterhalten."

Manchmal ist es sogar gut, dem Kind das letzte Wort zu gönnen. Einige Kinder haben einen so krankhaften Stolz, daß es ihnen praktisch unmöglich ist, dem Erwachsenen gegenüber „offiziell" nachzugeben. Man gewinnt den Eindruck, daß sie „bis hin zum elektrischen Stuhl" ausspucken würden – käme es je soweit. Es ist darum manchmal klug, sich mit dem ersten Anzeichen des Nachgebens zu begnügen und andere Zeichen der Aufsässigkeit einfach zu übersehen. Wenn ein Kind beispielsweise zur Strafe in sein Zimmer geschickt wird, so schlägt es womöglich mit Krach die Tür hinter sich zu. Es wäre im allgemeinen unklug, wenn der Erzieher auf diese widerspenstige Geste reagierte, etwa dadurch, daß er ins Zimmer stürzt und das Kind bestraft. Es sagt ja mit seiner Handlung letzten Endes: „Gut, du gewinnst, aber ich lasse mich nicht ganz unterkriegen."

Die geladene Atmosphäre. Nehmen wir einmal an, es sei etwas schiefgelaufen zwischen Kind und Erzieher; vielleicht hat er das Kind enttäuscht, vielleicht mußte er es bestrafen oder gewaltsam zurückhalten. Wie dem auch sei, im Augenblick ist der Erwachsene für das Kind ein „rotes Tuch". Redl (1957) sagt, daß der Erzieher in einer solchen Situation für das Kind „negativ geladen" ist. Normales Umgehen miteinander ist dann blockiert, und das Kind ist dem Erzieher gegenüber abweisend, nicht gewillt, ihm zu folgen. Während die Zeit selbst die meisten dieser Schwierigkeiten beseitigt, möchte der Erzieher vielleicht manchmal die Rückkehr zu normalen Beziehungen beschleunigen. Eine „Entladung" kann auf verschiedene Weise bewirkt werden.

Das Kind verfällt oft in trotziges Schweigen und reagiert nicht auf die Versuche des Erziehers, ein Gespräch in Gang zu bringen. In dem Falle mag es am besten sein, das Kind eine Weile in Ruhe zu lassen und es dann erst wieder mit einer neutralen oder positiven Bemerkung anzusprechen (z. B.: „Es ist bald Zeit zum Essen, bist du fertig?"). Wenn alles gutgeht, wird das Kind sich dann wieder auf ein Gespräch einlassen. Der Erzieher könnte sich aber auch mit einem Monolog an das Kind wenden, ohne eine Antwort zu erwarten, und ihm so die Chance geben, früher oder später aus eigener Initiative sich wieder am Gespräch zu beteiligen. Es kann auch sein, wenn der Erwachsene die Situation noch einmal sachlich wieder aufrollt, daß das Kind bereit ist, die ganze Sache, die ja so harmlos anfing und im Grunde unwichtig ist, zu vergessen. In jedem Falle muß der Erzieher anfangs mit ärgerlichen Worten und mit Ablehnung rechnen. Er sollte also nicht zu enttäuscht sein, wenn seine Annäherungsversuche nicht sogleich begrüßt werden.

Strafmaßnahmen hinterlassen gern einen bitteren Geschmack beim Kinde sowohl wie beim Erzieher. Darum ist es oft günstig, wenn der Erzieher sich selbst sobald wie möglich seiner „negativen Geladenheit" entledigen kann. Dies wird im folgenden Beispiel demonstriert:

Billy wurde in sein Zimmer geschickt, weil er gerauft hatte. Nach etwa zehn Minuten ging ich hin, um nachzuschauen, ob er sich beruhigt hatte und herauskommen wollte. Ich pflegte zu sagen: „Deine Zeit ist um, du kannst nun herauskommen", aber das machte ihn aufs neue wütend und widerspenstig; darum sagte ich diesmal: „Wir möchten dich gerne wieder bei uns haben, wenn du meinst, du seiest jetzt bereit, wieder mitzumachen." Er antwortete, er sei nun gar nicht mehr wütend und schloß sich in guter Stimmung wieder der Gruppe an.

Dieser Vorfall zeigt, daß es günstig ist, die positiven Beziehungen nach einer Krise oder Bestrafung so schnell wie möglich wieder herzustellen und so zu vermeiden, daß sich die entstandenen negativen Gefühle noch lange auf die nachfolgenden Interaktionen störend auswirken. Das Prinzip der Aufrechterhaltung der Kommunikation nach Krisen und Konflikten gilt für die internationalen als auch für die interpersonalen Beziehungen (McNeil, 1965).

Abbau der Vertrauensbarriere. Ein Grund, warum Erwachsene abgelehnt werden, besteht nicht selten in dem Mißtrauen, das Kinder und Jugendliche ihnen gegenüber empfinden. Vertrauen hängt davon ab, welche Absichten der Erwachsene in den Augen des Kindes verfolgt. Viele sozial unangepaßte Kinder nehmen von vornherein an, daß Erwachsene sie ausnützen und überlisten wollen! Soll diese „Vertrauensbarriere" abgebaut werden, so muß der junge Mensch erfahren, daß Erwachsene um sein Wohlergehen besorgt und weit davon entfernt sind, ihn übervorteilen zu wollen (Deutsch, 1962). Es ist dieser grundlegende Vertrauensmangel, der es so wichtig macht, daß die Erwachsenen den Kindern gegenüber ehrlich sind. Ein Erzieher sollte nie bewußt ein Kind belügen; es bedarf nur einer einzigen zufällig entdeckten Unwahrheit, um Hunderte von Versuchen, das kindliche Vertrauen zu gewinnen, zunichte zu machen.

Von Zeit zu Zeit trifft jeder Erzieher einmal ein Fehlurteil, durch das ein Kind betroffen wird. In solch einem Falle wäre es am besten, wenn der Erwachsene dem Kinde gegenüber seinen Irrtum zugeben könnte. Einige Erzieher finden es sehr schwer, so etwas zu tun, aber die Tatsache besteht, daß das Kind ja doch meist genau weiß, daß der Erwachsene einen Fehler gemacht hat; jeder Versuch, dies zu verbergen, wird ihn in den Augen des Kindes nur um so verdächtiger machen. Wir schlagen keineswegs vor, der Erzieher solle alle seine kleinen „Vergehen" innerhalb und außerhalb des Heimes, die so im Alltag vorkommen, ausbreiten; bei den Dingen jedoch, die unmittelbar das Leben des Kindes betreffen, ist Aufrichtigkeit eine wesentliche Forderung und Voraussetzung. Mowrer (1966) hat darauf hingewiesen, daß der Klient (hier das Kind) im Verhalten des Sozialpädagogen oder Sozialarbeiters ein Modell finden muß, dem er seine eigene Ehrlichkeit und Aufrichtigkeit nachformen kann. Die Vertrauensbarriere muß allmählich abgetragen werden. Der Erzieher ist an dem Widerstand, dem er bei forcierten Versuchen begegnen wird, selbst schuld. Der stürmische Versuch des Erziehers, das kindliche Vertrauen zu gewinnen, geht allzuoft auf die Neugierde zurück, die Geheimnisse aus dem Vorleben des Kindes kennenzulernen. Ein vorsichtiges Annähern wird im folgenden Beispiel erkennbar:

Der Supervisor wollte wissen, was die große Schlägerei verursacht hatte, die heute abend bei den Jungen stattfand. Er befragte gerade Larry, und der sagte: „Ich erzähle gar nichts. Ich traue weder Ihnen noch sonst irgend jemandem hier im Heim." – „Das macht nichts, daß du mir nicht vertraust. Ich würde es an deiner Stelle wahrscheinlich auch nicht tun. Du kennst mich noch nicht lange, und ich sehe keinen Grund, warum du mir trauen solltest." Larry hatte offenbar nicht mit dieser Antwort gerechnet. *Nach einigem Überlegen sagte er: „Na ja, wenigstens haben Sie mich noch nie belogen – soviel ich weiß." Dann erklärte er genau, wie es zu der Schlägerei gekommen war.* Vertrauen ist keine Einbahnstraße. Wenn der Erzieher Vertrauen in das Kind zeigt, so wird es mehr geneigt sein, auch mit Vertrauen zu reagieren. Es sei jedoch hier die Warnung ausgesprochen, daß es gefährlich ist, dem Kind Verantwortungen aufzuerlegen, denen es nicht gewachsen ist; wie Redl (1966) bereits sagte, lassen wir nicht unsere Geldbörsen herumliegen, um dem Kind zu beweisen, daß wir ihm vertrauen. Wir müssen vielmehr Vertrauen in kleine Portionen geteilt verabreichen. Begrenzte Verantwortung, die dem Kinde entspricht, wird ihm unser Vertrauen beweisen, ohne daß es überfordert ist und zum Mißbrauch des Vertrauens verlockt wird.

In gewissen Heimen und bestimmten Vorschriften werden unbewußt Voraussetzungen geschaffen, die zur Aufrechterhaltung der Vertrauenshürde beitragen. Wenn es z. B. notwendig ist, gegen den Willen der Kinder die Zimmer auf Diebesgut zu durchsuchen, stellt dieser Akt eine Bestätigung des Mißtrauensverhältnisses dar. Es ist nicht möglich, Regeln zu finden, die in allen Einrichtungen gleichmäßig Durchsuchung erlauben, ohne einen Vertrauensbruch zu begehen; trotzdem muß darauf hingewiesen werden, daß Mangel an Vertrauen seitens der Erwachsenen auch immer den Vertrauensmangel seitens der Kinder vergrößern wird. Eine derartige Situation wurde von einem Erzieher in folgender Weise gemeistert:

Den Bemerkungen der Kinder konnten wir entnehmen, daß Ronny beauftragt worden war, die gestohlenen Sachen zu verstecken. Als Ronny befragt wurde, leugnete er zunächst und forderte uns heraus, sein Zimmer zu durchsuchen: „Ihr werdet doch nichts finden." Wir sagten, wir würden lieber den Aussagen der Jungen trauen können; denn in ihren Privatdingen herumzusuchen, das sei ja nun gerade kein Vertrauensbeweis. Wir wüßten, daß er das Geld irgendwo versteckt habe, und da wir anständig genug seien, ihm keine Durchsuchung zuzumuten, habe er eine Gelegenheit, seine eigene Anständigkeit uns gegenüber zu beweisen. Daraufhin meinte er, er müsse erst mit den anderen sprechen. Nach kurzer Beratung kam Ronny mit dem Geld zu uns. Die Versuchung, die Kinder zu durchsuchen, ist in einer derartigen Lage natürlich stark. Wenn der Jugendliche jedoch echt kriminelle Fertigkeiten hat, wird der Erzieher die Beute wahrscheinlich ohnehin nicht finden; eine Durchsuchung vergrößert dann nur die Mißtrauensatmosphäre. Es muß zum Ausdruck kommen, daß die Erzieher nicht nach „Räuber und Gendarm"-Art gegen die Kinder sind, sondern daß alle besser miteinander auskommen, wenn Ehrlichkeit vorherrscht.

Maximale Krisenauswertung. Sogar diejenigen Jugendlichen, die sonst mit Erwachsenen nichts zu tun haben wollen, werden sich in gewissen Krisenzeiten gerne an sie wenden. Ein Kind, das Erwachsenen immer ausweicht, mag sich plötzlich an sie wenden, wenn es sich verletzt hat, wenn es Angst empfindet oder sich einsam fühlt. Für einen Augenblick wird der Wall der Trennung überwunden. Immer mehr Forschungsergebnisse scheinen zu bestätigen, daß die Menschen zu Krisenzeiten einer helfenden Beziehung viel offener sind und daß sie dann auf therapeutische Bemühungen stärker ansprechen (Caplan, 1961). Viele Erzieher haben Gelegenheit gehabt zu bemerken, daß nach irgendeinem entscheidenden Vorfall bestimmte Kinder zugänglicher werden. Das kann z. B. dann vorkommen, wenn ein Versuch zum Weglaufen erfolgt war, wenn ein Kind nirgendwo anders als bei diesem Erzieher Hilfe bekommen konnte, oder wenn es Hilfe erfuhr, ohne daß es selbst hätte darum bitten können. Der folgende Abschnitt beschreibt einen solchen plötzlichen Wandel in der Beziehung zwischen einem Erzieher und einem zwölfjährigen Knaben:

Bis gestern hat Wayne mich gemieden wie die Pest. Als ich jedoch vorgestern die Abendrunde machte, fand ich ihn in eine Wolldecke gehüllt am Boden. Ich bemerkte, daß sein Bett naß war und holte ihm einen anderen Schlafanzug. Dann schickte ich ihn ins Badezimmer, damit er sich dort umziehen konnte. Während er weg war, bezog ich sein Bett neu. Als er wiederkam, sagte er überrascht: „Sie haben mein Bett gemacht!" Ich sagte „Gute Nacht" und betrachtete die Sache als erledigt. Aber seither ist Wayne sehr offen und freundlich mir gegenüber, er folgt jeder Anweisung und hält sich viel in meiner Nähe. Er fragt viel, erzählt oft und unterhält mich sogar mit den neuesten Witzen, die er gehört hat.

Kinder sind in Krisensituationen besonders verletzlich. Wenn ein Erwachsener zu einer solchen Zeit entscheidende Hilfe zu leisten vermag, so ändert sich oft die Einstellung des Kindes diesem Erzieher gegenüber grundlegend. Man sollte deswegen nicht etwa die Abhängigkeit der Kinder von den Erwachsenen verstärken; aber das distanzierte und mißtrauische Kind, das man im Heim so oft findet, braucht jedes Zeichen, das ihm beweist, daß man sich auf Erwachsene verlassen kann. Es gibt neuere Forschungsergebnisse (Spivack und Swift, 1966), die andeuten, daß, je größer die Abhängigkeit gestörter Kinder ist, desto größere Wahrscheinlichkeit auf therapeutischen Erfolg besteht. Die Literatur über therapeutische Gespräche (Redl, 1966) und Krisenhilfe bietet Anregungen darüber, wie in Krisensituationen am besten vorgegangen werden kann. Wir werden ähnliche Anliegen noch einmal in Kapitel 7 behandeln, wo es darum geht, „die verschiedenen Stufen eines typischen Wutanfalls" zu verstehen.

Literatur

Aichhorn, August: Wayward youth. New York: Meridian Books, 1955; dt. Verwahrloste Jugend. Bern: Hans Huber, [8]1974.

Azrin, N. H., und W. C. Holz: Punishment. In: Werner K. Honig, Hrsg.: Operant behavior: areas of research and application. New York: Appleton-Century-Crofts, 1966.

Caplan, G., Hrsg.: Prevention of mental disorders in children. New York: Basic Books, 1961.

Deutsch, Morton: Cooperation and trust: some theoretical notes. In: W. G. Bennis u. a., Hrsg.: Interpersonal dynamics. Homewood, Ill.: Dorsey Press, 1964.

Dreikurs, Rudolf, und Vicki Soltz: Children: the challenge. Des Moines: Meredith Press, 1964; Kinder fordern uns heraus. Stuttgart: Klett, [9]1973.

Erikson, Erik H.: Childhood and society. New York: W. W. Norton 1963; dt. Kindheit und Gesellschaft. Stuttgart: Klett, [4]1971.

Goldstein, D. P., K. Heller und L. B. Sechrest: Psychotherapy and the psychology of behavior change. New York: John Wiley, 1966.

Harlow, Harry H.: The nature of love. In: M. L. Haimowitz und N. Haimowitz, Hrsg.: Human development. New York: Thomas Y. Crowell, 1960.

Hoffer, W.: Deceiving the deceiver. In: K. R. Eissler, Hrsg.: Searchlights on delinquency. New York: International Universities Press, 1949.

Hunter, E.: The blackboard jungle. New York: Simon and Schuster, 1954.

Krech, D., R. Crutchfield und E. Ballachey: Individual in society. New York: McGraw-Hill, 1962.

Kvaraceus, W., und Walter Miller: Delinquent behavior. Washington, D. C.: National Educational Association, 1959.

McDermott, J. F., S. Fraiberg und S. Harrison: Utilization of transference behavior in residential treatment of the child. In: Journal of the American Academy of Child Psychiatry. 7 (2), 1968, S. 169-192.

McNeil, E. B.: Two styles of expression: motoric and conceptual. In: D. R. Miller und G. E. Swanson, Hrsg.: Inner conflict and defense. New York: Henry Holt, 1960.

Ders.: The nature of human conflict. Englewood Cliffs, N.J.: Prentice-Hall, 1965.

Minuchin, S., P. Chamberlain und P. Graubard: A project to teach learning skills to disturbed delinquent children. Paper, vorgelegt bei: „American Orthopsychiatric Association, San Francisco, 1966.

Mowrer, O. Hobart: The behavior therapies with special reference to modeling and imitation. In: American Journal of Psychotherapy. 20, 1966, S. 439-461.

Redl, Fritz: When we deal with children. New York: Free Press, 1966.

Ders. und David Wineman: The aggressive child. Glencoe, Ill.: Free Press, 1957; dt. Steuerung des aggressiven Verhaltens beim Kind. München: Piper, in Vorbereitung.

Rubin, Theodore: Lisa and David. New York: Macmillan, 1961.

Spivack, G., und M. S. Swift: The Devereux elementary school behavior rating scales: a study of the nature and organization of achievement related disturbed classroom behavior. In: Journal of Special Education. 1, Herbst 1966, S. 71-90.

Sullivan, Harry S.: The interpersonal theory of psychiatry. New York: W. W. Norton, 1953.

3. Geplante Aktivitäten
Ihre Auswahl und ihr Gebrauch in einem therapeutischen Milieu

James K. Whittaker

Die Bedeutung der Aktivitäten im therapeutischen Milieu

Ein Knabe, allein auf dem Zaun sitzend, starrt traurig, während eine Träne langsam die Wange herunterwandert, auf eine Gruppe von Kindern, die im Garten ins Spiel vertieft sind. Dies ist der einsame Außenseiter, der sehnsüchtig danach verlangt, dabei sein zu können; aber er kann nicht, überwältigt von der Furcht vor den Beziehungen mit sich selbst und mit anderen (DeNoon, 1965, S. 88).

Jeder von uns, der mit gestörten Kindern gearbeitet hat, kennt die Verzweiflung des „leeren" Kindes: des Kindes, das keine Freunde gewinnen kann, das von sich selbst so wenig hält, daß es überzeugt ist, niemand will sein Freund sein. Eine der wichtigsten Komponenten in der Behandlung eines solchen Kindes müßte die Teilnahme an sorgfältig ausgesuchten Aktivitäten sein, in deren Verlauf das Kind, in der schützenden Anwesenheit eines Erziehers, lernen könnte, neue freundschaftliche Bindungen mit Spielkameraden und ein beginnendes Gefühl des Selbstwertes zu entwickeln. Erfahrene Psychotherapeuten sind zu der Überzeugung gekommen, daß geplante Aktivitäten nicht nur ein angenehmes Anhängsel an die Analyse darstellen, sondern einen notwendigen und wertvollen Teil der Gesamttherapie des Kindes. Redl und Wineman bezeichnen geplante Freizeitgestaltung als „vollgültiges therapeutisches Werkzeug"; sie sagen ausdrücklich, daß „programmierte Aktivitäten eine spezifische Rolle" spielen, die ihren eigenen Stellenwert haben und nicht etwa nur einen „zeitfüllenden Ersatz" für psychiatrische Kontakte während des übrigen Tages darstellen (Redl und Wineman, 1957, S. 393).

123

Einige Wissenschaftler haben gezeigt, daß Freizeitgestaltung eine eigene Realität und eine Beeinflussungskraft für das Verhalten besitzen, die in ihrer Natur liegen (Gump und Sutton-Smith, 1965, S. 414); andere Theoretiker verwiesen darauf, daß diese Aktivitäten bestimmte Entwicklungsbedürfnisse der Kinder befriedigen: das Einüben von Fertigkeiten, das Abreagieren von Aggression, die Entfaltung mitmenschlicher Beziehungen und die Kunst des Sublimierens (Konopka, 1954, S. 141–146). Spiel ist nach Bettelheim (1950, S. 218) das Aktionsfeld des Kindes, auf dem es seine Unabhängigkeit testet und einübt, wo es lernt, den Altersgenossen gegenüber seine eigene Stellung zu wahren. Ein so bedeutsamer Teil der kindlichen Welt wie also das Spiel ihn darstellt, sollte demnach weder als simple noch als dem Zufall zu überlassende Sache angesehen werden. Piaget hat uns einige Einsicht vermittelt in die komplexe normative Struktur, die diese auf den ersten Blick ungeplante Aktivität regiert (1951). Erikson hat uns einen Einblick gegeben in die potentiellen Kräfte des Spiels als Medium des Lernprozesses: *Kinderspiel ist nicht identisch mit Erwachsenenspiel . . . es ist nicht Erholung. Der Erwachsene wendet sich seitwärts einer anderen Realität zu; das spielende Kind bewegt sich vorwärts auf dem Wege zu neuen Entwicklungsstufen (Erikson, 1950, S. 194–195).*

Redl und andere haben den großen Einfluß beschrieben, den die Struktur von Spielen und Aktivitäten auf jene ausübt, die an ihnen beteiligt sind (Redl, 1966, S. 87).

Wovon sprechen wir also, wenn wir dieses komplexe Thema der Freizeitgestaltung angehen? Für unsere Zwecke hier können wir das „Programm" als irgendeine Aktivität verstehen, an der Kinder mit anderen Kindern oder mit Erwachsenen teilnehmen. Dies ist sicher eine sehr weit gefaßte Definition, die viele verschiedene Dinge einschließt, aber man muß auch bedenken, daß ja die kindliche Welt eine Welt des Spiels ist. Mit oder ohne den Eingriff helfender Erwachsener haben die spielerischen Aktivitäten Vorteile – sowohl für das einzelne Kind als auch für die Gruppe. Es gibt vielleicht kein anderes Medium, das besser geeignet wäre, Kindern das Gefühl der Sicherheit in ihrer Umwelt und der Selbständigkeit zu vermitteln. Die Aktivitäten bereiten außerdem Gelegenheit, Gruppenteilnahme zu üben, in kleinen Gruppen neue Rollen durchzuprobieren und neu erlernte Beziehungen mit Alltagsgefährten einzuüben.

Gruppenspiele können auch als diagnostisches Werkzeug benutzt werden, nicht nur um einzelne Kinder diagnostisch zu erfassen, sondern auch Gruppenstrukturen und Entscheidungsprozesse. Die meisten Akten, die mit den Kindern ins Heim kommen, enthalten eine Menge intrapsychisch-evaluatives Material, aber nur ganz wenig Auskunft darüber, wie das Kind sich in der Gruppensituation verhält. Wir wissen oft viel über die Lernschwierigkeiten der Kinder, machen uns aber kaum Gedanken darüber, ob ein Kind auch Spaß haben kann. Die gestaltete Freizeitaktivität stellt ihm wenigstens eine konkrete und „verkäufliche" Ware zur Verfügung, sobald es die eine oder andere Tätigkeit gut beherrscht. Wenn wir schließlich ernsthaft davon überzeugt sind, daß Gruppenaktivitäten nicht nur ein angenehmes Anhängsel an die Psychotherapie darstellen, sondern als vollgültiges therapeutisches Werkzeug zu betrachten sind, müssen sie als selbstverständlicher Teil der Heimerziehung angeboten werden und nicht etwa nur als „Belohnung" für gutes Betragen. Dies soll nicht heißen, daß wir immer ein Riesenprogramm bereithalten müßten, das allen Kindern alles gleichzeitig anbietet. Es hätte wenig Sinn z. B. einem Kind, das überaus erregt ist, ein Schachspiel vorzuschlagen. Viele der Probleme, von denen die Kinder betroffen sind, so z. B.: Kontaktscheu Altersgefährten gegenüber, aggressive Temperamentsausbrüche und vermindertes Selbstwertgefühl, können oft besser im Zusammenhang mit einer Gruppenaktivität behandelt werden als in einem psychotherapeutischen Interview von 50 Minuten Dauer. Es ist darum wichtig, daß wir dieses Angebot nicht nur auf solche Zeiten beschränken, wo sich die Kinder im seelischen Gleichgewicht befinden.

Wie man Aktivitäten plant

„In diesem Laden ist aber auch nichts los!" Mit dieser fröhlichen Feststellung sind schon viele Erzieher begrüßt worden, wenn sie am Nachmittag ihren Dienst anfingen. Der Vorgang, ein Freizeitprogramm zu planen und mit Erfolg und zum Wohl der Kinder durchzuführen, ist eine komplexe und schwierige Aufgabe. Man muß dabei die Interessen und die Fertigkeiten der einzelnen Kinder im Auge halten, die Materialien, die einem zur Verfügung stehen, die Anzahl und Zusammensetzung des anwesenden Personals und die Stimmung, in der die Gruppe sich gerade befindet. Andere, etwas mehr am Rande liegende Variablen können den Erfolg oder Mißerfolg bestimmter

Spiele ausmachen; zu diesen Variablen gehören solche Faktoren wie Wetter, Tageszeit und ähnliche „atmosphärische Varianten". Nichts kann ein Baseballspiel schneller abbrechen als ein Wolkenbruch, und man versetze sich in die Lage des armen Erziehers, wenn er für diesen unvorhergesehenen Zwischenfall keine gleichwertige andere Aktivität bereit hat!

Wir wollen in diesem Abschnitt sechs Aktivitäts-Dimensionen herausarbeiten und drei Variablen, die ein Rahmenwerk darstellen, innerhalb dessen Auswahl und Wertung der Aktivitäten vorgenommen werden können. Damit wird hoffentlich eine Frage beantwortet, die viele Erzieher stellen: „Wie weiß ich, welche Aktivität ich anbieten soll?"

Die sechs Dimensionen, nach denen Aktivitäten gestaltet werden können, stammen weitgehend aus der Arbeit, die Dr. Robert Vinter an der Universität in Michigan in der Abteilung Sozialarbeit durchführte (Vinter, 1967, S. 95–110). Vinters Arbeit basierte auf den früheren Erfahrungen von Gump und dessen Mitarbeitern.

Jeder Erzieher weiß, daß sogar gewisse Dinge, die er vor einer Gruppenaktivität tut oder unterläßt, den späteren Verlauf durchaus beeinflussen können. Gruppentherapeuten wissen genau, daß die Manipulation von Raum, Zeit, Kulissen und Material die Art und Weise beeinflussen, in der ein Gruppenunternehmen angegangen wird und verläuft (Churchill, 1959); aber die Tätigkeiten selbst haben „eingebaute" Dimensionen oder Komponenten, die viel zu tun haben mit dem Verhalten der Teilnehmer. Da diese sechs Aspekte alle Aktivitäten betreffen, sind sie ganz offenbar für jeden Erzieher von Bedeutung, der eine Tätigkeit für seine Gruppe plant. Die sechs Dimensionen seien im folgenden beschrieben (Vinter, 1967, S. 98–100):

1. *Beschreibung des Schwierigkeitsgrades der Aktivitäten.* Es handelt sich hier um Grad und Ausmaß der Regeln, die der entsprechenden Tätigkeit zugrunde liegen. Man vergleiche beispielsweise die komplexen Regeln, die für das Schachspiel gelten, mit den einfachen Anweisungen, die Kinder beim Hüpfspiel verwenden. „Monopoly" hat schwierigere Regeln als „Mensch ärgere dich nicht". Kunst- und handwerkliche Arbeiten haben meist viel schwierigere Anleitungen und Voraussetzungen als etwa freies Schwimmen. Der Schwierigkeitsgrad eines jeden Tuns sollte dem Erzieher geläufig sein.

2. *Institutionalisierte Kontrollen, die die Spiele regulieren.* Dieser Aspekt bezieht sich auf die Form und die Quellen der Kontrolle, die während der

Aktivitäten über die Teilnehmer ausgeübt werden. Diese Kontrolle ist manchmal in einer Person vereinigt (Teilnehmer) oder in jemandem, der die Regeln vertritt (Schiedsrichter), oder sie besteht einfach aus den Regeln, auf die sich alle Mitspieler geeinigt haben. Die Regeln, ob persönlich oder unpersönlich, bestimmen nicht nur die Vorgänge in jedem gegebenen Augenblick, sondern sie bestimmen auch, wer mitmachen darf. In einigen Spielen hat eine Person große Möglichkeiten, das Spiel zu lenken (wie z. B. der „Lehrer" beim Schulespielen), bei anderen besteht nur wenig Einfluß seitens eines einzelnen Teilnehmers (so z. B. beim Versteckenspielen).

3. *Sicherstellung von genügend Bewegungsfreiheit.* Dies hat mit dem Ausmaß zu tun, in dem die Teilnehmer sich im Verlauf des Spiels physisch herumbewegen müssen oder dürfen. Einige Aktivitäten bedürfen viel größerer Bewegungsfreiheit (Schwimmen, Laufen) als andere (Kartenspielen).

4. *Die Fähigkeit zur Durchführung.* Hier geht es um das Minimum an Voraussetzung, die gegeben sein muß, damit der Teilnehmer erfolgreich mitmachen kann; ob er gewinnen oder sich sogar auszeichnen kann bei diesem Spiel, ist eine andere Frage. Einige Sportformen bedürfen am Anfang nur geringer Fertigkeit (einfache Ballspiele), andere setzen ziemliche Übung voraus (Reiten, Wasserski).

5. *Sicherstellung der Interaktion.* Wenn es darum geht, daß alle Beteiligten miteinander agieren und in die Tätigkeit mit einbezogen werden sollen, so wäre es z. B. wenig sinnvoll, in einem Werkraum einzeln Modellflugzeuge zu bauen. Bei einem Baseballspiel oder beim Tauziehen beispielsweise ist der Grad der Interaktion viel größer. Dieses Zusammenwirken kann verbaler oder nicht-verbaler Art sein.

6. *Belohnungsstruktur.* Hier handelt es sich darum, ob genügend Belohnung vorgesehen ist und welche Arten von Gewinn bereitgehalten werden. Wie werden sie verteilt? Einige Belohnungen sind in die Sache selbst eingebaut (wenn man eine Skulptur herstellt), andere liegen in sekundären Beigaben (Lob, Entspannung, wachsende Fertigkeit). Die Verteilung der Gewinne hängt nicht immer von ihrer Vielzahl oder Rarität ab, aber diese beiden Aspekte können miteinander verknüpft sein. Wenn es beispielsweise weniger Preise als Teilnehmer gibt, so müssen sie notgedrungen ungleich verteilt werden. Bei Wettspielen, obwohl die Aktivität ihr selbst innewohnende Annehmlichkeiten haben mag, an denen alle teilhaben, gewinnt meist nur eine Seite. Bei manchen Spielen gibt es Posten oder Rollen, die den Spielern, die

sie innehaben, größere Gewinnchancen geben als den anderen Spielern. Bei
Baseball z. B. haben Werfer und Fänger mehr Erfolgschancen als ihre Mitspieler im Außenfeld.

Die hier dargestellten sechs Dimensionen sind eine kondensierte Beschreibung
dessen, was Vinter ausführlich und scharfsinnig geschildert hat. Auslassungen,
Hinzufügungen und Einklammerungen waren wegen der Kürze dieses Kapitels notwendig. Für genaues Studium der sechs Aspekte sei der Leser auf das
Aktivitätspapier verwiesen (Vinter, 1967).
Ein letzter dynamischer Gesichtspunkt zur Belohnungsstruktur ist die Frage,
wer die Tätigkeit leitet. Einige Spiele und Sportarten fallen so sehr in die
Kompetenz eines bestimmten Erziehers, daß die Gruppen maulen und stöh-
nen und sich wenig Vergnügen versprechen, wenn ein anderer Erzieher sie
mit ihnen durchzuführen gedenkt.

Individuelle Variablen

Nachdem wir uns mit den Kriterien befaßt haben, nach denen Spiel- und
Sportaktivitäten zu erfassen sind, können wir nun die individuellen Gruppen-Variablen besprechen, die bei der Auswahl der Tätigkeiten beachtet werden sollten:

1. *Fertigkeit.* Fertigkeit bedeutet hier den Grad der Fähigkeit, den ein Kind
mitbringt; dazu würde gehören: Körpergeschicklichkeit, Bewegungskoordi-
nation, spezifische athletische, mechanische oder handwerkliche Fähigkeiten
u. a. m. Viele Kinder, die zu uns kommen, zeigen keine ausgesprochenen
Talente, obwohl sie oft durchaus spezifische Interessen an bestimmten Sport-
oder Spielarten haben. Im Grunde lautet die wichtige Frage, die hier zu
stellen ist: „Was kann das Kind *jetzt* mitmachen, ohne das Risiko, einen
totalen Mißerfolg zu erleben?"
2. *Motivation.* Dieses Kriterium bezieht sich auf die Bereitschaft des Kindes
mitzumachen, und diese hängt natürlich weitgehend davon ab, welche Beziehung das Kind zum Erzieher hat. Es gibt da alle möglichen Aspekte, die bei
der Auswahl der Aktivität berücksichtigt werden müssen. Je schwieriger beispielsweise eine Sport- oder Spielart ist, desto mehr muß man sich verge-

wissern, daß das Kind stark genug motiviert ist und eine realistische Erfolgschance hat. Umgekehrt sind Kinder mit schwacher Motivation meist geneigt, an solchen Aktivitäten teilzunehmen, die leichte und sofortige Gewinnchancen versprechen.

3. *Selbstbeherrschung auf Abruf.* Dieses Kriterium bezieht sich auf das Ausmaß an Selbstkontrolle, das ein Kind zu jeder gegebenen Zeit zur Verfügung hat. Man würde einem hyperaktiven Kind einen schlechten Gefallen tun, wenn man es zum Schachspielen animierte, nachdem es sich den ganzen Tag über im Klassenzimmer zum Stillsitzen gezwungen hat. Andererseits werden wir bei einem bewegungsunruhigen, aggressiven Kind nicht immer warten, bis es sich voll in der Hand hat, ehe wir ihm eine Freizeitbetätigung anbieten; viel eher werden wir es in eine Aktivität hineinnehmen, die ihm die Selbstkontrolle erleichtert (z. B. Spannungsentladung durch Bewegung).

Gruppen-Variablen

Wenn man ein Freizeitprogramm gestalten will, muß man gewisse Gruppenphänomene im Auge behalten, die die Betätigungen beeinflussen können. Einige der wichtigsten sind: die Gruppenkohäsion (d. h. ihr Zusammengehörigkeitsgefühl), die Gruppenzusammensetzung und die Stimmung der Gruppe. Wenn wir mit einer lose zusammengewürfelten Gruppe mit wenig Zusammengehörigkeitsgefühl und Gruppengeist arbeiten müssen, so ist es besser, parallele Betätigungen zu wählen als solche, die viel Koordination und Kooperation voraussetzen (z. B. lieber Modellbauen als Fußball). Was die Gruppenkohäsion angeht, so ist klar: je heterogener die Gruppe, desto schwieriger die Wahl einer Tätigkeit, die allen liegt und Freude macht. Schließlich und endlich ist es Aufgabe des Erziehers, seine eigene Sensibilität dafür einzusetzen, die Stimmung der Gruppe zu erkennen: der spontane Vorschlag, eine Wanderung zu machen, kann gerade richtig sein für eine Gruppe von Jungen im Latenzalter, die enorme Selbstbeherrschung dafür aufgebracht haben, ein bestimmtes Projekt zu vollenden und daher im Begriff sind „zu platzen".

Zusammenfassend läßt sich sagen: der Erzieher braucht nicht jedes einzelne Mal alle Dimensionen sowie alle individuellen und Gruppen-Variablen zu durchdenken, bevor er der Gruppe eine Aktivität vorschlägt. Dies einmal als Übung zu probieren, ist empfehlenswert (Vinter gibt eine besonders detaillierte Programmanalyse zum Schwimmen und für handwerkliche Kunst in seinem „Aktivitätenpapier"); es wäre jedoch hinderlich und undurchführbar, wollte man vor jeder Freizeitbetätigung im vorhinein jede einzelne Variable in den Griff zu bekommen suchen. Die Dimensionen und Variablen sollen vielmehr dann zur Hilfe genommen werden, wenn sich die Freizeitgestaltung als besonders schwierig oder wichtig erweist. Außerdem können sie natürlich als Richtlinien dienen, wenn wir im nachhinein unsere besonderen Erfolge oder auch Mißerfolge analysieren und auswerten wollen (s. Anhang I, S. 135 ff.).

Der Stellenwert der Freizeitaktivität

Ein dauerhafter und guter Ausgleich im Heim zwischen Einzel- und Gruppentherapie sowie kompensatorischen Lern- und Freizeitprogrammen ist eine der Hauptaufgaben einer guten Führung. Die Seelentiefe eines Kindes auszuloten, ihm Sonderunterricht zu geben oder es Alternativverhalten zu lehren, sind alles lobenswerte Versuche, aber das Heim muß auch Möglichkeiten bieten, sich von den Mühen und Härten des pädagogischen Alltags zu erholen. Dies soll natürlich nicht bedeuten, daß Therapie, Unterricht und Freizeitbetätigung beziehungslos nebeneinander herlaufen; im Gegenteil, eines soll das andere befruchten. Für viele Kinder bedeutet aber die Freizeitbeschäftigung *das* Medium, durch welches Wachstum und Weiterentwicklung in Gang kommen. Wir sind daher überzeugt, daß der Stellenwert der Freizeitgestaltung darin liegt, daß sie ein „vollgültiges therapeutisches Werkzeug" darstellt, das unendlich wertvoll sein kann, wenn es darum geht, Verhalten zu erneuern bzw. zu lenken oder therapeutischen Erfolg in Gang zu setzen und zu sichern.

Aktivitäten für Übergangsperioden

Eines der Hauptprobleme, mit dem der Erzieher Tag für Tag konfrontiert wird, besteht darin, die Kinder von einer Tagesperiode, von einer Routine zur anderen führen zu müssen. Kinder müssen morgens aufstehen, müssen sich auf den Schulweg begeben, kommen zum Mittag- und Abendessen, müssen sich für Gruppenaktivitäten und zum Schlafengehen vorbereiten. Ein großer Teil des Tages vergeht tatsächlich damit, daß die Kinder sich auf eine der Tagesroutinen des Heims zubewegen oder sich von ihr fortbewegen. Wenn der Erzieher sich einzig auf seine „Autorität" verlassen will, wenn es darum geht, die Kinder von einer Tagesperiode zur anderen zu leiten, so wird er bald entdecken, wie er simple Regeln zu „Gesetzen" erheben muß, die schwer durchzusetzen sind und Machtkämpfe auslösen, bei denen es dem Kind einzig darum geht, zu erklären: „Was immer du sagst, das ich tun soll – ich werde genau das Gegenteil machen!" Wenn im entgegengesetzten Falle der Erzieher sich allein aufs Bitten verlegen will, so befindet er sich bald in der Situation, daß er mit jeder Bitte seine Beziehung zu dem Kind auf den Prüfstein legt. Bitten setzt voraus, daß das Kind bereits von sich aus bereit ist, zur Schule zu gehen, zum Essen zu kommen usw., eine Annahme, die wohl kaum ein Erzieher als in jedem Falle gesichert voraussetzen kann.

Wir haben es aus dieser Überlegung heraus für praktisch befunden, ein paar weitere Aktivitäten unserer pädagogischen „Werkzeugkiste" hinzuzufügen. Diese Aktivitäten sind kurzfristig – das liegt in der Natur der Sache – und dauern nur so lange, bis das Kind mit der Routine begonnen hat. Der Hauptzweck ist Ablenkung. Wenn möglich, sollten sie sich auf den Erzieher als die „Hauptfigur" richten. Spiele wie „Folge dem Anführer" oder „Rotes Licht" haben sich z. B. als praktisch erwiesen, um Kinder vom Schul- zum Speisezimmer zu führen. Es ist günstig, wenn bestimmte Spiele mit bestimmten Tageszeiten assoziiert werden und so eine Art Signalcharakter annehmen, der ankündigt: jetzt kommt ein neuer Abschnitt. Ein Erzieher hatte einmal außerordentlichen Erfolg mit einem „Stoppuhr-Spiel" bei einem Kind, das extrem langsam war beim Ankleiden (s. Kapitel 4, S. 146).

Auf den Beginn einer bestimmten Betätigung oder Routine warten zu müssen, kann für ein impulsives Kind außerordentlich schwierig sein. In einem Heim hängt ein Springseil, das Kinder sofort finden und zum Hochsprung außerhalb des Speisesaals benutzen können, wenn etwa einmal das Essen verspätet beginnt. Man braucht keine teuren Materialien für diese Betätigungen, oft genügen Dinge, die man in den Kleidertaschen mit sich herumtragen kann, als Hilfsmittel für „Kurzzeit-Programme". So kann eine Stoppuhr gebraucht werden, um „mal zu sehen, wie schnell du zur Schule rennen kannst"; der Pfennig kann für kleine Gesellschaftsspiele („Pfennig, Pfennig, du mußt wandern") verwandt werden. Ein paar einfache Kartenspieltricks können eine Gruppe faszinieren, während der Projektor repariert wird. Und schließlich, da es sich hier immer nur um kurze Zeiteinheiten handelt, sei noch darauf hingewiesen, daß der Erzieher auch eine ganze Reihe solcher Kurzspiele hintereinander ablaufen lassen kann, während er die Kinder von einem Ort zum andern, von einem Abschnitt zum andern führt.

Einzel- und Gruppenaktivitäten

Betätigungen können den Bedürfnissen eines bestimmten Kindes oder einer ganzen Gruppe angepaßt sein. Ein Neuankömmling in der Gruppe hat vielleicht ein besonderes Talent oder Interesse, das ihm hilft, von den anderen anerkannt und in ihren Kreis aufgenommen zu werden. Es bedarf der geschickten Hilfe des Erziehers, diese Prozesse in Gang zu bringen. Im allgemeinen sollte man Tätigkeiten auswählen, die anfangs keine Überforderung für das Kind bedeuten; in diesem Falle bedienen wir uns der unpersönlichen, in der Aktivität selbst liegenden Kontrolle anstelle der internen Selbstkontrolle, die das Kind noch nicht besitzt. Der Erzieher mag es z.B. vorziehen, die Regeln für ein Spiel selbst festzulegen anstatt die Gruppe darüber verhandeln zu lassen.

Die ganze Frage der Freizeitgestaltung wirft die Aversion auf, die man meist jeder Programmierung gegenüber empfindet. Niemand möchte selbst gerne „programmiert" werden, und der Gedanke an strikt festgelegte Freizeitperioden (2.00 Schwimmen, 3.00 Uhr Werken) scheint die Kreativität des Kindes eher zu hemmen als zu fördern, vor allem, wenn es sich um ein impulsives Kind handelt. Das Ziel sollte vielmehr darin bestehen, verschiedene Aktivitäten in den Gesamtcharakter der Heimatmosphäre harmonisch „einzuweben", unter Berücksichtigung individueller Bedürfnisse, Interessen und Grenzen der Kinder sowie der besonderen Fähigkeiten und Möglichkeiten, die dem Erzieher zur Verfügung stehen.

Eine Art, dieses Problem anzugehen, besteht in der sogenannten Projektmethode. Bei ihr greift der Erzieher den Kern eines Gedankens des Kindes oder der Gruppe auf und macht daraus eine Serie von Tätigkeiten oder ein Projekt, das über viele Tage hingehen kann und für möglichst viele einen Gewinn, eine Bestätigung, kurz, Befriedigung bringt. Die folgende Aufzeichnung mag ein solches Projekt demonstrieren:

Bobby grüßte mich heute und sagte, seine Klasse habe gerade eine Unterrichtsstunde über die Geschichte der amerikanischen Indianer abgeschlossen. Er brachte Interesse daran zum Ausdruck, einen Pfeil und Bogen herzustellen, fügte jedoch hinzu: „Das klappt aber sicher doch nicht." Ich fragte Vince und Rick, was sie davon hielten, und sie schienen begeistert. Wir vier gingen los, um Stöcke für die Pfeile zu suchen, dabei entdeckten wir ein natürliches „Zelt" in den Büschen. Zwei Buben begannen sofort, das Gebiet darum herum zu säubern, während Bobby an Pfeil und Bogen zu arbeiten begann, Mittlerweile hatte auch die Erzieherin „Feuer gefangen"; sie stellte indianischen Schmuck her aus Lederrestchen und anderen Überbleibseln. Als ich mit der Lehrerin über das alles sprach, kam sie auf die Idee, in der Schule eine indianische Ausstellung zu veranstalten.

Dieses Projekt, das mit der Idee eines einzigen Jungen, Pfeil und Bogen herzustellen, begann, fand seinen Höhepunkt in einem „Indianertag", der eine Woche später stattfand, komplett mit indianischen Zeremonientänzen, dem Herstellen eines Totempfahls und einem Essen unter freiem Himmel. Innerhalb dieses Gesamtrahmens gab es viel Bewegungsfreiheit für individuelle Beiträge, Interessen und Talente. So verbrachte ein Kind den größten Teil der Zeit damit, Schilde zu bemalen, ein anderes wollte lieber das Lager „bewachen".

Kurz, die reichste Einfallsquelle sind die Kinder selbst, und es ist die Aufgabe des Erziehers, die Idee des Kindes aufzugreifen, zu verfeinern, auszubauen und in die Tat umzusetzen.

Vorschläge

Dieser letzte Abschnitt hat mit praktischen Programmratschlägen zu tun, die aus den Erfahrungen vieler Erzieher herauskristallisiert wurden. Sie reflektieren wahrscheinlich das Ziel, das jedem Erzieher in einem therapeutischen Heimmilieu vor Augen schwebt: die Welt der Aktivitäten und der Freude den Kindern nahezubringen, und zwar Kindern, deren Kapazität für Erfolg und Freude oft von dem Gefühl überschattet ist: „Ich kann ja doch nichts recht machen."

1. Ein Schlüsselwerkzeug ist für jeden Erzieher der eigene Enthusiasmus, den er in das Unternehmen einbringt. Der Gruppenleiter, der selbst aktiv an

einer Tätigkeit teilnimmt (und der offenkundig Freude daran hat), bietet ein anschauliches Beispiel dafür, wie ein Mensch sich an eine Aktivität hingeben kann. Es ist jedoch kein einfaches Unterfangen, mit zwei Rollen, „helfender Erwachsener" und „Spielkamerad", zu jonglieren. Erzieher müssen sich vorsehen, sich nicht so sehr in die Aktivität zu verlieren, damit sie notfalls aus der Rolle heraustreten können, um Krisen zu handhaben.

2. Aktivitäten sollten dann enden, wenn sie gut laufen und während die Kinder noch Freude daran haben. Viele Erzieher haben mit Enttäuschung zusehen müssen, wie die Betätigung am Ende des Tages zerfiel oder ausartete, nur weil ihr „gestattet" worden war, an ihr eigenes „totes" Ende zu kommen. Es ist besser, dem Kind die positive Erinnerung mitzugeben, die sich mit dem Höhepunkt des Unterfangens verknüpft, als es sich an einen enttäuschenden Zerfall erinnern zu lassen.

3. Die Zeit und die Reihenfolge der Aktivitäten müssen sorgfältig geplant werden. Sie sind wichtige Variablen. So sind z. B. Unternehmungen mit großen Gruppen früh am Morgen selten erfolgreich, denn die einzelnen Egos der Kinder sind dann noch nicht gefestigt und zu „wacklig", um in Gruppenspielen exponiert zu werden. Ähnlich wäre es unklug, kurz vor dem Schlafengehen Sportarten zu wählen, die physischen Kontakt mit sich bringen. (Hier soll ein für allemal der Mythos ausgeräumt werden, daß „ein wenig Dauerlauf" oder ein „Ringkampf" die Buben „genügend austoben läßt, um sofort einschlafen zu können".

4. Oft muß der Erzieher altbekannte Spiele aufwerten, abwandeln und verjüngen, um sie für die Kinder aufs neue attraktiv zu machen. Ein Erzieher verwandelte das alte Spiel „Geisterhöhle" in „Raketenschiff" und hatte viel Erfolg damit. Wir müssen außerdem der Tatsache Rechnung tragen, daß Kinder keinen Aufschub der Bedürfnisbefriedigung ertragen. Der Erfolg und der Gewinn müssen sofort kommen; daher ist ein flott rotierendes Spiel oft besser als ein langsam und kontinuierlich auf den Höhe- und Schlußpunkt zugehendes.

5. Mit ichgestörten Kindern, deren Fähigkeiten oft erbärmlich gering sind, muß man vorsichtig sein, daß man nicht zuviel Betonung auf das „Endprodukt" legt. Dazu gehört auch, daß der Erzieher seine eigenen Fertigkeiten dazu benutzt, die des Kindes zu ergänzen, ohne dabei groß hervorzuheben, „wer was getan hat".

6. Auch bei sehr sorgfältiger vorheriger Planung kann es passieren, daß aus

einer Aktivität nichts wird; alles kann vor den Augen des Gruppenleiters in die Brüche gehen, wenn ein pathologisch verstimmtes Kind oder die momentane Gruppenatmosphäre alles vergiftet. Der Erzieher muß daher jederzeit darauf gefaßt sein, eine Aktivität mittendrin fallen zu lassen und etwas anderes zu beginnen.

7. Viele Erzieher stellen die Frage: „Wie beginne ich eine Spiel- oder Sportrunde?" Die Antwort lautet einfach: „Fang an!" Es passiert leicht, daß man in die Falle gerät, „die ganze Gruppe zusammen" haben zu wollen (und „ruhig"), bevor angefangen werden soll; dabei ist es oft genug der Anreiz der Sache selbst, der den Rest besorgen wird und Interesse sowie Lust zum Mitmachen weckt.

8. Im allgemeinen ist es besser, bei Gruppen mit jüngeren Kindern mit Parallelbetätigungen zu beginnen, d. h. mit solchen, die nicht das Zusammenwirken der Teilnehmer voraussetzen. Es ist z. B. richtiger in diesem Falle, sechs einzelne Schiffsmodelle bauen zu lassen als ein riesiges Schlachtschiff, an dem „alle gemeinsam arbeiten". Beteiligung und effektives Zusammenwirken sind zwar wünschenswerte Zielsetzungen, können aber erst dann direkt angestrebt werden, wenn die Gruppe sich besser kennt.

9. Für die jüngeren Kinder gilt weiterhin, daß der Gruppenleiter gut daran täte, die meisten Entscheidungen selber zu treffen. Dadurch wird die problematische Situation reduziert, die entsteht, wenn jedes Kind mit jedem anderen Kind darüber verhandeln muß, was die Gruppe nun tun soll.

10. Schließlich und endlich sollte kein Erzieher etwas unternehmen, wozu er nicht genügend Fertigkeiten oder Lust hat, etwa nur, um der „vollkommene Gruppenleiter" zu sein. Er wäre besser beraten, würde er sich darauf konzentrieren, diejenigen Fähigkeiten, die er bereits hat, zu vervollkommnen; denn meistens ist ja unter den verschiedenen Erziehern eines Heimes eine genügend große Skala von Fähigkeiten vorhanden, so daß jedes Kind ausreichend Gelegenheit zur Wahl hat.

Anhang I

Ein theoretisches Modell, mag es auch in sich selbst noch so „stimmen", geht meist mit der Praxis nur eine unvollkommene „Ehe" ein. Mit dieser Einschränkung also sollte das Material von Vinter, zusammen mit den Einzel-

variablen, dem Erzieher einen Gesamtplan bieten, aus dem er seine Freizeit-
aktivitäten auswählen kann. Was die „Bewertungen" angeht, so muß
durchaus erwartet werden, daß die Meinungen darüber unterschiedlich sein
können. Auch die Teilnehmerkategorien sind ohne Absolutheitsanspruch. Es
kann ja nie möglich sein, Aktivitäten oder Kinder in eindeutig abgegrenzte
Kategorien aufzuteilen. Unser Zweck wird sich schon dann als erfüllt betrachten lassen, wenn die folgenden Einteilungen ein Gerüst bieten, mit dessen Hilfe der Erzieher sowohl die Aktivitäten als auch die Teilnehmer analysieren und seine Arbeit gestalten kann.

Die folgenden acht „Programmtypen" repräsentieren alle Kombinationen,
die möglich sind, wenn man die drei variablen „Fähigkeit, Motivation,
Selbstkontrolle" beachten will:

Programm-typ	Fertig-keit	Motiva-tion	Selbst-kontrolle
A	hoch	hoch	hoch
B	hoch	hoch	gering
C	hoch	gering	gering
D	gering	gering	gering
E	gering	gering	hoch
F	gering	hoch	hoch
G	gering	hoch	gering
H	hoch	gering	hoch

Die folgenden Typenbeschreibungen werden das Schema verständlicher
machen:

Typ A

Das Kind hat hohe Fertigkeiten, Motivation und Selbstkontrolle; es kann
an einer großen Anzahl verschiedener individueller und Gruppentätigkeiten
teilnehmen. Es kann schwierige Aufgaben mit nur geringen Gewinnchancen
übernehmen und kann auf die „Belohnung", bzw. den „Erfolg" warten.

Typ B

Das Kind hat hohe Fertigkeiten und Motivation, aber es hat Schwierigkeiten mit der Selbstbeherrschung; jede Betätigung, an der es teilnimmt, muß von außen die Kontrolle ausüben, die es von innen her nicht besitzt. Es läßt sich von anderen leicht beeinflussen. Es sollte daher lieber nicht an Dingen teilnehmen, die von großen Gruppen durchgeführt werden. In kleinen Gruppen kann es dagegen gut mitmachen.

Typ C

Das Kind hat viele natürliche Fertigkeiten, aber es kann (oder will) sie nicht wirksam einsetzen; es muß immer sofort und reichlich seine Bedürfnisse befriedigt haben. Kontrollen müssen von außen geliefert werden; aber je weniger Regeln, desto besser. Das Kind wird wahrscheinlich dann am besten arbeiten, wenn es nur mit einer anderen Person zusammen ist.

Typ D

Dieses Kind ist schwer zu handhaben: es hat wenig Motivation, bringt geringe Fähigkeit mit und kann seine Impulse kaum im Zaum halten. Bei ihm muß mit sehr simplen Beschäftigungen begonnen werden, die sofortigen „Erfolg" sichern; darüber hinaus müssen wir bei ihm viel Steuerung von außen bereithalten, damit sein Mangel an Selbstbeherrschung ausgeglichen wird. Schließlich müßte diesem Kind auch noch sehr viel Bewegungsraum zur Verfügung gestellt werden, wobei man nicht erwarten sollte, daß es sich lange an einem Ort aufhält oder bei einer Tätigkeit bleibt.

Typ E

Dies Kind hat wenig Motivation und geringe Fertigkeiten, bezüglich Selbstbeherrschung ist es aber problemlos. Es ist unter Umständen ein schüchternes, zurückhaltendes Kind, das sich von seinen Kameraden abgewiesen fühlt und ein sehr schlechtes Selbstbewußtsein hat. Es braucht ebenfalls sofortigen Erfolg und unkomplizierte Spiele und Vorhaben. Sehr viel Hilfe und Lob sind für seine Entwicklung von Nutzen, und die Gruppe könnte in dieser Hinsicht Hilfe leisten.

Typische Merkmale bei Aktivitäten

Teilnehmertyp	Schwierigkeitsgrad	Selbstkontrolle	Motivation
A	hoch	gering bis hoch	niedrig
B	mittel	hoch	hoch
C	niedrig	hoch	hoch
D	niedrig	niedrig	hoch
E	niedrig	hoch	mittel
F	hoch	hoch	mittel
G	niedrig	niedrig	hoch
H	hoch	hoch	niedrig

Skala bekannter Aktivitäten

Aktivität	Schwierigkeitsgrad	Selbstkontrolle	Physische Bewegung
Schwimmen	niedrig	niedrig	hoch
Modellbau	hoch	hoch	gering
Tontöpferei	niedrig	niedrig	niedrig
Fingerfarben	niedrig	niedrig	mittel
Pappmaché	niedrig	mittel	niedrig
Origami	hoch	hoch	niedrig
Kupfer-Emaillierarbeit	mittel	hoch	niedrig
Baseball	hoch	hoch	mittel-hoch
Fußball	mittel	mittel	hoch
Hockey	mittel	hoch	hoch
Kick-Ball	niedrig-mittel	mittel	mittel
Völkerball	niedrig	niedrig	hoch
Tauziehen	niedrig	niedrig	hoch
Versteckspiel	niedrig	mittel	mittel
Mühlespiel	hoch	hoch	niedrig
Dame	hoch	hoch	niedrig
Monopoly	hoch	hoch	niedrig

Typische Merkmale bei Aktivitäten

Teilnehmertyp	Belohnung	Fertigkeitsgrad	Interaktionsfähigkeit
A	mittel	hoch	hoch
B	mittel	hoch	mittel-niedrig
C	hoch	hoch	niedrig
D	hoch	niedrig	niedrig
E	hoch	niedrig	mittel
F	mittel	niedrig	hoch
G	mittel	niedrig	niedrig
H	hoch	hoch	hoch

Skala bekannter Aktivitäten

Aktivität	Belohnung	Fähigkeitsgrad	Interaktionsgrad
Schwimmen	hoch	gering	gering
Modellbau	hoch	hoch	gering
Tontöpferei	hoch	gering	gering
Fingerfarben	hoch	gering	gering
Pappmaché	hoch	gering	gering
Origami	hoch	hoch	gering
Kupfer-Emaillierarbeit	hoch	mittel	gering
Baseball	mittel	hoch	hoch
Fußball	hoch	mittel	hoch
Hockey	mittel	hoch	hoch
Kickball	mittel	mittel	mittel
Völkerball	hoch	gering	hoch
Tauziehen	hoch	gering	hoch
Versteckspiel	hoch-mittel	gering	gering
Mühlespiel	mittel	mittel	mittel
Dame	hoch	hoch	hoch
Monopoly	mittel-hoch	hoch	hoch

Typ F

Hier hat das Kind gute Motivation und Selbstbeherrschung, aber wenig Fähigkeiten. Es ist willig und kann arbeiten und sollte daher Aufgaben gestellt bekommen, die nicht zu kompliziert sind, so daß sein Ego nicht von jedem kleinen Mißerfolg erdrückt wird.

Typ G

In diesem Falle hat das Kind wenig Fertigkeit, beschränkte Selbstkontrolle, aber viel guten Willen, es recht zu machen. Hier sollten wir mit Tätigkeiten beginnen, die wenig voraussetzen. Diesem Kind muß viel Bewegungsfreiheit ermöglicht werden. Unsere schwierigste Aufgabe wird darin bestehen, dieses Kind zu überzeugen, daß Selbstbeherrschung und Fertigkeiten nicht schnell zu erlernen sind, daß es also Geduld braucht und sich nicht entmutigen lassen darf.

Typ H

Hier handelt es sich um ein Kind mit guter Fähigkeit und Selbstbeherrschung, das wenig motiviert ist, an den Aktivitäten teilzunehmen. Man wird sofort an delinquente Jugendliche erinnert, die aus soziologisch benachteiligten Bevölkerungsgruppen kommen und sich von allen Freizeitvergnügungen fernhalten. In diesem Falle liegt der Schlüssel offenbar darin, daß soziale Beziehungen hergestellt und „Belohnungen" bereitgehalten werden, die eine Integration in die Gruppe erleichtern (Gruppenstatus, Freundschaft, Privilegien).

Im nächsten Schritt versuchen wir, die verschiedenen Teilnehmertypen mit den entsprechenden Tätigkeitsdimensionen abzustimmen (s. die Tabelle „Typische Merkmale bei Aktivitäten" auf den Seiten 138 und 139).

Typ E beispielsweise (geringe Fähigkeit und mangelnde Motivation) bedürfte einer Betätigung mit geringem Schwierigkeitsgrad, die aber viel Kontrolle von außen mit sich brächte, und die Belohnungen müßten außerdem in reichlichem Ausmaß zur Verfügung stehen. Der Wettbewerbs- bzw. Anstrengungsgrad müßte minimal sein. In diesem Falle könnten wir also etwa Fingerfarben oder Arbeiten mit Pappmaché anbieten. Bei diesem Typ sollte außerdem die Gruppe klein gehalten und dafür gesorgt werden, daß der Gruppenleiter immer in der Nähe ist. Bei Spielen im Freien könnte man einfache Ballspiele anregen, aber nicht komplizierte mit vielen Regeln, die genaues Aufeinander-eingespielt-Sein voraussetzen.

In der Vinter-Skala schließlich sind noch 23 bekannte Aktivitäten erfaßt; man kann nun für jede von ihnen einen Teilnehmer finden, der die besten Voraussetzungen mitzubringen scheint. Monopoly wäre damit z. B. eine gute Betätigung für die Typen A und H, vielleicht auch C; aber das wäre sicher keine gute Wahl für die Typen D und E (s. „Skala bekannter Aktivitäten" auf den Seiten 138 und 139).

Literatur

Bettelheim, Bruno: Love is not enough. Glencoe, Ill.: Free Press, 1950; dt. Liebe allein genügt nicht. Stuttgart: Klett, ²1971.

Churchill, Sally: Prestructuring group content. In: Social Work. 4 (3), 1959, S. 52-59.

DeNoon, Barbara: Horses, bait and chocolate cake. In: Henry W. Maier, Hrsg.: Group work as part of residential treatment. New York: National Association of Social Work, 1965.

Erikson, Erik H.: Childhood and society. New York: W. W. Norton, 1950; dt. Kindheit und Gesellschaft. Stuttgart: Klett, ⁴1971.

Gump, Paul, und Brian Sutton-Smith: Therapeutic Play Techniques. In: Nicholas J. Long, William C. Morse und Ruth G. Newman, Hrsg.: Conflict in the classroom. Belmont, Calif.: Wadsworth, 1965.

Konopka, Gisela: Group work in the institution. New York: Association Press, 1954.

Piaget, Jean: Play, dreams and imitation in childhood. New York: W. W. Norton, 1950.

Redl, Fritz: When we deal with children. New York: Free Press, 1966.

Ders. und David Wineman: The aggressive child. Glencoe, Ill.: Free Press, 1957; dt. Steuerung des aggressiven Verhaltens beim Kind. München: Piper, in Vorbereitung.

Vinter, Robert D.: Program activities: an analysis of their effects on participant behavior. In: Robert D. Vinter, Hrsg.: Readings in group work practice. Ann Arbor, Mich.: Campus Publishers, 1967; dt. Beiträge zur Praxis der Sozialen Gruppenarbeit. Freiburg: Lambertus, ²1973.

4. Das tägliche Aufstehen

James K. Whittaker

Die meisten Erwachsenen wachen morgens um die gleiche Zeit auf, erheben sich, ziehen sich an, räumen auf, nehmen das Frühstück ein und beginnen ihre Tagesarbeit. Dies wird alles routinemäßig und ohne besondere Aufmerksamkeit durchgeführt. Wenn unser Wecker einmal nicht abliefe, so würden wir wahrscheinlich doch zeitig erwachen; wenn wir uns einmal nicht so wohl fühlten wie im allgemeinen, etwa nach einer ruhelosen Nacht, so könnten wir dennoch den Anforderungen des Alltags genügen. Im Gegensatz dazu finden es die meisten Kinder, die der Heimerziehung bedürfen, sehr schwierig, morgens aufzuwachen, aus dem Bett zu steigen, sich anzukleiden, zu frühstücken und sich auf den Schulweg zu begeben. Jede einzelne dieser Aktivitäten kann für diese Kinder ein Hindernis bedeuten, das sie nur schwer überwinden können. Wenn ein Kind endlich die Schule erreicht, hat es womöglich schon mehrere Zankereien mit anderen Kindern und eine Auseinandersetzung mit einem Erwachsenen hinter sich. Es ist nicht schwierig, sich vorzustellen, wie der Rest des Tages durch diesen schlechten Anfang beeinträchtigt wird.

Der Hauptgrund dafür, daß unsere Kinder morgens oft diese Schwierigkeiten haben, liegt womöglich darin, daß sie zu dieser Tageszeit am wenigsten fähig sind, mit anderen Menschen, mit Dingen und Aufgaben fertigzuwerden. Während der Zeit des Erwachens schreiten die Kinder langsam von Körperbewußtheit, inneren Gedanken, Traumresten und Einkapselung zur äußeren Welt, zu der direkten Konfrontierung mit den Aufgaben des Sichankleidens, Frühstückens und Zur-Schule-Gehens. In einfacheren Worten: sie müssen aufhören, sich nach innen zu wenden, und wieder anfangen, sich den Anforderungen von außen zu stellen.

Das Erwachen

Nach zehn Stunden Schlaf, Isolierung und Unbeteiligtsein findet ein Kind es schwierig, sich den Aufgaben eines neuen Tages zu stellen. Es kann durchaus passieren, daß Aufwachen bedeutet, sich wieder dem Erzieher gegenüber zu sehen, der einen am Abend vorher bestraft oder physisch gebändigt hat; es kann bedeuten, daß man sich wieder mit dem feindseligen Zimmergenossen auseinandersetzen muß, der einem „an den Kragen" will. Das Erwachen macht der warmen Geborgenheit des Bettes ein Ende und verlangt, daß man sich der kalten Realität und den Aufgaben der Umwelt stellen muß. Es ist klar, daß zu dieser Zeit jede Einstellung und Handlung des Erziehers besonders bedeutungsvoll ist, denn diese Kinder steigen fast immer „mit dem falschen Fuß zuerst" aus dem Bett.

Während dieser Anlaufphase sollte sich der Erzieher langsam und vorsichtig herumbewegen und nicht sehr laut mit den Kindern sprechen, damit jedes allmählich und ungestört zu sich selbst finden kann. Manche Kinder wachen verstört auf nach einem Alptraum, sind aber schon sehr bald wieder „auf vollen Touren". Die Frage, ob man sich schon morgens mit dem Traummaterial befassen soll, ist komplex und nicht leicht zu entscheiden. Bettelheim (1950) hat sich mit dieser Frage ausführlich auseinandergesetzt. Viele Kinder erwachen langsam, in Phasen, sie schlafen ein und erwachen mehrmals, ehe sie ganz aufwachen. Der Erzieher tut gut daran, die Kinder sanft darauf aufmerksam zu machen, daß die Tagesordnung eingehalten werden muß, daß leise gesprochen wird, bis alle wach sind, daß man im Zimmer bleibt, bis man völlig angezogen ist usw. Der Gruppenleiter geht von Raum zu Raum und hilft dem einzelnen Kind, sich den Belangen des neuen Tages zu stellen; er teilt sich dabei dem Kind sprachlich oder auch nur durch Zeichen und Handlung mit. Dieser Kontakt reicht von einer Bemerkung über das Wetter oder über das, was man vom Fenster aus draußen sehen kann, bis zu einem Rat darüber, was man an diesem Tag am besten anzieht. Die Unterhaltung könnte sich auf einen gestrigen Vorfall beziehen, auf etwas, was das Kind am Vortag geleistet hat, aber der frühe Morgen ist nicht die Zeit, einen unangenehmen Vorfall, etwa einen deprimierenden Anruf nach Hause, zu diskutieren. Das Gespräch sollte leicht und angenehm sein und nicht etwa tiefsinnig oder problemträchtig. Es sollte sich um die Realitäten der Umgebung, der anderen Kinder, der Tagesroutine und der Aktivitäten drehen. Ein Ergebnis solch gedämpfter Unterhaltung wird darin bestehen, daß das Kind sich auf den Erzieher konzentriert. Sein Interesse am Kind, das in seiner Zuwendung zum Ausdruck kommt, wird ihm im Laufe des Tages helfen, das Kind zu leiten, es vom Schlaf zum Wachzustand und zur gemäßigten Interaktion mit anderen Kindern und Dingen zu führen.

Sich dem Kind ohne sprachliche Äußerungen zu nähern und ihm so sein Interesse zu bekunden, ist für die frühen Morgenstunden eine gute Taktik. Dies kann z. B. dadurch geschehen, daß man in seinem Zimmer die Vorhänge aufzieht, ein paar Wäschestücke in seinen Schrank räumt, die Kleidung auf dem Bett zurechtlegt oder ein Spielzeug an seinen Platz legt. Die beste Art, dem Kind beim Aufstehen zu helfen, scheint darin zu bestehen, daß man vermeidet, es anzutreiben oder zu hetzen; große Lebendigkeit und Energie hebt man besser für später am Tag auf. Die Aufstehzeit sollte ruhig und routinemäßig verlaufen, damit die Kinder allmählich ihr eigenes Tempo und ihren eigenen Energiegrad erreichen, mit denen sie die Tagesaufgaben erledigen wollen. Einige Kinder kommen schneller zum völligen Wachzustand als andere. Die meisten Kinder erwachen jedoch nur in langsamen Schritten. In gewissem Sinne hat jedes Kind sein eigenes Tempo, mit dem es in den Tag tritt, und es scheint Schwierigkeiten zu verursachen, wenn ein Erzieher dieses Tempo zu beschleunigen oder zu verlangsamen sucht (Redl und Wineman, 1957, S. 292 ff.). So hat z. B. Bettelheim (1950) bemerkt, daß viele gestörte Kinder morgens die ersten wachen Minuten mit dem Ritual verbringen, bestimmte Körperteile zu examinieren, fast so, als ob sie sich überzeugen möchten, daß sie noch das gleiche Kind sind, das gestern abend einschlief. Ein gewisses Ausmaß an Selbstüberprüfung muß beim Erwachen erlaubt sein. Wenn der Erzieher versucht, das Kind zu drängen und ihm vorwirft, es versuche nur, Zeit zu gewinnen mit diesen Techniken, so kann er darauf gefaßt sein, daß er später am Vormittag mit diesem Kind Schwierigkeiten haben wird. Zwei Beispiele mögen diese Aussage illustrieren:

John, ein Erzieher, hatte besonders große Probleme mit dem Aufstehen seiner Gruppe, die aus halbwüchsigen Jungen bestand. Selbst ein Mensch, der morgens schon hellwach und voller Unternehmungslust ist, feuerte er die Jungen damit an, daß er ihnen früh morgens von dem vorschwärmte, was sie am Nachmittag alles unternehmen würden. Dieser Enthusiasmus wurde meist mit einer von zwei Reaktionen bedacht: entweder die Gruppe weigerte sich, das Frühstück einzunehmen und lag statt dessen auf den Betten herum; dabei fielen solche Bemerkungen wie „Wir haben die Nase voll von dir" oder „Wir werden genau gar nichts machen"; oder die Gruppe ließ sich anstecken und geriet außer Rand und Band; die Kinder liefen wild umher und verlangten, mit der geplanten Aktivität gleich hier und jetzt zu beginnen.

Ein anderer Erzieher, Bill, hatte keine derartigen Probleme mit seiner Gruppe. Seine „Taktik" bestand einfach darin, morgens, wenn er den Dienst begann und hereinkam, auf das Bett desjenigen zuzugehen, der schon wach war. Er zog dann Spielkarten aus der Tasche und verteilte sie, ohne ein Wort. Er begann ein Spiel, das alle in der Gruppe gern hatten und das alle kannten. Während ein Knabe nach dem andern erwachte, nahm er entweder aktiv oder passiv an dem Spiel teil. Es wurde wenig dabei gesprochen, und alle Aufmerksamkeit war auf das Spiel gerichtet. Bill war natürlich das Zentrum des Spiels und der Aufmerksamkeit. Auf diese Weise, indem er etwas zwischen sich und die Kinder setzte – in diesem Falle ein gern ausgeübtes Kartenspiel –, war der Erzieher in der Lage, die Erwachenszeit zu modulieren, ohne zu stark oder zu wenig einzugreifen.

Ankleideroutine

Die erste größere Aufgabe des Tages ist das Anziehen. Dieselben Körperbelange, die am Vorabend das Auskleiden bestimmten, sind am Morgen wieder da, und dies kann eine Periode starken Widerstandes seitens der Kinder bedeuten. Die Wahrscheinlichkeit ist groß, daß die Jungen sich in ihrem Verhalten gegenseitig stark beeinflussen, während sie sich in den verschiedenen Stadien des Aus- und Ankleidens sehen. Wenn es uns jedoch gelingt, das Kind für das zu interessieren, was der Tag bringen wird, so werden die restlichen erzieherischen Beeinflussungen leichter sein.

Kinder reagieren unterschiedlich auf die verschiedenen Hilfen, die wir zu diesem Zeitpunkt anbieten können. Von leichteren zu mehr substantiellen fortschreitend, sollen hier einige beschrieben werden. Bei manchen Kindern kann man das Frühstück verlockend machen: eine neue Art von Cornflakes, heiße Schokolade oder Toast können genug Anreiz sein, das Aufstehen oder Anziehen zu erleichtern. Manchmal hilft auch das Versprechen, das Frühstück teilweise selbst oder für ein anderes Kind bereiten zu dürfen; diese Aussicht bringt sie schneller in die Küche. Andere Kinder können mit dem Versprechen angelockt werden, daß sie eine Kindersendung im Fernsehen anschauen dürfen – eine Beschäftigung, die keine Interaktion mit anderen Kindern verlangt.

Oft genügt das Versprechen, an einem begonnenen Projekt weitermachen zu dürfen, um das Kind aus dem Schlafzimmer heraus in andere Räume zu bringen. Ein Flugzeugmodell braucht vielleicht noch einen letzten Anstrich oder ein Bild noch ein wenig Nacharbeit, die auch im Wohnzimmer vorgenommen werden kann. Diese morgendlichen Betätigungen vor der Schule dürfen nur kurzfristig sein und sollten das Kind nicht so absorbieren, daß es sich nicht von ihnen trennen kann.

Der frühe Morgen ist keine ideale Tageszeit für Aktivitäten, die von der ganzen Gruppe zusammen ausgeführt werden müssen. Die meisten Kinder können sich so früh am Tage noch nicht allem gleichzeitig zuwenden. Einfache Spiele können jedoch dem Kind helfen, sich zum Ankleiden zu entschließen. Eines, auf das Kinder zu dieser Tageszeit besonders positiv ansprechen, besteht darin, daß man die Zeit mißt, die sie brauchen, um ein bestimmtes Kleidungsstück anzulegen.

„Ich werde einmal sehen, wie schnell du deine Unterwäsche anziehen kannst", ist z. B. eine solche Spielart. Oder so: „Na, nun will ich doch mal draußen im Flur stehen und bis 20 zählen; meinst du, du könntest mich überholen und deine Unterkleider schon bei 15 anhaben? Fertig? Sag mir Bescheid, wenn ich anfangen soll zu zählen." Manchmal genügt auch die bloße Andeutung einer Herausforderung: „Na, wenn du 40 brauchst, um deine Unterwäsche anzuziehen, dann schaffst du Hemd und Hose bestimmt nicht in 25."

In Wirklichkeit ist es so: hat das Kind erst einmal Socken und Unterwäsche an, ist die Motivation, sich ganz anzukleiden und den Erzieher zu beeindrucken so stark, daß der Prozeß ganz von selbst zu Ende geführt wird. Bei Kindern, die beim Ankleiden besonders schwierig sind, kann dieser Vorgang auch in noch kleinere Stücke aufgeteilt werden: man zählt bis zehn für die Strümpfe, bis fünf für die Hose, bis fünf für das Hemd und so weiter durch den ganzen Ankleidevorgang hindurch. Diese Aufteilung macht klar, daß das Anziehen kein so unüberwindliches Hindernis ist wie es dem Kind erscheint.

Oft ist es klug, zu vermeiden, das Zimmer des Kindes zu betreten. Damit ist die Privatsphäre gesichert, und das motivierte Kind hat Gelegenheit, den Erzieher damit zu überraschen, schon fertig zu sein, bevor er bis 20 zählen kann. Zu dieser Stunde kann es auch leichter passieren, daß ein Erzieher, unbeabsichtigt, hereinkommt, während ein Kind gerade masturbiert. In diesem Falle zieht er sich am besten unauffällig zurück, wie er das in jedem anderen Falle machen würde, in dem er ungewollt jemanden bei einer Privatbeschäftigung überrascht; Redl hat sich damit befaßt (1966, S. 380 f.). Versuche, zu moralisieren oder das Verhalten psychologisch zu interpretieren, werden nur zu einem „Kater" führen, der sich später am Tage bemerkbar macht. Eingreifen sollte man nur dann, wenn das Verhalten andere Kinder stark zum Nachahmen anreizt. In diesem Falle sollte dem betreffenden Kind vorgeschlagen werden, sich in einem anderen Raum allein anzuziehen. Schließlich kann der Erzieher dem Kind auch allein dadurch viel „sagen", daß er ihm beim Anziehen hilft; die Art und Weise, in der er das macht, ist entscheidend. Neben dem Füttern oder Ernähren ist das Ankleiden eine elterliche Geste im engen Sinne des Wortes. Für die Erwachsenen ist das Anziehen eine der langweiligsten Betätigungen, dennoch sollten sie sich davor hüten, gelangweilt oder irritiert zu erscheinen und so den Kindern indirekt zum Vorwurf zu machen, daß sie nicht mehr für sich tun können. Dies ist die Zeit, wo viel getan werden kann, was dem Aufbau einer tieferen Beziehung dient. Zum Beispiel:

Eddie kam zum Heim als ein reservierter und kühler Delinquent. Er sprach wenig mit den Erwachsenen und hielt sich von allen soweit wie möglich zurück. Am vierten Tag erklärte er einem der Erzieher ganz ruhig, daß er nach Hause gehen möchte. Als der Erwachsene bat, er möge seine Gründe angeben, antwortete er mit einem Achselzucken: „Was sollte mich denn hier in diesem Baby-Heim festhalten?" Ein paar Tage vorher hatte der Erzieher bemerkt, daß Eddie große Sorgfalt auf seine Kleidung verwandte und morgens zum Anziehen viel Zeit brauchte. Er hatte gleichzeitig bemerkt, daß Eddies Wäschevorrat gering war und daher bald einiges gewaschen werden mußte. Ohne weiter auf den Nachhausewunsch einzugehen, fragte der Erzieher daher, ob er seine Wäsche gewaschen haben möchte. Eddie bejahte und fügte dann, fast gegen seinen Willen hinzu, daß er aber dann lächerlich aussehen würde, wenn er nachher wie die jüngeren Kinder in ungebügelten, faltigen Sachen herumlaufen müßte. So kam ans Tageslicht, daß Eddies Hauptgrund für das Nachhausewollen darin lag, daß er sich vor den jüngeren Kindern nicht mit seiner Kleidung blamieren wollte. Der Erzieher besorgte ein Bügeleisen für Eddie, und eine Erzieherin zeigte ihm, wie er seine Hemden bügeln

könne. Von diesem Augenblick an fand Eddie die Erzieher im Heim „o. k.",
und er blieb gerne da.

Jüngere Kinder kommen oft von sich aus dazu, Ankleidewettbewerbe einzugehen. Die Rolle des Erziehers ist in diesem Falle eine indirekte Lenkung
dahingehend, daß „Gewinner" und „Verlierer" möglichst bald in Vergessen-
heit geraten und das Angezogensein selbst als die beste Belohnung empfunden wird. Manchmal stellen sich die Kinder paarweise dem Erzieher als
Wettbewerbspartner. Er steht draußen, und die Kinder erfinden alle möglichen Ausreden, warum er noch nicht zu zählen anfangen soll, dann plötzlich, noch ehe er eins gezählt hat, kommen sie völlig angekleidet aus dem
Zimmer. Die Spielmotivation hatte sie angetrieben, aber sie handelten ziemlich unabhängig vom Erzieher. Einige Kinder können besser zurechtkommen, wenn der Erzieher im Raum ist und die externen Vorgänge unter Kontrolle hält. Andere Kinder fühlen sich durch die Anwesenheit des Erziehers
gehemmt. Er sollte dann eine Tätigkeit zwischen sich und das Kind einlegen.
Eine Erzieherin z. B. war sehr erfolgreich damit, daß sie einfache Fertig-
keitsspiele anregte: das Kind durfte einen Ball oder ein Stofftier werfen,
landete es genau in dem dafür bereitgestellten Behälter, so zog das Kind ein
Kleidungsstück an, und so ging es weiter, bis das Kind ganz angezogen war
und bereit, zum Speisezimmer zu gehen. Dasselbe Spiel wurde beim Ausziehen wieder erlaubt.

An manchen Tagen sind die Kinder schon hellwach und auf vollen Touren,
wenn der Erzieher eintrifft. Wenn an solchen Tagen die Kinder zu sexuellen
Spielereien neigen, tut der Erzieher gut daran, möglichst bald und sicher
Ordnung herzustellen, d. h., die Kinder in ihre eigenen Zimmer zu schicken
und dafür zu sorgen, daß sie sich möglichst schnell anziehen. Eventuell hilft
man ihnen dabei. Es kann vorkommen, daß man darauf bestehen muß, daß
das Kind zu einer bestimmten Zeit fertig ist. Falls nötig, wenn z. B. von
anderen zu sehr abgelenkt, sollte man das Kind in ein Badezimmer oder in
ein anderes leeres Zimmer schicken, damit es sich dort allein ankleiden kann.
In diesem Falle sollte aber dem Kind erklärt werden, warum es in den anderen Raum geschickt wird und was es dort zu tun hat. Wenn der Erzieher
sehr sorgfältig die Gruppe beobachtet und das richtige Kind wegschickt, so
kann es sein, daß die anderen Kinder sehr bald ruhig werden und zur Routine zurückfinden.

Tim, das jüngste Kind in der Gruppe, brauchte oft extrem lange, um sich anzuziehen. Seine onanistische Betätigung dabei stimulierte die anderen Jungen zu ähnlichen Spielereien. Dies schien ihn zu beirren, da es offenbar seinerseits nicht beabsichtigt war. Daß man ihm die Konsequenzen seines Verhaltens klarzumachen versuchte, blieb ohne Wirkung. Schließlich wurde beschlossen, daß er sich morgens im Nebenzimmer ankleiden solle, und damit hörte sofort die sexuelle Betätigung der anderen Jungen weitgehend auf.

Während des Anziehens kann der Erzieher auf viele Arten Interesse bekunden, etwas lehren oder eine helfende Hand reichen, letzteres vor allem dann, wenn ein Kind glaubt, es sehe nicht gut aus. Ein Kamm oder ein Gürtel können angeraten oder zu lange Hosenbeine umgeschlagen werden. Oft hilft es, ein Kind darüber zu beraten, ob es ein bestimmtes Hemd über oder in der Hose tragen soll. Bei solchen Gelegenheiten kann man auch gut seine Freude darüber zum Ausdruck bringen, daß das Kind wächst, vor allem immer dann, wenn es eine größere Nummer braucht für seine Schuhe oder Kleider. Und noch eine letzte Bemerkung zu dem Thema Anziehen: viele Heimkinder haben eine besondere Vorliebe für ein bestimmtes Kleidungsstück, das sie von zu Hause oder von der Pflegefamilie mitgebracht haben. Es kommt vor, daß sie dieses Teil nicht aus den Augen lassen und es auch dann noch nicht aufgeben wollen, wenn es schon fadenscheinig und abgetragen ist. Der Erzieher kann hier helfen, indem er dafür sorgt, daß dieses Kleidungsstück gewaschen und gepflegt und in möglichst gutem Zustand erhalten wird. Es wäre ein grober Fehler, glaubte man, dem Kind einen Gefallen zu erweisen, indem man das Stück wegwirft und es durch ein neues ersetzt.

Frühstückszeit

Nahrungsmittel sind ein entscheidendes Austauschmedium im therapeutischen Milieu, und zwar eines, das zu dieser frühen Tageszeit eine besondere Bedeutung hat. Die Kinder haben sich nun von dem Schlafzimmer in die größeren Wohnräume nach unten begeben. Ein kleines Grüppchen sitzt vielleicht vor dem Fernseher, ein anderes macht noch Schularbeiten, ein drittes unterhält sich mit einem Erzieher, in einem vierten wird ausgehandelt, wer wo vor dem Fernsehapparat sitzen darf oder in welcher Reihenfolge die Jungen beim Vorbereiten des Frühstücks helfen sollen usw. Wenn die Kinder noch fernsehen und nicht hungrig zu sein scheinen, setzt der Erzieher sich meist mit einem Becher Kaffee in der Hand zu ihnen und erzählt, was es alles zum Frühstück geben wird. Dieser geschickte Wettkampf mit dem Fernsehprogramm führt allmählich zum Sieg; die Kinder fangen an, sich das gewünschte Frühstück zu bestellen bzw. selbst vorzubereiten. Wenn zwei Erzieher gleichzeitig im Dienst sind, wäre es gut, wenn sich einer in der Küche und Speisezimmergegend aufhielte, während der andere noch in den Schlafräumen den letzten Nachzüglern hilft. Ein Erzieher verstand es, die Küche zu dieser Zeit besonders vorteilhaft ins Spiel zu bringen. Einige Kinder unterhalten sich vielleicht ruhig, während sie auf das Frühstück warten. Ein anderes Kind, das mit der Gruppe Streitigkeiten hatte, mag allein am Tisch sitzen und warten, bis der Erzieher Zeit hat, es anzuhören und sich mit ihm zu befassen. Vielleicht legt der Gruppenleiter manchmal Papier und Schere zurecht für ein Kind, das gerne einfache Bastelarbeit macht, bevor es zur Schule geht oder während es auf das Frühstück wartet. So manchen Morgen hat er viel friedliche Kinder bei sich in der Küche sitzen und unterhält sich mit ihnen, vielleicht sogar über Probleme, während er das Frühstück fertig macht. Es kann vorkommen, daß der Erzieher sich gleichzeitig mit der ganzen Gruppe und einem Kind im besonderen unterhält, während er mit der Arbeit fortfährt.

Im allgemeinen sollen Kinder bis nach dem Frühstück im Haus bleiben. Für die meisten Kinder ist es zu schwierig, sich zum Frühstück einzustellen und ins Haus zurückzukommen, wenn sie erst einmal draußen sind. Die Erzieher haben festgestellt, daß es meist richtiger ist, vor dem Frühstück über das zu reden, was die Kinder essen möchten oder ihnen Unterhaltung und ruhige Beschäftigung, aber nicht das Spielen außerhalb des Hauses zu erlauben. Ausnahmen bestätigen die Regel:

Toby begann fast jeden Morgen von dem Moment an zu streiten, wenn er erwachte. Sofort begann er, seine Zimmergenossen zu knuffen und zu puffen. Dies verbreitete sich dann leicht auf die anderen Kinder und sogar die Erzieher. Die Erzieherin Mary schlug daher vor, daß Toby zu dieser Zeit besser allein und in einiger Entfernung von der Gruppe sei. Dies war aber innerhalb des Hauses kaum zu arrangieren. Also wurde ihm erlaubt, draußen die Schaukel zu benutzen oder einen bestimmten Baum zu erklettern. Bevor er hinausging, fragte ihn die Erzieherin, was er zum Frühstück haben möchte; damit wollte sie ihm die Rückkehr ins Haus schmackhafter machen. Die anderen Kinder beschwerten sich verständlicherweise, daß Toby Sonderrechte habe. Die Erzieherin setzte ihnen auseinander, daß Toby eben um diese Morgenzeit Verhaltensschwierigkeiten habe und darum möglichst weit von anderen Kindern fort sein müsse. Gleichzeitig gab sie sich besondere Mühe, für die verbleibenden Kinder nette Unterhaltung oder interessante Beschäftigung in der Küche zu finden. So brauchte sich niemand benachteiligt zu fühlen.

Ein anderes gutes Mittel, Kinder morgens im Haus zu behalten, liegt darin, daß man sie nahe um sich, um die Erwachsenen hat, wo man ihre Stimmung beobachten und lenken kann, ehe sie in die Schule gehen. So hat das Kind selbst eine bessere Chance, einen guten Vormittag im Schulzimmer zu haben. Es scheint außerdem, daß die Kinder eine Art Einübung brauchen, ehe sie sich in die noch größere Sozialarena des Schulgeländes begeben. Kinder zeigen zur Frühstückszeit alle möglichen Idiosynkrasien und die Art, wie der Erzieher das Kind handhabt, muß individuell und beweglich genug sein, die verschiedenen Eigenarten zu berücksichtigen, ohne jedoch die Gruppe und deren Tagesroutine zu stören. Einige Beispiele mögen solche Beweglichkeit demonstrieren:

Elias erwachte oft nachts, weil er Alpträume hatte. Als Frühaufsteher war er dann oft verstimmt oder ungehalten, und die Gruppe machte ihn zum schwarzen Schaf. Seine Erzieherin Mary war geschickt genug, sich ihm früh zuzuwenden und ihn sanft in die Realitäten des neuen Tages einzuführen. Seine Vormittage verliefen dann am besten, wenn es ihm gelang, sich morgens schnell anzuziehen und sein eigenes Frühstück vorzubereiten. Scherz und Humor trugen ebenfalls dazu bei, ihn morgens müheloser über die Runden zu bekommen.

Ricky dagegen wollte am Morgen absolut weder mit Kindern noch mit Erwachsenen zu tun haben. Sein Erzieher Bill fand ihn morgens hellwach und im Begriff, auf Kinder und Erwachsene loszugehen. Mit der Zeit fand Bill heraus, daß Rickys Schwierigkeiten am besten durch vorsorgliche Schritte überwunden werden konnten, die schon am Abend vorher vorbereitet wurden: ein Comic-Buch, das er morgens auf seinem Nachttisch finden würde, oder ein Spiel, das er allein spielen konnte. Wenn Ricky sich gar nicht beherrschen konnte, erhielt er Sondererlaubnis, nach draußen zu gehen und sich auszutoben.

Mike ist ein Kind, dem die Morgenroutine gut bekommt. Er geht oft fehlerlos durch die einzelnen Phasen bis zur Schulzeit. Geht jedoch irgend etwas schief, so fällt er auf sehr infantile Verhaltensweisen zurück. Diese Regres-

sion kann jedoch wiederum verhältnismäßig leicht abgefangen werden, indem der Erzieher ein gestrenges Wort spricht.

Mikes Motivation, morgens fehlerlos über die Runden zu kommen, hat vor allem mit dem Frühstück zu tun. Er kocht besonders gern, vor allem Rühreier, und dies hilft ihm oft, sich zurückzuhalten, wenn er mit den anderen Kindern anbändeln möchte. Dieses Kind hat neben den Frühstücksfreuden einige Fernsehprogramme und etliche andere Dinge, die ihm helfen, über die ersten Morgenstunden hinwegzukommen.

Im folgenden ein paar Hinweise für das Frühstück selbst: einige Kinder sagen, sie seien nicht hungrig oder sie weigern sich zu essen. In solchen Fällen hilft es oft, wenn man etwas vorschlägt, was ein Kind jederzeit essen kann, Tee und Toast, Milch und Toast, heiße Schokolade. Dieser Vorschlag vermindert den Widerstand, da die Kinder dies mehr als Imbiß, denn als Mahlzeit betrachten. Die Erzieher haben eine Zeitgrenze festgesetzt; Kinder, die bis dahin nicht da sind, können weder Ei noch andere gebratene oder gebackene Dinge haben, sondern nur noch Cornflakes, Obst oder Toast.

Das Frühstück bietet eine gute Gelegenheit, sich mit den Kindern hinzusetzen und den allgemeinen Tagesablauf zu besprechen. Gar nicht so selten trifft man Kinder, die um diese Tageszeit absolut nichts zu sich nehmen wollen. Im allgemeinen kann man das ruhig gelten lassen. In Anbetracht der Reichlichkeit der Nahrungsmittel, die im Laufe des Tages noch angeboten werden und der Tatsache, daß das Kind früher oder später Hunger haben und ohnehin essen wird, lohnt es sich nicht, eine große Sache daraus zu machen, daß es frühstücken muß.

Das Frühstück ist im allgemeinen ein guter Anzeiger dafür, wie der Rest des Tages verlaufen wird. Die erste Mahlzeit des Tages ist für die Kinder das erste gesellschaftliche Beisammensein und der Erzieher, der sorgfältig beobachtet, kann jetzt schon feststellen, welches der Kinder er für den Rest des Tages besonders im Auge behalten sollte.

Fred kam oft übelgelaunt zum Frühstück hinunter. Wenn er gefragt wurde, was er essen möchte, antwortete er vorwurfsvoll: „Gar nichts!" Dies bedeutete meistens, daß ein Vorfall des Vortages noch ungelöst war und nachwirkte. Ehe die Sache nicht irgendwie bereinigt werden konnte, war Fred weder in der Lage, sein Frühstück zu nehmen, noch zu einer anderen Tätigkeit fortzuschreiten.

Kurz, die Frühstückszeit ist vor allem darum wichtig, weil sie bereits den

Ton setzt, in dem wahrscheinlich die sozialen Beziehungen während des übrigen Tages ablaufen werden.

Fertigmachen für den Schulweg

Wenn die Tagesroutine an diesem Punkt angelangt ist, beginnen die Erzieher, ausgeprägtere Anforderungen an die Kinder zu stellen. Wegen des Zeitfaktors allein ist der Erzieher nun gezwungen, die Kinder zu mahnen, ihr Frühstück zu beenden, ihre Schuhe und Mäntel zu holen usw. Es ist daher entscheidend wichtig, den Kindern klarzumachen, wieviel oder wenig Zeit ihnen noch verbleibt. Ohne Voranmeldung plötzlich auszurufen, daß es nun Zeit ist für die Schule, kann zum Chaos führen. Kinder können oft genug in Rattenfängerart zur Schule geführt werden; es muß nur gelingen, sie an kurzzeitlichen Spielen zu interessieren, die sie bis zur Schultür hin faszinieren. Diese Spiele werden mehr oder weniger, wenn auch in Variationen, immer wieder um das Thema kreisen: „Folge dem Anführer".

Manchmal wird ein Kind früher zur Schule gehen wollen, etwa um dem Lehrer noch eine fertiggestellte Werkarbeit zu zeigen, bevor der Unterricht beginnt. Strukturierte Spiele oder Beschäftigungen vor Schulbeginn helfen den Kindern, sich schon auf den strukturierten Unterrichtsverlauf einzustellen. Wenn ein Kind kurz vor Schulbeginn noch ein langwieriges Projekt beginnen will, so erklärt der Erzieher am besten, daß es richtiger wäre, damit erst nach der Schule zu beginnen, da es vorher doch nicht mehr fertig werden könne und vielleicht sogar nicht zeitig aufhören würde und so zu spät zur Schule käme. Kinder äußern vielleicht auch viele somatische Beschwerden, oft die gleichen, die sie abends beim Schlafengehen vorbrachten. Diesen Klagen begegnet der Erwachsene am besten in beruhigender und ruhiger Weise, ohne sich unnötig besorgt zu zeigen. In diesem Augenblick, vielleicht häufiger als an jedem anderen Punkt der Morgenroutine, muß der Erzieher eine schnelle Entscheidung darüber treffen, ob er das Kind zur Schule gehen läßt oder nicht. Ein paar Beispiele erläutern vielleicht diese Situation:

Dale hatte einen schwierigen frühen Morgen hinter sich und nun war es Zeit, zur Schule zu gehen. Er war in mehrere Raufereien mit seinen Kameraden verwickelt gewesen und war so sehr „in Fahrt", daß der Erzieher glaubte, ihn nicht zur Schule schicken zu sollen, ohne erst herauszufinden, was los war. Dale war gegen diese Gedanken und sagte: „Wenn ich nicht zeitig in die

Schule komme, dann werde ich den ganzen Morgen nichts mehr tun." *Als schließlich alle andern Kinder aus dem Hause waren, begann er zu schluchzen. Er erzählte dem Erzieher, dies sei der Tag, an dem er mit einem hospitierenden Lehrer an seinen Leseschwierigkeiten arbeiten sollte. Dieser neue Lehrer hatte ihm gesagt, er werde seine Stimme auf Band aufnehmen, damit Dale sich selber hören könne beim Lesen. Der Erzieher fragte, ob Dale das überhaupt schon einmal erlebt habe, und die Antwort war „nein". Es kam dann schnell ans Tageslicht, daß Dale sich vor diesem Erlebnis mit dem unbekannten Lehrer fürchtete; er glaubte, seine Stimme werde „komisch" klingen vom Tonband, und darum wollte er die Aufnahmen lieber gar nicht machen. Die anderen Jungen hatten jedoch in der Schule mit dem Tonbandgerät gearbeitet und hatten die Sache interessant gefunden. Dale wollte daher nun auch nicht gern der einzige sein, der sich weigerte. Der Erzieher setzte sich über die Sprechanlage mit dem Lehrer in Verbindung, und sie besprachen Dales Problem miteinander. Der Lehrer sagte, dies sei nicht etwas, was Dale tun müsse, aber es würde ihm wahrscheinlich Freude machen, nachdem er erst einmal ein paar andere Stimmen vom Band gehört hätte. Kurz darauf ging Dale beruhigt zur Schule.*

Hier handelt es sich um ein Problem, das „durchgearbeitet" werden mußte, damit das Kind überhaupt in die Lage versetzt wurde, nutzbringend die Schule besuchen zu können. Im allgemeinen schicken wir jedoch die Kinder im Vertrauen darauf, daß die Schulroutine, die Anwesenheit des Lehrers und die Aufgaben, die sich aus dem Unterricht ergeben, genug sind, dem Kind die Anpassung an den Schultag zu ermöglichen.

Timmy war vor dem Frühstück unruhig in der Gruppe umhergelaufen. Es war Montag, und am Wochenende hatte er mit zweien seiner Zimmergenossen viel Streiterei gehabt. Es erhob sich die Frage, ob es sinnvoll sei, Timmy an diesem Vormittag zur Schule gehen zu lassen. Sein Erzieher John meinte, wir sollten es versuchen, da Timmy eine so gute Beziehung zu seinem Lehrer habe. Wir entschlossen uns also, ihn gehen zu lassen. Timmy drohte auf dem ganzen Weg scherzhaft, er werde wer weiß was anstellen, „die Fenster einschlagen, alles in Stücke werfen..." In dem Moment jedoch, wo er die Schwelle überschritten hatte, hing er ruhig seinen Mantel auf und beteiligte sich an dem, was die Klasse gerade tat.

In diesem Falle war das Schulzimmer für das Kind eine willkommene Abwechslung von dem anstrengenden Leben im Heim; darum wollte er gerne zur Schule gehen. Hätte man entschieden, ihn im Heim zu behalten, wäre es wahrscheinlich zu einem Wutanfall gekommen.

Zusammenfassung

Wir haben also gesehen, daß das Aufstehen am Morgen eine erste Umstellung von der Traum- und Ichwelt auf die Belange der Realität verlangt. Um diese Umstellung zu erleichtern, haben wir individuelle Hilfen geleistet, ohne dabei die Gruppenroutine und den Tagesablauf zu unterbrechen; denn diese dienen dazu, dem Kind über die ersten Anforderungen des Tages hinwegzuhelfen, und zwar mit einem Minimum an Problemen und Aufregungen. Wir stützen uns auf die Regeln, Routinen und Aktivitäten sowie auf die persönlichen Beziehungen zum Kind; auf diese Weise helfen wir ihm, die notwendigen Phasen und Umstellungen am frühen Morgen zu durchlaufen. Regeln sollen einfach und direkt sein; sie müssen es ermöglichen, daß jeder zu seinem Recht kommt, ohne viel Fragen oder Erläuterungen. Es ist z. B. gut, feste Plätze vor dem Fernseher anzuweisen, damit die Kinder sich nicht jeden Morgen darüber auseinandersetzen, wer wo sitzen darf. Obwohl Kinder lernen müssen, solche Dinge selber untereinander auszuhandeln, so ist doch die frühe Morgenstunde nicht die Zeit, sie sich selbst zu überlassen oder durch „Lektionen" die üblichen Morgenprobleme unnötig zu verstärken. Alle Regeln sollen vornehmlich diesem Zweck dienen, nämlich ein Gerüst darzustellen, in dessen Rahmen jedes Kind vom ersten Erwachen bis zum Schulbeginn Stütze und Weisung findet. Frische Kleidung z. B. wird täglich zur gleichen Zeit bereitgehalten, Zahnbürste, Zahnpasta und Seife stehen immer zur Verfügung.

Manche der inoffiziellen Routinen, wie etwa die ungezwungene Unterhaltung, die der Erzieher morgens mit den Kindern führt, stellen einen wichtigen Bestandteil des Tagesablaufs dar. Im Verlauf des Vormittags werden die Regeln immer flexibler, dem Kind zunehmend Wahlfreiheit gewährend. Beim Frühstück kann es sich z. B. die Dinge ganz oder teilweise selbst zubereiten oder nur dem Erzieher sagen, was es haben möchte. Wir haben erkannt, daß ein Zeitplan für den Morgen und die gleichmäßige Wiederholung dessen, was erwartet ist und getan wird, den Kindern sehr dienlich ist und ihnen hilft, mit den Anforderungen fertigzuwerden. Ein besonderer Vorteil regulierter Abläufe liegt darin, daß die Anordnungen nicht immer wieder vom Erzieher kommen müssen, sondern einfach in der Routine vorgegeben sind. Wenn einem Kind etwas untersagt werden muß, so offenbar darum, weil sein Verhalten nicht in die vorgeschriebene Struktur des Tagesablaufes paßt und nicht etwa, weil der Erzieher es nicht ausstehen kann.

Aktivitäten sind eine dritte und ebenfalls entscheidende Hilfe, wenn es darauf ankommt, die Dinge zu einem glatten Verlauf zu bringen. Sie sollten einfach und nicht zu anstrengend sein. Sie sind am besten so beschaffen, daß der Erzieher im Mittelpunkt steht und nicht alle Kinder miteinander in Verbindung gesetzt werden. Der frühe Morgen eignet sich nicht für Massenunternehmungen. Wenn eine Aktivität im Zusammenhang mit einer Routine zur Anwendung kommt – etwa beim Anziehen – so kann ein einfaches Stoppuhrspiel dazu dienen, das Kind müheloser an den Punkt zu bringen, wo es fertig und bereit ist, sich an den Frühstückstisch zu begeben. Schließlich können kleine Spiele auch dazu verwandt werden, die Kinder ohne großes Durcheinander von einem Raum im Heim zu einem anderen zu führen. So kann ein „Folge-mir"-Spiel leicht eine Gruppe vom Heim zur Schule bringen. Obwohl der frühe Morgen die kürzeste Phase des Tages ist, kann er für den ganzen restlichen Tag von entscheidendem Einfluß sein. Im Gegensatz zum Abend, wo wir bemüht sind, das Kind langsam aus seinen sozialen Beziehungen zu lösen, seine Widerstände zu reduzieren und sich auf den Schlaf vorzubereiten (Trieschman, Paradise und Segal, 1967), bemühen wir uns morgens, das Kind schrittweise in die Welt seiner Spielkameraden, der Erwachsenen und der Schule zurückzubringen, die alle Anforderungen an es stellen.

Es ist daher wichtig, daß durch den Einsatz von Regeln, Routinen und Aktivitäten dem Kind Hilfsmöglichkeiten geboten werden, die es ihm ermöglichen, wenigstens mit einigen seiner Probleme aus eigener Kraft fertigzuwerden.

Literatur

Bettelheim, Bruno: Love is not enough. Hier besonders: From dreams to waking. Glencoe, Ill.: Free Press, 1950; dt. Liebe allein genügt nicht. Stuttgart: Klett, ²1971.

Redl, Fritz: What do we do about the facts of life? In: When we deal with children (von Fritz Redl). Glencoe, Ill.: Free Press, 1966.

Ders. und David Wineman: The aggressive child. Glencoe, Ill.: Free Press, 1957; dt. Steuerung des aggressiven Verhaltens beim Kind. München: Piper, in Vorbereitung.

Trieschman, A. E., J. Paradise und R. L. Segal: Bedtime management in a children's home. In diesem Buch und in: Mental Hygiene, 51 (2), 1967, S. 209-220.

5. Die Mahlzeiten

Albert E. Trieschman
James K. Whittaker

Die Mahlzeiten geben einzigartige Gelegenheiten für nahes Zusammenwirken zwischen Kindern und Erziehern im Heim. Das Essen vollzieht sich oft
in informellen Gruppierungen und bei besonderer Entspanntheit. Man sitzt
um den Tisch und unterhält sich über Pläne, teilt Sorgen miteinander, erfreut
sich der gegenseitigen Gesellschaft. Aber selbst in „normalen" Familien gibt
es hier große Variationsbreiten, besonders hinsichtlich der Rolle der Kinder
bei Tisch. Die Vorkommnisse und Einstellungen bei Tisch werden um so
komplizierter, je mehr es im Kreise der Familie gestörte Mitglieder gibt. In
solchen Familien können die Tischzeiten den Tiefpunkt des Tages darstellen,
da sich Kinder und Erwachsene nun auf engem Raum nahe sind. Anstatt den
Mahlzeiten mit Freude entgegenzusehen, werden sie bei diesen Familien mit
Schrecken erwartet. Es gibt zu viele bekannte Geschichten darüber, wie am
Tisch die Eltern untereinander und mit den Kindern streiten. Geschwister-
rivalitäten und das Vorgezogenwerden des einen oder anderen Kindes führen oft zu dramatischen Auseinandersetzungen. In unvollständigen Familien
wird die Abwesenheit eines Elternteils bei der Mahlzeit besonders deutlich
spürbar. Es ist viel über die pathologischen Symptome geschrieben worden,
die sich in den Eßgewohnheiten äußern, aber es gibt fast nichts darüber, wie
die Tischzeiten in Heimen zu gestalten sind. Wir wollen in diesem Kapitel
besonders darüber sprechen, wie die Tischzeiten im Heim zu einem therapeutischen Werkzeug gemacht und optimal ausgenutzt werden können.

Das Personal in einem Heim, besonders die Erzieher, die ja den Kindern
physisch am nächsten sind, sind sich meistens sehr bald der Bedeutung bewußt, die Essen und Mahlzeiten für ein besonderes Kind haben. In ihren
Berichten beschreiben sie oft, wie ein Kind sich weigert, an den Tisch zu kommen. Wenn es endlich da ist, neigt es dazu, zu streiten, zu wenig zu essen,
zu viel zu essen, schlechte Manieren zu demonstrieren, viel mehr auf den
Teller zu laden als es essen kann, mit dem Essen herumzuspielen oder Teller

und Besteck herumzuwerfen. Ein Teil dieses Verhaltens kann auf die Furcht zurückgeführt werden, die das Kind davor empfindet, mit einer Gruppe relativ Fremder essen zu müssen. Aber ein Großteil dieses schlechten Betragens kann jederzeit auftreten, wenn emotionell gestörte Kinder im Heim um einen Tisch versammelt sind.

In diesem Abschnitt befassen wir uns zunächst mit der Aufgabe, die dem Kind durch die Mahlzeit gestellt ist. Der Einfachheit halber haben wir sie in drei Teile eingeteilt: 1. Der Übergang von Aktivsein zum Sichhinsetzen; 2. Nahrung – ihre Bedeutung beim Entgegennehmen, Umgehen, Weiterreichen, Gebrauch von Geschirr und Besteck; 3. die Mahlzeit beenden. Nach der Besprechung dieser Fragen werden wir uns damit befassen, welche therapeutische Einflußnahme dem Erzieher zur Verfügung steht, während er mit den Kindern zu Tisch sitzt. Die Anforderungen, die Mahlzeiten an Kinder stellen, und die Einflußnahme der Erwachsenen, die wir hier zur Sprache bringen, beziehen sich hauptsächlich auf unsere Erfahrungen im Walker Home, wo wir vor allem mit charakterlich gestörten Jungen im Alter der Vorpubertät zu tun haben. Der dritte und letzte Abschnitt wird eine Anzahl von Anregungen bringen und beschreiben, die sich für uns als besonders praktisch und günstig erwiesen haben.

Die Anforderungen während der Mahlzeit

Der wohlbekannte alltägliche Vorgang des Zutischsitzens ist, genau betrachtet, ein komplexer Akt, besonders für Kinder mit einem geschädigten Ego. Ihre Probleme spitzen sich dadurch zu, daß sie sich im Heim in der Gesellschaft anderer gestörter Kinder befinden, um nur einen der vielen Unterschiede herauszuheben, der zwischen Heim und Familie besteht.

Während Mahlzeiten eine Fülle therapeutischer Möglichkeiten bieten, kann das Hauptproblem darin bestehen, das Kind überhaupt an den Tisch zu bringen. Die erste Anforderung besteht darin, daß es seine angenehme Betätigung abbrechen soll, wenn die Glocke zu Tisch ruft. Der Erzieher bekommt dann etwa zu hören: „Na und, wenn sie schon läutet! Ich will sowieso nichts essen"; oder: „Geh du schon, ich komme gleich nach." Was wir als Gefallen dem Kind gegenüber empfinden, wird leicht zum Anlaß für einen Machtkampf. Der Erzieher ist klug, wenn er versucht, eine große Konfrontierung zu vermeiden und sich statt dessen der Übergangsaktivitäten (s. Kapitel 3, S. 130 f.) oder bestimmter Spiele zu bedienen (s. Kapitel 4, S. 153 ff.). So wird es ihm eher gelingen, die Kinder von einer Tätigkeit zur anderen zu leiten. Während wir im allgemeinen Beweglichkeit anstreben, erscheint uns doch, daß feste Mahlzeiten unerläßlich sind, da sie geregelte Anhaltspunkte darstellen, um die herum sich dreimal täglich die Tätigkeiten der Kinder gruppieren. Programme, an diesen festen Punkten orientiert, werden Teil des therapeutischen Milieus. Die Gewißheit, regelmäßig etwas zu essen zu bekommen – die viele Kinder vorher nie gekannt haben –, bietet starke emotionelle Unterstützung. Die Austauschbarkeit von Nahrung und Liebe in unserer Kultur sorgt für die positiven Werte und Aspekte bei der Ernährung der Heimkinder.

Der Übergang von Schule oder Spiel zur Mahlzeit stellt dennoch eine schwierige Anforderung dar; zwischen dem Verlassen des Ballspiels und dem Erreichen des Speisezimmers kann das Kind in mehrere Streitigkeiten verwickelt oder zu einer Dummheit verführt werden. Es gibt allzu viele Reize, denen es zum Opfer fallen kann. Spiele, besonders die früher erwähnten vom Typ „Folge dem Anführer" können hier von Nutzen sein. Es gibt aber auch Strukturen und Spielregeln, mit denen man die Übergangsphasen ausfüllen kann. So werden z. B. Spiel- oder Sportgeräte an den Platz gebracht, Mäntel aufgehängt, Hände gewaschen, die Kinder zur Toilette geschickt; alle diese Tätigkeiten dienen als Markierung, die anzeigen, daß die Spielzeit vorüber ist und die Mahlzeit bald beginnt.

Wegen ihrer Regelmäßigkeit dienen diese Vorgänge als von außen wirkende Steuerung, die es den Kindern erleichtert, zeitig im Speisezimmer zu sein. Die größeren Speisesäle haben oft beängstigenden Charakter für manche Kinder; es sollte dafür gesorgt werden, daß sie den Saal ohne Angst, mit dem Gefühl, vom Erzieher beschützt zu werden, betreten können. Das erregte oder ungezügelte Kind wird besser erst beruhigt; denn wenn es seine Erregung in die Nähe so vieler anderer Kinder bringt, kommt es sicher zu großen Auseinandersetzungen. Die Erzieher sollten in diesen Augenblicken ihren Kindern nahe sein, damit sie die Dinge übersehen und lenken können. Sich an den Tisch zu setzen ist ein Akt, der unseren Kindern körperlich und seelisch schwerfällt. Dies wird dadurch noch schwieriger, daß sie manchmal warten müssen, bis das Essen wirklich beginnen kann. Die anderen anwesenden Kinder werden leicht als Bedrohung empfunden. Die normalen sozialen

Mechanismen (Freude an der Unterhaltung z. B.), die anderen die Wartezeit verkürzen, stehen diesen Kindern nicht zur Verfügung. Die Tagesvorfälle waren vielleicht zu schmerzlich, um als Gegenstand der Unterhaltung dienen zu können. Dazu kommt, daß „Gespräch" kaum die Form ist, in der impulsive, hochaggressive Kinder ihren inneren Ängsten Ausdruck verleihen. Die Hauptverantwortung dafür, daß das Kind zu dieser Zeit keinem unnötig starken Streß ausgesetzt wird, liegt beim Erzieher. Er sorgt dafür, daß das Essen prompt auf den Tisch kommt, daß der Geschmack des einzelnen Kindes weitestmöglich berücksichtigt wird und daß die Kinder versichert werden, daß von allem genug vorhanden ist für alle.

Die zweite Anforderung, die bei Tisch an das Kind gestellt wird, besteht im Annehmen, Handhaben, Weiterreichen und Essen der Nahrungsmittel. Für viele Kinder bedeutet das reine Entgegennehmen des Essens einen angsterregenden Vorgang. Unbewußte Zusammenhänge mit dem Abhängigsein von Erwachsenen werden hier lebendig. Die Lebensphilosophie und Atmosphäre des Heimes hinsichtlich der Begriffe „Geben", „Ernähren" und „Nehmen" kommen ins Spiel, wenn das Kind vom Erwachsenen die Nahrung entgegennimmt. Im wesentlichen fragt das Kind wortlos: „Du gibst mir dies alles – und was erwartest du, daß ich dafür tun soll?" Für Kinder, deren Eltern die Nahrung als Mittel zum Zweck verwandten, um sie zu manipulieren, zu belohnen oder zu „bestechen", kann es leicht dazu kommen, daß ihre Phantasie ihnen Riesenforderungen vorspiegelt, die der Erzieher an sie stellen wird. Das erzeugt entsprechende Angstgefühle. Viele neu ankommende Kinder essen anfangs nur sehr wenig oder gar nichts. Andere gehen der Sache aus dem Wege, indem sie bei Tisch nichts essen, aber sich sonst auf alle mögliche Weise Eßbares zu verschaffen suchen. Die gleiche Angst steckt dahinter, wenn wiederum andere Kinder darauf bestehen, ihr Essen selbst auf den Tisch bringen oder allein essen zu wollen.

Lebensmittel und Geschirr stellen für manche Kinder einen starken Reiz dar; wir kennen alle nur zu gut die Geste, mit der ein Kind Messer und Gabel drohend auf ein anderes Kind richtet. Weniger bekannt ist uns der Anreiz, den andere Dinge für das Kind bieten. Die Kanne, den Salz- oder Pfefferstreuer usw. bedenken wir weniger – dabei würden wir gewiß keinen Farbeimer und keine Puderdose in der Nähe dieses Kindes lassen! Besondere Assoziationen und doppelsinnige Bedeutungen können so geläufigen Essensbegriffen wie „Fleisch", „heiße Wurst" oder „Erbsen" beigelegt werden, und die ganze Gruppe läßt sich nur zu gerne mitreißen, falls dieses Spiel erst einmal anfängt. Deswegen können natürlich diese Gegenstände und Worte nicht eliminiert werden, aber der Erzieher sollte sich doch wenigstens aller dieser Möglichkeiten bewußt sein und wissen, was in den Kindern vorgeht. Neue und ungewohnte Gerichte werden nicht selten mit Abscheu oder Hohn begrüßt. Der Erzieher sollte versuchen, sie zu beschreiben, aber ohne sie zu stark anzupreisen.

Die letzte Forderung an das Kind besteht darin, daß es die Mahlzeit beenden soll. Einige Kinder finden größtes Vergnügen an Tischspielen, die damit enden, daß sie Essensreste in der Gegend herumwerfen. Andere Kinder sind immer langsam darin, eine Mahlzeit zu beenden. Dagegen gibt es einige, die fertig sind, noch ehe der Erzieher seinen ersten Bissen zu sich genommen hat. Der vorsichtige Gebrauch von Tischspielen, Unterhaltung oder kleinen Tischroutinen dürfte helfen, diese zeitlichen Unterschiede auszugleichen. Ein Kind mag Erlaubnis erhalten, den Speisesaal zu verlassen, wenn es seine Mahlzeit beendet hat, aber es darf ihn nicht wieder betreten, und das kann zum Problem werden:

Jerry schlang oft sein Essen in größter Eile herunter und bat um Erlaubnis, den Tisch zu verlassen. Er stürzte dann in größter Hast ins Wohnzimmer oder nach draußen, nur um zwei Minuten später wieder im Speisezimmer aufzutauchen und zu erklären: „Da ist nichts zu tun." Dann versuchte er oft, die anderen ins Spiel zu ziehen, indem er sie knuffte, ihre Stühle unter ihnen fortzuziehen versuchte usw. Die Erwachsenen besprachen nun, zusammen mit Jerry und seinen Tischgenossen, die Nährwerte einer Mahlzeit, im wörtlichen und im übertragenen Sinne: wie man beim Essen miteinander Zukunftspläne besprechen, sich gegenseitig aufheitern oder ein Tischspiel machen kann usw. Für Jerry wurde ein besonderes Arrangement ausgearbeitet, dementsprechend er mit dem Aufräumen beginnen sollte, um danach für Nachtisch und Unterhaltung wieder an den Tisch kommen zu dürfen. Dies gab ihm die nötige Bewegungsfreiheit innerhalb der geltenden Tischregeln.

Die Erzieher bemühen sich, das nahe Ende der Mahlzeit ebenso deutlich anzuzeigen, wie sie den Beginn derselben voranmelden. Die Kinder müssen jeweils um Erlaubnis bitten, vom Tisch weggehen zu dürfen. Nach der Mittagszeit haben sie fünf bis zehn Minuten Zeit, um in ihren Schlaf- und Wohnzimmern Ordnung zu schaffen. Um das Ende der Mahlzeit ganz deutlich zu machen, ist es nicht erlaubt, daß Eßbares aus dem Speiseraum mitgenommen wird. Die Kinder werden laufend darüber orientiert, wieviel Zeit ihnen bis zum nächsten Tagesabschnitt noch verbleibt („In einer halben Stunde fängt die Schule wieder an"); man hilft ihnen, Beschäftigungen zu finden, die nicht mehr als die verbleibende Zeit in Anspruch nehmen. Es wird kein Druck ausgeübt, an bestimmten Spielen oder Betätigungen teilzunehmen. Manche verbringen diese Zeit gerne mit Lesen oder dem Schreiben eines Briefes. Nachdem wir die Anforderungen besprochen haben, die die Mahlzeiten an das Kind stellen, wenden wir uns nun einer Besprechung der therapeutischen Beeinflussung zu, die während der Tischzeiten ausgeübt werden kann.

Therapeutische Beeinflussung

Der Erzieher muß sich hinsichtlich der Tischzeiten ganz bestimmte Ziele setzen. Er möchte erreichen, daß die Kinder an den Tisch kommen und gerade soviel oder wenig zu sich nehmen, wie ihnen am besten bekommt. Er möchte in der Lage sein, gleichzeitig seine eigene Mahlzeit zu sich zu nehmen. Es liegt ihm daran, daß dies alles mit einem Minimum an Aufregung, Unterbrechung und Durcheinander zustande kommt. Er möchte ferner die Kinder Tischmanieren lehren und sie vielleicht an Gerichte gewöhnen, die ihnen bisher unbekannt waren. Es kann auch sein, daß er diese Gelegenheit, bei der er seine Gruppe ganz beieinander hat, dazu nutzen möchte, weitere Tagespläne oder Schwierigkeiten, die sich neuerlich in der Gruppe gezeigt haben, zu besprechen. Um solche Ziele annähernd erreichen zu können, muß am Tisch einigermaßen Ruhe und Ordnung herrschen.

Die Rolle des Erziehers bei der Verhaltenslenkung – die Techniken, die er anwendet – sollen in fünf getrennten, aber doch ineinander übergehenden Abschnitten besprochen werden: Struktur, Regeln, Techniken zur Handhabung von Ausbrüchen, das Einüben von guten Umgangsformen und der Einsatz verschiedener Aktivitäten.

Struktur

„Ansteckung" kann bei Tisch eine große Rolle spielen; um Probleme von vornherein soweit wie möglich zu vermeiden, sollten daher die Plätze sorgfältig angewiesen werden. Dabei muß berücksichtigt werden, welchen Einfluß die Kinder aufeinander haben, wer sich leicht beeinflussen läßt, wer besonnen ist usw. Wenn beispielsweise ein oder zwei Kinder besonders guten und führenden Einfluß auf die Gruppe haben, sollten sie so gesetzt werden, daß sich ihr Einfluß maximal geltend machen kann.

Es muß auch bedacht werden, wie weit oder wie kurz die Entfernung eines jeden Kindes vom Erzieher sein sollte, manche Kinder brauchen seine Hilfe. Manchmal ist es gut zu vermeiden, daß Freunde bei Tisch nebeneinander sitzen. Die Sitzverteilung hat auch indirekte Auswirkungen. Die Kinder sind sich der Sitzordnung und der Bedeutung der Plätze durchaus bewußt; wenn daher z. B. eines als „geheilt" aus dem Heim entlassen wird und das nächste an seinen Platz rückt, so übernimmt das neue Kind einige der „Pflichten" des früheren Kindes. Dies beobachten wir auch dann, wenn fast alle Sitze neu arrangiert und verteilt werden, um ein neues Kind oder eine neue Situation einzuführen.

Regeln

Regulierungen, die das Essen betreffen, sind im allgemeinen nicht schriftlich niedergelegt und kodifiziert. Sie werden vielmehr den Kindern vom Erzieher mündlich als „Anordnungen" mitgeteilt. Sie beinhalten meist die üblichen Tischmanieren der Familie. Sie sollen die Ablenkungen reduzieren, denen Kinder bei Tisch ausgesetzt sind. Zunächst, mit Ausnahme von Krankheitsfällen, sind alle Kinder verpflichtet, in den Speiseraum zu kommen, auch dann, wenn sie nicht essen wollen. Dies wird den Kindern so erklärt: die Erzieher müssen von jedem Kind immer wissen, wo es ist, damit sie es beschützen können; während des Essens können sie also ihre Pflicht nur dann voll erfüllen, wenn alle Kinder mit am Tisch sind. Wenn ein Kind aus irgendeinem Grund zu aufgebracht ist (Furcht, Zorn), ins Speisezimmer zu kommen, so bleibt ein Erzieher bei ihm, bis es sich beruhigt hat. In diesem Falle ißt das Kind, nachdem die andern fertig sind. Auf keinen Fall wird einem Kind die Mahlzeit vorenthalten, weil es erregt war.

Andere „Regeln" beziehen sich auf Zurufe von einem Tisch zum andern, auf Aufstehen während der Mahlzeit und auf die Art, wie Nahrung aufgenommen wird. Für einige Kinder muß der Erzieher die Speisen vorlegen und mundgerecht machen. In dem Maße, in dem das Kind anpassungsfähiger und geschickter wird, lernt es, sich selbst zu bedienen, ohne alles zu verschütten oder fallen zu lassen. Bis es dazu fähig ist, kontrolliert der Erzieher den Bedienungs- und Essensvorgang. Die Kinder bringen die Gerichte auf den Tisch und wechseln sich ab im Tischdecken. Dies geschieht freiwillig, und es wird seitens des Erziehers keine große Sache daraus gemacht, wenn ein Kind nicht helfen möchte. Die Gruppe übt meistens genügend Druck aus. Im allgemeinen tun die meisten Kinder diese Arbeit ohnehin gern und freiwillig. Die Tischatmosphäre ist nicht von strikter Disziplin gekennzeichnet, aber der allgemeine Ton ist kontrolliert, und der Erzieher bleibt im Mittelpunkt des Interesses.

Taktiken zur Handhabung von Temperamentsausbrüchen

Wie früher schon gesagt wurde, ist unser Hauptaugenmerk darauf gerichtet, Temperamentsausbrüche zu vermeiden, d. h. gar nicht erst zustande kommen zu lassen. Es zeigt sich in vielen Fällen, wenn man nachträglich die Etappen zurückverfolgt, daß die Ausbrüche bei Tisch hätten verhindert werden können, zumindest in dem Sinne, daß sie abseits vom Tisch hätten verlaufen können. In solchen Fällen zeigt es sich, daß vor der Tischzeit Anzeichen übersehen oder ungelöste Restprobleme nicht beachtet wurden, die man vorher hätte in Ordnung bringen können. Im Walker Home benutzen wir weitgehend die Techniken, die Redl beschrieben hat. Wir legen allerdings etwas mehr Betonung auf den Gebrauch des Drucks, den die Gruppe selbst ausübt. Zum Beispiel:

Ben konnte sein Fleisch nicht schnell genug schneiden und fing an, zornig herumzufuchteln. Der Erzieher bot an, ihm zu helfen, aber das machte Ben nur noch wütender; er schrie: „Ich bin doch kein verdammtes Baby! Ich will es selbst machen; laß mich in Ruhe!" Der Erzieher wandte sich an Jerry und bat ihn, er möge doch Ben mal erzählen, wie es ihm ergangen sei, als er zuerst ins Heim kam. Das tat Jerry und dann sprach auch Dan von sich aus; beide Jungen erklärten Ben, daß die Erzieher einem helfen können zu lernen, wie man alles selbst machen kann. Nachdem der Erzieher dann doch das Fleisch für Ben zurechtgeschnitten hatte, ging die Unterhaltung noch immer über das weiter, was die Jungen alles gelernt hatten, seit sie hierhergekommen waren.

Bei einer anderen Gelegenheit versuchte Ted, John damit zu reizen, daß er
mit seinem Essen sexuelle Betätigung nachahmte und gleichzeitig entspre-
chende Bemerkungen machte. Keiner von beiden hörte auf die Mahnung des
Erziehers. Sie redeten sich gegenseitig in Fahrt. Der Erzieher machte dann
die Gruppe darauf aufmerksam: „Was wird passieren, wenn die beiden so
weitermachen? Alle werden sich aufregen und so mit hineingezogen; einige
werden die Selbstkontrolle verlieren und vom Tisch gewiesen werden, und nach
dem Essen wird dann niemand in guter Stimmung sein. Was wollt ihr tun?"
Alan sagte Ted, es sei Zeit, das Spiel abzubrechen, und dann äußerten sich
auch die anderen Jungen und wiesen Ted darauf hin, daß sie alle gleich nach
dem Essen an der Festung weiterbauen wollten, er solle daher lieber „keine
Geschichten machen".

Wenn ein Kind vom Tisch geschickt werden muß, finden wir es oft nicht
leicht zu entscheiden, welches es sein soll. Da schlechtes Betragen bei Tisch
fast immer ansteckend wirkt, muß man oft zwischen dem ursprünglichen Anstifter und dem jetzigen Anführer wählen. Das ist darum wichtig, weil in
den Augen der Gruppe der letztere als das „Opfer" des ersteren betrachtet
wird. Der Anstifter sitzt scheinheilig da und genießt seine Mahlzeit, aber die
Gruppe weiß genau, daß er der Schuldige ist. Wenn der falsche Junge hinausgeschickt wird, macht das die ganze Gruppe rebellisch.

Lehren

Der Hauptzweck, Kinder bei Tisch zu erziehen, besteht nicht darin, sie „ge-
sellschaftsfähig" zu machen, sondern ihnen Fertigkeiten zu vermitteln, die
ihr Ego stärken. Daß ein Kind lernt, andere freundlich um das Anreichen der
Schüsseln zu bitten, anstatt lauthals danach zu verlangen oder quer über den
Tisch zu reichen, ist darum wichtig, weil es auf diese Weise für sich selbst
weniger Widerstand und negative Reaktionen verursacht. Ein anderes Beispiel liegt im richtigen Gebrauch des Bestecks; mit den Fingern zu essen mag
leichter sein, aber der Gebrauch von Messer und Gabel ist in den Augen der
Tischgenossen entschieden angenehmer, und sie werden das Kind eher akzeptieren. Jede Fertigkeit, die das Kind zu meistern gelernt hat, fördert sein Ich
und damit seine Reife und sein soziales Verhalten. Wir halten viel von einer
beweglichen Art des Lehrens, die so wenig Zwang ausübt wie möglich. Be-

vor die Kinder zu Tisch kommen, waschen sie ihre Hände; selbst dazu bedürfen sie oft der Hilfe, die ihnen auch immer gern gewährt wird. Wie das bei Knaben in der Vorpubertät zu erwarten ist, sind die Hände keineswegs immer sauber, wenn das Kind am Tisch erscheint. Es wird trotzdem nicht automatisch wieder fortgeschickt, sondern der Erzieher erwägt zunächst sorgfältig, ob es genug Selbstkontrolle besitzt, um ohne großes Theater zurückzugehen und mit sauberen Händen wiederzukommen. Oft genug fällt die Entscheidung dahingehend aus, die schmutzigen Hände zu übersehen. Vieles wird durch Vormachen gelehrt; der Erzieher bittet z. B. betont höflich um das Anreichen des Salzes, der Schüsseln usw. und vergißt dabei nie ein deutliches „Bitte" und „Danke". Andere Dinge werden auf spielerische Weise eingeübt. Ein Beispiel:

Herr R., der zum Heimteam gehört, aber selten mit den Kindern ißt, setzte sich mit an den Tisch und begann zu essen. Daraufhin rief John laut: „Servietten!" Mr. R., der nicht wissen konnte, was das bedeuten sollte, aß ruhig weiter. Ich wartete mit einiger Spannung darauf, was John nun tun würde. Er sagte in leicht scherzhaftem und ziemlich erwachsenem Ton: „Herr R., man breitet seine Serviette aus, bevor man zu essen beginnt. Sie haben meinen Wink verpaßt." Alle lachten.

Eine Mahlzeit zusammen mit anderen einzunehmen ist etwas, was man bei Tisch lernen sollte. Während man sich darauf konzentriert, Umgangsformen zu lernen, werden störende Einflüsse reduziert, und dadurch wiederum kann der Hunger schneller und angenehmer gestillt werden. So wird den Kindern geholfen, Ablenkung und potentielle Streitigkeiten auf ein Minimum zu beschränken.

Aktivitäten

Eine andere Methode, die dazu beiträgt, Unannehmlichkeiten bei Tisch so weit wie möglich zu vermeiden, sind die Aktivitäten, die am Tisch durchgeführt werden können. Wenn zwischen den Gängen Pausen entstehen, die die Kinder ungeduldig machen und zum Streiten oder zu anderem Unsinn verleiten könnten, so sind vor allem Wortspiele, die keiner körperlichen Bewegung bedürfen, gute Lückenbüßer. Sie bieten gleichzeitig Gelegenheit, den Wortschatz und das Wissen zu verbessern. Um Frustrationen zu vermeiden, sollten diese Spiele fast oder ganz wettbewerbsfrei sein. Für viele Monate waren die Kinder von dem Spiel fasziniert, Tiernamen zu finden zu Anfangsbuchstaben, die entweder der Erzieher oder ein Kind vorschlugen. Dieses Spiel wurde in immer neuen Variationen wiederholt, und die Kinder lernten spielend nicht nur die Namen vieler Tiere, sondern auch den Unterschied zwischen Reptilien, Säugetieren und anderen Klassifikationen. Zahlenspiele können in ähnlicher Weise dienen; einige werden eigens zu diesem Zweck von unseren Mathematiklehrern entworfen, damit das im Unterricht Gelernte verfestigt werden kann.

Geschichtenerzählen ist eine andere Lieblingsbeschäftigung und darum besonders wertvoll, weil es alle Aufmerksamkeit auf den Erzieher lenkt und die Unruhe unter den Kindern auf ein Minimum reduziert. Geschichten, die sich auf frühere Heldentaten und Vergehen beziehen, werden oft dazu benutzt, den Jungen klarzumachen, wie es dazu kam, daß sie in einem Heim sind, daß sie der besonderen Hilfe bedürfen und was es jeweils ist, das zu den Schwierigkeiten außerhalb und innerhalb des Heimes führt. Auf manche Weise gibt die Tischzeit dem Erzieher die beste Gelegenheit des Tages, sein „Publikum" ganz zu faszinieren und ganz zu erreichen. Die Anstrengung oder Spannung, die oft mit Diskussion, Lernen und Selbstprüfung verbunden ist, wird durch die gleichzeitige orale Befriedigung des Essens weitgehend ausgeglichen. Oft genug kann man das, was am Tisch vor sich geht, mit Dingen vergleichen, die es sonst nur im Zusammenhang mit Gruppentherapie gibt. Wenn dies der Fall ist, dann kann man sagen, daß von der Mahlzeit therapeutisch optimal Gebrauch gemacht wurde.

Vorschläge:

Dieser Abschnitt soll ein paar Hinweise geben auf Techniken, die unsere Erzieher als nützlich erkannt haben für das Verhalten bei Tisch:

1. Der Erzieher kann gute Tischsitten vor allem durch sein eigenes Beispiel „lehren". Dies ist leichter gesagt als getan. Erzieher sind unter Druck, überarbeitet und haben oft ein „Gefühlstief" zur Tischzeit. Wenn sie ihrer eigenen Ernährung zuviel Sorgfalt schenken, so kann dies bei den Kindern ängstliche Reaktionen auslösen. Am richtigsten hat sich erwiesen, die allgemein üblichen Tischgewohnheiten einzuhalten, und es ist gut, wenn der Erzieher

erst zu essen beginnt, nachdem alle Kinder etwas auf dem Teller haben und selbst mit ihrer Mahlzeit zurechtkommen können.

2. Der Erzieher sollte sich versichern, daß jedes Kind das auf dem Teller hat, was es zu essen wünscht; dann erst sollte er an die eigene Mahlzeit denken. Er sollte die Kinder nach Möglichkeit selbst bedienen, denn wenn einige von ihnen schon den ganzen Vormittag mit den Kameraden auf Kriegsfuß gestanden haben, so wollen sie sich von ihnen nicht helfen lassen. Bei impulsiven oder aggressiven Kindern kann man nicht erwarten, daß eins fürs andere den gefüllten Teller entgegennimmt und „brav" weiterreicht!

3. Vor dem Beginn der Mahlzeit sollten alle Gegenstände vom Tisch geräumt sein, die Kinder auf dumme Ideen bringen können: die Papierhüllen von Strohhalmen, Brotmesser, Topfdeckel, zerbrechliche Glaswaren, scharfe Gewürze usw.; sie tragen nicht zur Tischdekoration bei, sind aber oft der Anreiz zu Unfug, der dann nur schwer zu bremsen ist.

4. Wenn die Kinder das Eßzimmer betreten, ist es gut, schon Erzieher im Raum zu haben; denn es ist besser, Kinder nicht mit den gedeckten Tischen allein zu lassen.

Ray schnappte heute eine Scheibe Schinken von der Platte, ehe die Mahlzeit begonnen hatte, und das rief einen einzigen Aufschrei der Empörung seitens der Gruppe hervor. Joey rief: „Ich esse nichts von dem, worin das Schwein schon mit seinen Tatzen herumgewühlt hat!"

5. Es sollte immer schon vor der Mahlzeit klar sein, was den Kindern wahlweise zur Verfügung steht, falls sie das Gericht des Tages nicht essen wollen. Wir halten für solche Fälle immer Brot, Butter und Marmelade bereit. Wir haben mit der Zeit herausgefunden, daß es am besten ist, kein Kind zum Essen zu zwingen. Das schafft nur völlig überflüssige Probleme. Wenn ein Kind trotzig ist oder schmollen will und sich weigert, an den Tisch zu kommen, so darf es sich im Vorraum zum Speisezimmer aufhalten, bis die Mahlzeit zu Ende ist. Sein Essen wird eine zeitlang warm gehalten; danach kann es nur noch die „universelle Alternative" (Marmeladenbrot) bekommen, falls es dann zu essen wünscht.

6. Ob Kinder eine zweite Portion bekommen können oder nicht, sollte ihnen vor der Mahlzeit gesagt werden, vor allem den Neuangekommenen. Nichts ist schlimmer, als sich 6 Kinder und 8 Stück Schokoladenkuchen gegenüber zu sehen. Wir wiederholen unseren Kindern immer wieder die Hausregel, die besagt, daß es vom Hauptgericht selten eine zweite Portion geben kann,

daß aber jede Menge Brot, Milch usw. für jedes Kind zur Verfügung steht und der Nachtisch für alle der gleiche ist.

7. Die Plätze am Tisch sollten fest angewiesen werden. Diese wenig demokratische Handlungsweise beruht auf der Überzeugung, daß unsere Kinder genug Schwierigkeiten haben, nur mit den üblichen Anforderungen fertigzuwerden, die jede Mahlzeit an sie stellt, ohne auch noch mit der Wahl belastet zu sein, wer wann wo sitzen darf. Die Sitzordnung zu bestimmen, erlaubt uns ferner die Kontrolle darüber, wie jedes Kind vis-à-vis der Gruppe und dem Erzieher plaziert sein soll. Die neuen und jüngeren Kinder, die noch mehr der Hilfe bedürfen, sitzen in Reichweite des Erziehers. Ein zusätzlicher Vorteil besteht darin, daß das Kind sein „Territorium" kennenlernt und so leichter der Routine folgen kann.

8. Im allgemeinen sollten die Erzieher und nicht das Küchenpersonal die Menge bestimmen, die ein Kind erhalten darf. Es kann nicht ausbleiben, daß das eine oder andere Kind zum „Liebling" der Köchin wird und wehe dem Tag, wo es mit einer größeren Portion Eis oder zwei Stück Kuchen zu den anderen an den Tisch kommt! Die Erwachsenen sollten dasselbe essen wie die Kinder, wenn auch vielleicht in etwas größeren Portionen.

9. Erzieher sollten immer ihre eigenen Tischmanieren überwachen. Das Rauchen z. B. kann jüngeren Kindern sehr unangenehm und Teenagern, denen das Rauchen untersagt wurde, geradezu unerträglich sein. Dies ist außerdem keinesfalls der Zeitpunkt, zu dem die Erzieher sich in ihre Privatpost versenken oder sich über die Köpfe der Kinder hinweg „fachlich" unterhalten sollten.

10. Schließlich und endlich haben wir bemerkt, daß fast ausnahmslos alle Kinder im Vorpubertätsalter nach dem Essen eine kurze Bewegungspause brauchen, bei der der ganze Körper mitmachen kann: Radfahren, Nachlaufen, oder was immer. Dieser Vorschlag ist oft schwer zu befolgen (und zwar um so mehr, je älter wir werden!), aber es ist außerordentlich wichtig, einen Übergang zu ermöglichen von der Mahlzeit zu derjenigen Aktivität oder Beschäftigung, die dann folgen soll.

Literatur

Long, Nicholas, J., und Ruth G. Newman: Managing surface behavior of children in school. In: Nicholas J. Long, William C. Morse und Ruth G. Newman, Hrsg.: Conflict in the classroom. Belmont, Calif.: Wadsworth, 1965.

6. Das Zubettgehen

Albert E. Trieschman

Private Schulen, Ferienlager, Pflegefamilien für Kindergruppen und Heime sind alle gleichermaßen mit der Aufgabe konfrontiert, Gruppen von Kindern ins Bett zu bringen und zum Schlafen zu bewegen. Wir richten uns besonders an die Erzieher und versuchen, ihnen praktische Ratschläge an die Hand zu geben. Sie sind die Erwachsenen, die den meisten Kontakt haben mit den Kindern und die primär die pädagogisch-therapeutische Atmosphäre des Milieus bestimmen.

Wir haben das Zubettgehen gesondert als Tagesabschnitt gewählt, weil es fast immer seine eigenen Probleme mit sich bringt und weil so viele Einrichtungen und Erzieher tagtäglich damit fertigwerden müssen. Die Schwierigkeiten, die mit dem Zubettgehen der Kinder zusammenhängen, sind zum gesellschaftlichen Klischee geworden. Die Witzzeichnung, die einen übermüdeten Erwachsenen darstellt und ein Kind, das nach *noch* einem Glas Wasser verlangt, ist nur allzu bekannt. Das Zurückfallen auf antitherapeutische Maßnahmen seitens des Erwachsenen ist gar nicht so selten (solche Maßnahmen vergrößern aber leicht die Angst, die das Kind ohnehin zu dieser Zeit durchmacht). „Psychotherapie" zu betreiben, d. h. mit dem Kind über seine Schwierigkeiten zu sprechen, bleibt bestenfalls eine halbe Lösung. Es kann gar nicht genug Personal geben, um so viele Einzelgespräche zu führen, wie nötig wären; und lange Gespräche würden die Schlafenszeit nur noch weiter hinausschieben. Manche Heimregel scheint mehr der Einrichtung zu dienen als der therapeutischen Beeinflussung der Kinder, die wir angepaßtes Verhalten lehren wollen, seien es einzelne Kinder oder Gruppen. Es scheint uns daher, daß die allabendliche Zubettgeh-Routine besonders gut geeignet ist, die Idee vom therapeutischen Gebrauch des Milieus zu demonstrieren. Das Walker-Team hat ein ganzes Netzwerk von Vorstellungen darüber entwickelt, wie Kinder behandelt werden sollten. Dieses Netzwerk soll den Hintergrund der nun folgenden Ausführungen bilden. Lehren und Lernen sind der Kern unserer Vorstellungen vom Lenken des kindlichen Verhaltens. Was wir lehren, ist Alternativverhalten: unsere Kinder erlernen Alternativen zu ihrem krankhaften Verhalten. Verhaltensänderung beinhaltet erstens das Unterbrechen des gestörten oder störenden Verhaltens und zweitens die Aufnahme mehr angepaßter, altersgemäßer und vom Ich unterstützter Verhaltensformen. Die so ersetzten Verhaltensweisen sind entweder ganz neue für das Kind oder es kannte sie bereits, machte aber bisher keinen Gebrauch davon. Unsere Anstrengungen in der Verhaltenserziehung können in Form der drei anfangs besprochenen Prozesse verlaufen: Belohnung–Strafe, Imitation–Identifikation und einsichtsvolles Lernen. Bis zu einem gewissen Grad können wir wählen, welche dieser Prozesse wir anzuwenden wünschen. Wir setzen feste Belohnungen aus für bestimmte Verhaltensweisen. Wir bieten unser eigenes Verhalten den Kindern zur Nachahmung an. Als Persönlichkeiten geben wir ihnen Identifikationsmodelle.

Als therapeutisch orientierte Erwachsene legen wir aber den Hauptwert auf einsichtsvolles Lernen. Damit wird der Schaden vermieden, den die persönlichen Beziehungen im Lohn-Strafsystem leicht erleiden. Einsicht stärkt außerdem das Ich. Erläuterungen und Erkenntnisse führen mehr als alle anderen Methoden zu erweiterten Kenntnissen über das Selbst und damit zu Einsichten, die sich auf andere Lebenssituationen übertragen lassen. Aber wir müssen Situationen zu meistern verstehen, längst ehe wir erwarten können, das kindliche Betragen durch Einsichten und Erklärungen zu lenken. Dies wird vor allem dann deutlich, wenn man eine Gruppe von ichgeschädigten Kindern zu leiten hat. Das dissoziale oder charaktergestörte Kind ist im allgemeinen nicht fähig, über seine Schwierigkeiten Reflexionen anzustellen. Das feindselige, zerstörerische Verhalten dieses Kindes ist völlig losgelöst von Verantwortungsgefühlen.

Bei vielen Gelegenheiten kommt es dazu, daß die Aufmerksamkeit, die auf das Verhalten gelenkt wird, zu intensiven Auseinandersetzungen zwischen Kind und Erwachsenem führt. Extreme Superego-Reaktionen sind pathologisch; sie unterscheiden sich aber nur gradweise, nicht inhaltlich, von dem „Ich will's nie wieder tun", das man von vielen Kindern hört, wenn man ihnen ihr eigenes Verhalten vor Augen führt. Kurz, alle Kinder im Alter der Vorpubertät lernen über sich selbst und ihr Verhalten auf alle drei Weisen: Lohn–Strafe, Imitation–Identifikation und Einsicht.

Wir müssen uns klarmachen, daß immer ein einzelner oder eine Kombination dieser Prozesse vor sich geht, wenn wir mit Kindern zu tun haben. Wichtig ist, daß wir uns dieser Vorgänge bewußt sind und daß wir sie zu lenken verstehen. Die Kinder lernen auch vom Umgang untereinander, und dieses Lernen geht nach denselben Mustern vor sich. Die bewußte Kenntnis von Lernvorgängen hilft uns, sie geplant einzusetzen, so z. B. wenn ein Kind gerne „kommandiert" und darum eine bestimmte Rolle zugewiesen bekommt. Wir bemühen uns, die Möglichkeit, daß ein Kind zum Vorbild für die andern wird, maximal auszunützen (oder, im negativen Fall, zu vermeiden), d. h. die Sitzordnung bei Tisch, wer mit wem im gleichen Zimmer schläft, in welcher Reihenfolge die Dusche genommen wird usw., das alles wird entsprechend arrangiert. Wir ermutigen außerdem die Kinder, über ihre Gefühle zu sprechen und ihr Verhalten so weit wie möglich den anderen Kindern zu erklären. Auf diese Weise sollen Einsichten gefördert werden.

Die bewußte Kenntnis von den Lernprozessen ist aber nur der Anfang für das Management kindlichen Verhaltens. Die Wahl der Form, in der wir die Lektion erteilen wollen, ist wichtig und ist einer der Faktoren, die wir regulieren können. Mit „Form" meinen wir die „Verpackung", in der wir das Alternativverhalten anbieten. Wir können unsere Lektionen in eine Therapiestunde, in eine Unterhaltung bei Tisch, in eine Regel, in die Wahl eines Gesellschaftsspiels oder in die Planung einer Reihe von Aktivitäten verpacken. Daß wir uns das Milieu als eine Lernsituation mit Prozessen und Formen vorstellen, verhilft uns dazu, Therapie, Tagesablauf und Steuerung der Kinder zu einer geschlossenen Einheit zusammenzufassen. Wir wollen zuerst beschreibende Kategorien darstellen, die sich auf mögliche Verhaltensschwierigkeiten beim Zubettgehen beziehen und von einfacher Unart bis zu pathologischen Verhaltensstörungen reichen.

Wir werden dann auch beschreiben, wie das Ego individuell oder als Gruppe beim Schlafengehen in Aktion treten kann. Das angepaßte Verhalten, das wir die Kinder lehren möchten, basiert auf unserem Verständnis für die Anforderungen, die das Schlafengehen an das Ego stellt sowie auf unserer Kenntnis der Kraftquellen, die dem Ego zur Verfügung stehen. Schließlich werden wir dann noch die Routine beim Zubettgehen beschreiben, die wir im Walker Home einhalten und die als Beispiel dafür angesehen werden kann, wie wir das Heim als therapeutisches Milieu wirksam machen.

Verhaltensabweichungen beim Zubettgehen

Die Skala des „unartigen", gestörten und störenden Verhaltens während des Schlafengehens ist erstaunlich weit und bunt. Große und kleine Schmerzen, eben entdeckte lockere Zähne, Durst, momentane Halluzinationen, bizarre sexuelle Identifikationen, Tränen der Trauer und Zornesausbrüche sind nur ein Teil dessen, was vorkommt.

Unser Ziel besteht darin, Kategorien zu entwerfen, die Erwachsenen helfen, die verschiedenen abendlichen Verhaltensstörungen zu erkennen und entsprechend zu behandeln. Zunächst brauchen wir genaue „Oberflächen" – oder „klinische" Bilder der verschiedenen Verhaltensformen. Wie sehen sie aus? Wie hören, wie fühlen sie sich an? Ist das „aggressive" Kind wütend auf den Erwachsenen, auf ein älteres Kind, ein jüngeres, sich selbst, die Welt? Bedient es sich der Worte, seiner Hände, seiner Füße, der Gegenstände (Spielzeug herumwerfen) oder eines eisernen Schweigens, um seinem Zorn Ausdruck zu verleihen? Wir müssen uns davor hüten, Verhalten im Sinne der Bedeutung zu beschreiben, die wir dahinter erraten – nicht, weil die Ursachen unbedeutend wären, sondern weil die „Bedeutung" *allein* (d. h. der Verlust beschreibbarer Kategorien) uns die klare Sicht und damit die Handhabung versperrt. Es ist natürlich viel schwieriger, Taktik für „Wut" zu entwerfen, als etwa für „Mit-Füßen-Treten". Diese scheinbar lässige Aussage enthält eine tiefere Wahrheit: wir sind nie in der Lage, die Wut eines Kindes zu „heilen". Wir können bestenfalls dem Kind dabei helfen, seinen Zorn zu verstehen (die Ursache seines Verhaltens) und seine Art, diesen Zorn auszudrücken, besser zu lenken und zu kontrollieren (indem wir es altersangepaßte Verhaltensalternativen lehren).

Die Erstellung eines Stufenplans für die Schlafenszeit ist Voraussetzung für das Erkennen abweichenden Verhaltens. Die sorgsam voneinander getrennten Schritte in der abendlichen Routine machen es möglich, die individuellen Schwierigkeiten zu identifizieren, die einzelne Kinder bei jedem von ihnen haben können. Wenn man weiß, welche Anforderung jeder Schritt an das kindliche Ego stellt, kann man leichter erkennen (das gilt auch für das Kind selbst), wo die schwierigen Momente liegen, die das Ego zu abweichenden Verhaltensweisen veranlassen.

Die erste Beschreibungskategorie für Verhaltensschwierigkeiten beim Zubettgehen ist also die „Ortung" der Schwierigkeiten in der Abendroutine. Hier muß unterschieden werden zwischen Widerstand gegen das Zubettgehen und Widerstand gegen das Einschlafen. Das Kind, das Schwierigkeiten macht, wenn es aufgefordert wird, eine angenehme Abendbeschäftigung aufzugeben, stellt uns andere erzieherische Aufgaben als das Kind, das noch viele Male aufstehen will (um zu trinken, zur Toilette zu gehen usw.), nachdem es bereits im Bett ist. Radiohören, Unterhaltung und Lichtanlassen sind nur geringe Beispiele für das Herausschieben des Einschlafens. Widerstand gegen das Ausziehen und Rauferei unter den Kindern sind dagegen Beispiele für das Nicht-zu-Bett-gehen-Wollen. Feinere Abwandlungen dieses abendlichen Kampfes hängen von den jeweiligen Gepflogenheiten des Schlafengehens ab, wenigstens zu einem Teil. Die Phasen des Ausziehens, Badens oder Lichtausmachens stellen klare Demarkationslinien dar. Die Kenntnis, wann und wo ein Kind beginnt, schwierig zu werden während der abendlichen Vorbereitungsstufen, ist der erste Schritt zu pädagogisch geplantem Eingreifen.

Die zweite beschreibbare Kategorie ist die Feststellung, bei wem das Kind am häufigsten Schwierigkeiten macht. Kommt es zu den meisten Auseinandersetzungen mit der Gruppe, mit Erwachsenen, mit einem bestimmten Kind oder mit einer gewissen Kombination dieser Personen?

Da albernes sowohl als ängstliches Benehmen um diese Tageszeit besonders ansteckend wirkt, ist es wichtig zu wissen, wer wen beeinflußt. Oder sucht ein Kind Befreiung von seinen Impulsen, indem es möglichst viele andere mit seiner eigenen Erregung anzustecken versucht? Möchte es die Aufmerksamkeit eines Erwachsenen auf sich allein lenken? Versucht es, irgend etwas oder irgendwen zwischen sich und den Erzieher zu bringen?

Schwieriges Verhalten ist natürlich manchmal auch so geartet, daß es niemand anderen mit einbezieht. Ein Kind starrt z. B. durch das Fenster ins Dunkle, bis es dort seinen eigenen Ärger in Form eines erschreckenden Monsters wahrzunehmen glaubt. Der Erzieher muß dann jeweils unterschiedlich handeln, je nachdem ob das Kind versucht, mit seiner Monsterangst andere Kinder anzustecken, ob es seine Angst verdrängt und einen Streit mit den anderen Kindern sucht oder ob es sie dadurch abreagieren möchte, daß es dem Erwachsenen Angst zu machen versucht.

Wir müssen wissen, wo die Verhaltensschwierigkeiten ihren Anfang nehmen. Das Kind, das am meisten „Theater" macht, ist nicht immer der Anstifter. Sein eigenes Ego kann aus der Fassung geraten sein durch das viel „unauffälligere" Benehmen eines anderen Kindes, das etwa „schmutzige" Worte anderen oder ihm selbst ins Ohr flüstert. Beide Kinder brauchen in solchen Fällen therapeutisch wirkende pädagogische Hilfe, d. h., es muß ihnen ein Alternativverhalten ermöglicht werden.

Der dritte wichtige Aspekt der Beschreibungskategorien ist die Art, in der ein Fehlverhalten zum Ausdruck kommt. Dies bedeutet, daß man zumindest zwischen verbalen und handelnden Ausdrucksarten unterscheidet. Darüber hinaus ist es aber auch gut zu wissen, welche Körperteile (Füße, Hände, Genitalien) oder welche Dinge zum Ausagieren dienen. Die Erzieher bekommen die Dinge noch eher in den Griff, wenn sie außerdem auch auf das Ablauftempo achten (langsam, geistesabwesend, still zurückgezogen, kräftig, getrieben, manisch).

Diese drei beschreibenden Kategorien — wo und wann im Laufe der Abendroutine, mit welchen Leuten bzw. Kindern und in welcher Form bzw. mit welchem Tempo — stellen die Voraussetzungen dar, ohne die kein Plan für die Behandlung der Schwierigkeiten aufgestellt werden kann.

Abendliches Fehlverhalten muß noch nach zwei weiteren Kategorien bestimmt werden: ob es sich um entwicklungsbedingtes bzw. psychosexuelles Verhalten handelt oder ob wir es primär mit Verteidigungsmechanismen zu tun haben. Diese Unterscheidungen sind oft schwer zu treffen, vor allem auf der Basis nur eines einzelnen Verhaltensaspektes. Wenn wir jedoch therapeutisch wirksam sein wollen, so müssen wir wenigstens eine Hypothese darüber haben, welches Entwicklungsstadium hier mitspielt und welche Egoprozesse oder Ego-„Stücke" (Verteidigungsmechanismen) das Kind zum Einsatz bringt. Wir brauchen diese Information, damit wir dem Kind klarmachen können, mit welchen Schwierigkeiten es sich auseinandersetzt (kann es Erwachsenen trauen? Wird es ernährt werden? Kann es seine Körperfunktionen unter Kontrolle halten?). Wir brauchen diese Information ferner, um entsprechendes Alternativverhalten anbieten zu können, das von jenen Egofragmenten Gebrauch macht, die dem Kind noch zur Verfügung stehen. Die Anhäufung solcher Informationen gibt dem Erzieher natürlich mit der Zeit ein sich dauernd verfeinerndes, gut detailliertes, diagnostisches Bild vom Kind. Die Erzieher müssen sich mit diesen Verhaltenskategorien und Informationen vertraut machen; in dem Maße, in dem sie das tun, fühlen sie sich sicherer und gelassener im Umgang mit verhaltensgestörten Kindern, gewinnen gleichzeitig an pädagogischer Wirkung und können leichter gewisse Verhaltensauffälligkeiten sowohl erkennen als auch dem Kind einsichtig machen.

Schauen wir uns ein paar Beispiele an, die die Nützlichkeit des Begriffes vom Entwicklungsniveau demonstrieren, vor allem im Zusammenhang mit der Schlafenszeit. Die primitiven und ungezügelten Verhaltensweisen, die Kinder beim Zubettgehen zeigen, können oraler, analer, phallischer und ödipaler Art sein oder Variationen dieser Grundarten. Autoerotische Betätigungen (Schaukelbewegungen, Onanie) sowie Vorzeigen der Genitalien, Spielereien auf der Toilette, Spucken, sexuelle Spielerei, Herumschmieren aller Art sind Verhaltensarten, die unter unseren Kindern am Abend besonders häufig zu beobachten sind.

Genaue Beobachtung und Beschreibung des individuellen Entwicklungsniveaus, das hier jeweils mitspielt, haben gezeigt, daß das Kind beim Schlafengehen eine „tiefere Regression" durchmacht als zu irgendeiner anderen Tageszeit oder bei irgendwelchen anderen Betätigungen. Manchmal konnten wir feststellen, daß abends die gleichen entwicklungsbedingten Schwierigkeiten zu den Problemen führten, die auch untertags die Anpassung erschwerten. Diese Unterschiede oder Ähnlichkeiten festzustellen, kann eine entscheidende Wirkung auf die Erziehungsmaßnahmen ausüben, die der Erwachsene ins Spiel bringt. Für Kinder, die zur Bettzeit besonders ängstlich werden, ist es gut, wenn der Erzieher von vornherein angstreduzierende Tätigkeiten in die Abendroutine einbaut: eine persönliche Unterhaltung mit dem Kind, ein Gesellschaftsspiel für zwei Kinder im gleichen Schlafzimmer usw. Vor dem Schlafengehen zeigen sich oft nicht nur erhöhte Ängstlichkeitsreaktionen, sondern durchaus auch Zeichen größerer Reife, fortschreitender Entwicklung. Das kann sich im Verhalten oder auch in Worten äußern. Größere Vertrauensfähigkeit z. B. kann sich darin zeigen, daß das Kind sich vom Erzieher zudecken oder ein Betthupferl geben läßt.

Die psychosexuellen Entwicklungsstadien des Kindes lassen sich oft an seinen Abwehrmechanismen ablesen. Beim Zubettgehen erscheinen sie nicht selten in der Form rapiden Egozerfalls, d. h. das Kind geht beispielsweise von der Besprechung eines Tagesereignisses oder einer begonnenen Werkarbeit übergangslos zur Erfindung von Einbrechern, Hexen oder Räubern über, die es angeblich bedrohen. Der Erzieher muß wissen, daß es sich hier um eine entwicklungsbedingte (psychosexuelle) Projektion handelt, und muß überlegen, wie er diesem Kind helfen will. Wird es, mit entsprechender Hilfe seitens des Erwachsenen, in der Lage sein, seinen Ängsten mehr direkten Ausdruck zu geben oder ist es vorläufig besser, an der Projektion teilzunehmen und ihm zu helfen, ein „Wundergewehr gegen Einbrecher" oder eine „Hexenfalle" zu erfinden?

Um Verhaltensalternativen zielgerecht planen und anbieten zu können, muß der Erwachsene zunächst die Abwehrmechanismen und die dahinterliegenden psychischen Vorgänge möglichst genau kennen. Die jeweilige Alternative kann sich entweder nach dem vom Kind benutzten Abwehrmechanismus richten oder der Erzieher kann von anderen Kindern benutzte Abwehrreaktionen zur Nachahmung empfehlen (chronisches Klagen des Zimmergenossen wäre ein solches Beispiel). Nach längerer Zeit kann der Erzieher vielleicht sogar mit dem Kind bewußt besprechen, welche Verhaltensweisen ihm zur Verfügung stehen, mit deren Hilfe es seine Ängste zu binden vermag. Bespricht man beispielsweise am Abend die Spielzeuge, die tagsüber zerbrochen wurden, so läßt sich daran leicht eine Diskussion über die Gefühle des Kindes anschließen, über seine abendliche Angst „auseinanderzufallen" und man kann es darauf vorbereiten, für diese Ängste am Tage gemeinsam Lösungen zu erarbeiten, so daß sie gar nicht mehr in den Abend hineinreichen. Das Kind kann dann vielleicht vor dem Schlafengehen seine Angst dadurch überwinden, daß es schon auf den nächsten Tag hin plant. Diese konstruktive Ich-Extension stärkt sein Ego genügend, um die momentanen Angstgefühle zu binden und unter Kontrolle zu halten.

Abwehrreaktionen, die sich abends oft bei Kindern beobachten lassen, sind: Identifikation mit dem Aggressor (sich in ein Bettuch hüllen und „Geister" spielen), Verleugnung (sich Verstecken, länger Aufbleibenwollen), magisches Denken (das Bitten um Schlaftabletten, Rituale beim Arrangieren von Gegenständen des eigenen Besitzes) und natürlich viele andere.

Obwohl Verhaltensschwierigkeiten beim Schlafengehen grundsätzlich in Kategorien eingeteilt und beschrieben werden können, kann der Erzieher natürlich nicht jede Episode von „Ungezogenheit" kategorisieren und schriftlich fixieren. Am Anfang vor allem vermag er sich vielleicht nur der mehr äußerlich erfaßbaren Verhaltenskategorien zu bedienen, aber allein die genaue Kenntnis dieser Oberflächenerscheinungen bietet schon eine wesentliche Hilfe bei der Planung der therapeutischen Beeinflussung. Kenntnisse, die aus der Aufnahmeuntersuchung des Kindes und aus dem bisherigen Umgang mit ihm gewonnen wurden, reduzieren die Komplexität der Aufgabe. Je länger wir es kennen, desto besser gelingt es uns, das Kind zu lenken und das therapeutische Milieu optimal zu planen und zu gestalten.

Kein einzelnes Kind zeigt die ganze Skala aller möglichen Verhaltensweisen. In dem Maße, in dem wir ein Kind kennenlernen, erfahren wir, wann und wie wir eingreifen müssen, damit die Hilfe größtmöglichen Erfolg bringt. Wir lernen das Kind dadurch kennen, daß wir seine Verhaltensabweichungen auf dem Hintergrund der besprochenen Kategorien beobachten. Wir sind zu der Einsicht gekommen, daß es ein wichtiger Teil des therapeutisch orientierten Milieus ist, kindliches Verhalten im Hinblick auf seine Handhabung zu beobachten. Die von uns aufgestellten Kategorien helfen darüber hinaus, unsere Behandlungsprobleme im Kontext des alltäglichen Zusammenlebens zu studieren und praktikable Lösungen zu finden.

Ego-Funktionen beim Zubettgehen

Die Vorbereitungen vor dem Schlafengehen stellen eine Übergangsphase dar, nämlich die Zeitspanne, die zwischen der letzten Tagesbetätigung und dem Einschlafen liegt. Die Anforderungen an das Ego beginnen damit, daß eine Tätigkeit beendet werden muß, und dies bringt eine erhöhte Gefahr vorübergehend geschwächter Selbstkontrolle mit sich. Das gilt besonders dann, wenn gegen Abend sowohl Kinder als auch Erzieher müde sind. Schwächung (mit möglichem Verlust der Impulsbeherrschung) sollte nicht mit Entspannung verwechselt werden. Wenn ein Kind entspannt ist, hat es genug Vertrauen in den Erwachsenen, so daß es nicht selbst auf der Hut bleiben muß, sondern bald einschlafen kann.

Für das Kind ist die Vorbereitung auf das Schlafen eine Zeit, die besondere Anforderungen an sein Ego stellt. Angenehme Betätigungen müssen abgebrochen werden, und das Zubettgehen, das für viele Kinder ein sehr unangenehmer und anstrengender Vorgang ist, beginnt. Die Kinder müssen nicht nur ihre Beschäftigung aufgeben, sondern auch die Welt der Erwachsenen, mit der sie am Tage verbunden sind; sie müssen weiteres Vergnügen und alle Pläne auf morgen verschieben. Es ist eine Zeit, die dem Kind viel Gelegenheit zu Frustration und Aggression bietet. Die Kleider müssen abgelegt, Duschen genommen und Zähne gebürstet werden. Für viele erziehungsschwierige Kinder sind dies anspruchsvolle Forderungen.

Sorge um die Intimsphäre, Entkleiden und das tun, was der Erwachsene erwartet, das alles führt leicht zu Konflikten und zu temperamentvollen

Widerständen seitens der Kinder. Wenn die Spannung besonders stark wird, kann die Routine des Zubettgehens für Kinder und Erwachsene zu fast unüberwindlichen Schwierigkeiten führen. Dies ist die Phase, die leichter als alle anderen Tageszeiten schlummernde Aggressionen zum Durchbruch kommen läßt. Das Kind, das sich auf das Bett vorbereitet, ist vielen Reizen ausgesetzt, die das Einschlafen eher hindern als fördern. Das kindliche Ego muß sich gleichzeitig von äußeren Reizen lösen (Vorkommnissen, Betätigungen) und seine Toleranz für innere Reize vergrößern (Körpersensationen, Gedanken, Phantasien). Das ist eine komplexe Aufgabe, die alle Kinder im Verlauf des Heranwachsens erst erlernen müssen. Wir hoffen, daß sie allmählich lernen, diesen „Wechsel" zu vollziehen, ohne dabei psychisch aus dem Gleichgewicht zu geraten. Das zurückhaltende Kind schläft im allgemeinen leicht ein; das kommt daher, daß es ohnehin mehr auf innere Reize eingestellt ist und also keinen großen Übergang zu vollziehen hat. Das motorisch unruhige, aggressive Kind hat dagegen oft große Schwierigkeiten; es ist auf der Flucht vor Impulsen und es fällt ihm schwer, sich auf den Schlaf ein- und umzustellen. Unsere Kinder im Walker Home sind überwiegend unruhige, aggressive Typen, die viel Hilfe brauchen, um abends „umschalten" zu können, zur Ruhe zu kommen, einzuschlafen. Die Erfahrungen haben uns gelehrt, daß sie es bei dem umgekehrten Übergang leichter haben; sie wachen müheloser auf als die zurückhaltenden Kinder. Beide Gruppen brauchen Hilfestellung, um ohne seelischen Gleichgewichtsverlust umschalten zu können.

Wir versuchen, so weit wie möglich den Kindern zu helfen, die Quellen ihrer Gefühle zu erkennen und den Übergang zum Schlafen zu finden. Es hilft, wenn man sich dabei ein Kontinuum von Reizen vorzustellen versucht, die in allen möglichen Kombinationen auftreten. Auf der einen Seite sind die Reize, die von innen her im Kinde selbst entstehen. Das Konzept des Kontinuums ist aber nicht immer anwendbar, denn oft scheinen die Reize, die das Kind beeinflussen, abrupt von äußeren auf innere (oder umgekehrt) „überzuspringen". Projektion ist ein Beispiel für solches Überspringen. Oft sind es sehr realistische Reize, die eine innere Resonanz in Bewegung bringen. Nur sorgfältige Beobachtung und Auswertung können entscheiden, was jeweils stattgefunden hat.

Der Erzieher muß sich vielleicht den inneren, vielleicht den äußeren Anreizen zuwenden – oft auch beiden. Seine Beurteilung der Situation muß richtig sein, damit er effektiv eingreifen kann. Wenn beispielsweise ein Kind nahezu hysterisch wird, weil sein Nachtlämpchen durchgebrannt ist, so muß der Erwachsene entscheiden, ob er die ganze Sache als ein externes Problem ansieht und einfach eine neue Birne einschraubt oder ob die Ängste und Phantasievorstellungen des Kindes, die um Hilfe schreien (oft wörtlich!), zuerst aufgenommen und beantwortet werden müssen. Häufig vorkommende innere Reize bestehen in der Furcht vor dem Einnässen, vor sexuellen Impulsen, vor Todesphantasien, vor Dunkelheit sowie der Angst, im Schlaf umgebracht zu werden.

Der Erzieher sieht sich der Notwendigkeit gegenüber, herausfinden zu müssen, woher die Beunruhigungen stammen. Nur wenn er das weiß, kann er dem Kind Hilfe leisten, die Gefahr zu erkennen und sich genügend zu entspannen, um einschlafen zu können. Das Anbieten alternativer Verhaltensweisen in genauem Einklang mit den Quellen der Schwierigkeiten und mit der Art des pathologischen Verhaltens ist eine komplexe Kunst, die an den Erzieher höchste Anforderungen stellt. Die Aufgabe ist enorm: man muß darauf achten, daß die externen Reize reduziert werden und daß gleichzeitig die Toleranz für innere Reize erhöht wird.

Es gibt vier Faktoren, die bei der Lösung dieser Aufgabe von Nutzen sein können: die persönliche Bindung zwischen Erzieher und Kind, die Abfolge der Vorbereitungen vor dem Schlafengehen, das Kind selbst und die Gruppe. Alle vier tragen zu verschiedenen Formen des Lernens bei (Belohnungen, Einsichten und Nachahmungen), und zwar auf unterschiedliche Weisen (Gespräche, Regeln usw.).

Die Beziehung zwischen Erzieher und Kind ist bei weitem der wichtigste Faktor in allem, was am Abend dem kindlichen Ego dienen kann. Den körperlichen Bedürfnissen des Kindes zu entsprechen, ist eine Art der Hilfeleistung. Die Versicherungen und Ermutigungen, die vom Erzieher ausgehen, sind lebenswichtig und können sowohl in Worten als in Taten zum Ausdruck kommen. Entspannte Unterhaltung, ruhiges Planen für den nächsten Tag (vor allem mit Kindern, die fürchten, im Schlaf sterben zu können), eine zweite Wolldecke, ein Betthupferl, das Zudecken – dies alles sind Formen, dem Kind direkt zu helfen, mit Reizen und Angstgefühlen besser fertigzuwerden. Wesentlich ist, daß der Erzieher dem Kinde gegenüber Wärme und Geborgenheit ausstrahlt.

Es gibt jedoch auch Situationen, in denen der Einsatz der besonderen Fähigkeiten des Erziehers oder seiner Beziehung zum Kind stark kontraindiziert ist. Eine solche Situation liegt z. B. dann vor, wenn ein Kind besondere Angst hat vor der Dunkelheit – vor sexuellem Angriff im Dunkeln. Die Tatsache, daß das Kind im Bett liegt, daß es die Selbstkontrolle graduell aufgibt, während es sich physisch in der Nähe eines „elterlichen" Erwachsenen befindet, kann dagegen sprechen, die persönliche Bindung ins Spiel zu bringen. In solchen Augenblicken ist es besser, etwas „unpersönlich" vorzugehen, d. h. beispielsweise, eine im Walker Home übliche Regel anzuwenden und Gründe darzustellen, warum bestimmte Schlafenszeit-Regeln notwendig sind und eingehalten werden müssen.

Wir wenden uns nun der Routine selbst zu und wollen sehen, wie sie als Mittel dienen kann, abendliche Probleme zu überwinden. Hauptzweck aller geplanter Vorbereitungs- und Einschlafphasen ist es, Egostärke zu vermitteln. Im einfachsten Sinne geht es darum, das Schlafengehen möglichst problemfrei ablaufen zu lassen, seine Phasen (für Kinder und Erwachsene) bekannt und vorhersehbar zu machen und dadurch alle potentiellen Schwierigkeiten zu entschärfen. Routine reduziert Angstgefühle dadurch, daß das abendliche Vorbereiten fürs Bett und das Einschlafen strukturierte, vertraute, wenn auch nicht rigide eingehaltene Gewohnheiten werden. Die Kinder wissen so von vornherein, daß, egal was sonst geschehen mag, die Abendbeschäftigungen zu einer bestimmten Zeit aufhören müssen, daß sie ihre Dusche zu nehmen haben, noch einen Imbiß erhalten werden, wenn sie ins Bett gegangen sind, und daß noch eine Geschichte vorgelesen wird, nachdem die Lichter ausgemacht sind. Die Routine wird eine Oase der Sicherheit zu einer Zeit, in der Unsicherheit überhand zu nehmen droht.

Die Abendphasen sind bewußt so geplant, daß sie externe Reize auf ein Minimum reduzieren. Das Duschen z. B. ist so organisiert, daß Möglichkeiten gegenseitiger Stimulierung beschränkt bleiben. Ein Erzieher ist für diejenigen Kinder frei und in der Nähe, die seine Hilfe in Anspruch nehmen möchten. Alles ist darauf eingestellt, dem Kind bei der Beherrschung der internen Impulse zur Seite stehen zu können. Der Erzieher bleibt in erreichbarer Nähe, er hält Betthupferl bereit (um orale Bedürfnisse befriedigen zu können), er spricht in gedämpftem Ton mit den Kindern, schenkt ihren kleinen Verletzungen oder Klagen Aufmerksamkeit und findet eine Extradecke, wenn ein Kind zu frieren glaubt. Das Vorlesen einer Geschichte dient besonderen Zwecken, denn es ersetzt, zumindest teilweise, eigene Phantasievorstellungen und Gedankenvorgänge durch die Handlung und die Einzelheiten der Geschichte. Der Imbiß im Bett und das Vorlesen bilden zusammen eine echte Chance, im Kind angenehme Körpergefühle und Gedanken zu wecken, die ihm das Einschlafen erleichtern.

Das Kind selbst liefert oft genug weitere Lösungen für die allabendlich auftauchenden Schwierigkeiten. Dies wird oft gar nicht bemerkt, vor allem dann nicht, wenn das Kind wortlos handelt. Der Junge, der nach dem Vorlesen still aus dem Bett steigt und sich ein Glas Wasser holt, versichert sich stillschweigend (und zu Recht), daß der Erwachsene, von dem seine Ruhe und Sicherheit abhängen, auch wirklich in der Nähe ist. Auch wenn Kinder ein besonderes Spielzeug, ein Stofftier, ein Gewehr usw. mit ins Bett nehmen, wenn sie das Nachtlicht überprüfen, schauen ob die Tür abgeschlossen ist oder ein Gebet sprechen, sind das alles gesunde Anzeichen dafür, daß das Kind versucht, sich selbst zu helfen.

Es kann natürlich vorkommen, besonders bei unseren gestörten Kindern, daß die Versuche in der von ihnen gewählten Form für Erwachsene oder andere Kinder untragbar sind. So ist z. B. kontraphobisches Verhalten gar nicht selten, d. h. ein Kind, das angegriffen zu werden fürchtet, entledigt sich der unerträglichen Erwartungsspannung dadurch, daß es selbst zum Angriff übergeht, also den Kampf selbst heraufbeschwört. Ein ähnliches Beispiel liefert das Kind, das sich vor seinem Zimmergenossen fürchtet und sich daher so aufführt, daß entweder er oder es selbst verlegt werden. Es gibt auch Kinder, die sich aller Ängste dadurch entziehen, daß sie sofort fest einschlafen.

Der vierte Faktor, der abends zu Hilfe kommen mag, ist die Gruppe selbst. Der Ton bzw. die Atmosphäre, die in der Gruppe herrschen, geben oft schon am Nachmittag Hinweise auf das, was am Abend erwartet werden kann. Erregung, Reizbarkeit, Aggression oder Angstgefühle, sie alle beeinflussen die Gruppe sowohl wie die einzelnen Kinder. Erzieher, die sich von der Frustration der Gruppe anstecken lassen, finden es schwer, den Ton zu wechseln. Wenn alle in guter, aber nicht zu hoher Stimmung sind, „fliegt" die ganze Gruppe mühelos durch die Abendroutine und alles läuft ohne besondere Schwierigkeiten ab.

Die Routine kann oft die Gruppenstimmung oder auch die Erregung eines einzelnen Kindes auffangen und überspielen. Wie manchmal eine interessante Geschichte eine Gruppe ins Gleichgewicht zu bringen vermag, so kann es auch passieren, daß ein Kind dadurch zur Ruhe kommt, daß die anderen in der Gruppe auf seine Provokationen nicht reagieren. Wir bemerken dies vor allem bei Kindern, die schon länger bei uns sind; sie können oft einem Kameraden die gleiche Beruhigung oder Einsicht mitteilen, die ihnen von ihren Erziehern vermittelt wurden. Wenn die Gruppe ziemlich reibungslos der Routine folgt, so hat dies natürlich meist auch einen positiven Einfluß auf das einzelne Kind.

Zusammenfassend läßt sich sagen, daß wir die Abendroutine als wichtig erachten im Sinne der Anforderungen, die sie an das Ego der Kinder stellt, im Sinne der vielen Anreize (innerer und äußerer Art) und der Gelegenheiten, die sich bieten, gestörten Kindern altersangepaßte Verhaltensalternativen beizubringen (persönliche Beziehungen, Routineaufgaben, das Kind selbst oder die Gruppe bilden die Quellen dabei).

Ein Beispiel für die Bewältigung des Zubettgehens

Die Abendroutine, die im Walker Home eingehalten wird, soll hier als Illustration dienen. Sie ist das Produkt aus Erkenntnissen und Erfahrungen, die unsere Heimerzieher im Laufe der Zeit gesammelt haben und die sich zur Stärkung des kindlichen Egos einsetzen lassen. Eine individuelle Therapiestunde gleicht nicht automatisch einer Seite aus dem Textbuch, und so sind auch die abendlichen Abläufe nicht das direkte Produkt unserer Erziehungsvorstellungen. Die Arbeit des Erziehers setzt intelligenten und flexiblen Einsatz vieler pädagogischer Ideen und Erfahrungen voraus. Es geht nicht darum, daß andere unser Programm exakt nachahmen; unser Ziel besteht vielmehr darin, zu zeigen, wie ein Milieu therapeutisch wirksam werden kann, wenn alle Anstrengungen konzentriert werden.

Das Beenden der Abendbeschäftigung

Um acht Uhr abends bricht der Erzieher die abendlichen Aktivitäten ab. Wie er das macht, ist wichtig. Wenn man den Kindern helfen will, das Ende des Tages leichter akzeptieren zu können, so ist es gut, schon gegen 19.30 Uhr damit zu beginnen, die Dinge zu einem allmählichen Abschluß zu führen.

Die Kinder stellen sich seelisch auf die Beendigung ein, wenn der Erzieher vorher mehrmals bemerkt, daß die Zeit bald vorbei ist, daß es sich nicht mehr lohnt, noch etwas Neues anzufangen, daß es gut sei, allmählich mit dem Aufräumen zu beginnen usw. Wenn die Kinder abends einmal besonders aktiv beschäftigt sind, kann man für 19.45 einen Imbiß planen, um sie so langsam zu beruhigen. Diese Art von Kunstgriff hilft, die Übergänge fließender zu machen und die Anpassung zu erleichtern. Das ist eine wesentliche Unterstützung der Egofunktionen, die jetzt mehrere Übergänge machen müssen. Sie bieten außerdem Anhaltspunkte, Wegweiser, an denen man sich orientieren und das Tempo verringern kann.

Es ist der Erzieher, der die Dinge endgültig zum Halt bringt, also beispielsweise den Fernseher abstellt. Dieser Eingriff stellt Anforderungen an das kindliche Ego. Er ist das Zeichen, daß es sich nun einem anderen Abschnitt zuwenden muß. Der Erzieher sollte diese Umstellung verbalisieren; etwa so: „Es ist jetzt Zeit zum Duschen." Eine Routine wird sich etablieren, wenn diese Verläufe jeden Abend in gleicher Weise und zur selben Zeit eingehalten werden.

Trotz allem muß aber erwartet werden, daß die Kinder alles mögliche versuchen, um das Zubettgehen zu verzögern. Der Erzieher kann diesen Widerstand auf verschiedene Weisen angehen: er kann von den guten Dingen sprechen, die der heutige Tag gebracht hat und der morgige bringen wird; er kann die Aufmerksamkeit auf die angenehmen Dinge des Abends, die noch bevorstehen, lenken (Dusche, Imbiß, Geschichtevorlesen); er kann den Kindern helfen, die nächste Phase selber vorzubereiten (also z. B. den Imbiß zurechtzumachen); er kann die einzelnen Schritte möglichst kurz halten, damit das kindliche Ego nicht zuviel auf einmal leisten muß, oder er kann ihnen dadurch helfen, daß er ihre Gefühle als Widerstand, Ärger, Enttäuschung interpretiert (und ihnen so hilft, sie zu verbalisieren anstatt sie in Fehlverhalten abzureagieren, d. h. also: er bietet ein Alternativverhalten an). Die Anforderung, der sich das Ego stellen muß, besteht im Abbruch der einen und im Beginn der anderen Tätigkeit. Der Erzieher nimmt dem Kind so viel wie möglich von dieser Aufgabe ab. Fehlverhalten muß erwartet werden, besonders am Anfang der Abendroutine. Verhaltensschwierigkeiten versucht man dadurch abzufangen, daß man dem Kind nachahmbare Verhaltensweisen anbietet (der Erwachsene bietet das Beispiel) oder ihm Belohnungen vor Augen stellt (es darf dem Erwachsenen helfen, den Imbiß vorzubereiten). Die besonderen Schwierigkeiten, die bestimmte Kinder an diesem Punkt der abendlichen Routine haben, lassen sich leichter behandeln, wenn man sie genau gegen die früher beschriebenen Kategorien abhebt. Verleugnung, antiphobische Reaktionen und Infantilismen sind Zeichen, daß das Kind momentan auf frühkindlichere psychosexuelle Entwicklungsstadien zurückfällt (es will z. B. ins Bett getragen werden, versucht, andere Kinder in sexuelle Spiele zu verwickeln oder große Unordnung, Wasserplanscherei usw. veranstalten). Die Gruppe schließt sich oft in ihrem Widerstand zusammen, um so externen Anforderungen leichter entgehen zu können; darum ist es gut, wenn der Erzieher die Kinder individuell anspricht und versucht, ihre Gedanken und Gefühle ein wenig zu lenken (auf die schönen Dinge von morgen, auf den kommenden Imbiß verweisen usw.). Verhaltensschwierigkeiten können dadurch angegangen werden, daß man dem Kind beweist, wie nutzlos sein Widerstand ist oder dadurch, daß man ihm ein Alternativverhalten ermöglicht. Es bedarf dabei überwiegend einsichtiger Vorgänge, jedoch kann auch hier viel durch einfache Nachahmung erreicht werden.

Besonders hilfreich ist die Taktik, den folgenden Abschnitt in möglichst kleine Schritte einzuteilen, die den Kindern leichtfallen. Anstatt sie aufzufordern, ihre Dusche zu nehmen, kann der Erzieher sie zuerst in ihre Schlafzimmer schicken. Sind sie dort, ermahnt er sie, sich auszuziehen. Dieses Segmentieren der Abläufe nimmt dem Ego viel von der „Programmierung" ab, die es sonst selbst von innen her leisten müßte. Es reduziert ferner die Angstgefühle des Kindes und setzt seinem Widerstand engere Grenzen. Damit sind bessere Möglichkeiten geschaffen, daß die Kinder sich geborgen fühlen und der Routine ohne allzugroße psychische Erregung folgen können.

Entkleiden und Duschen

Sobald die Kinder in ihren Schlafzimmern sind, beginnt das Ausziehen und Duschen. Bei diesem Übergang kommt es leicht zu Fehlleistungen des Ego. Viele Kinder mögen sich nicht in Gegenwart der anderen ausziehen, etliche sind sexuell erregbar beim Entkleiden oder beim Zuschauen, und die Angst vor dem Nacktsein oder Verletztwerden ist gar keine seltene Erscheinung unter den Kindern. Der Erzieher kann ihnen dadurch beistehen, daß er dafür sorgt, daß jedes unbehelligt bleibt, sich durch seine Gegenwart beschützt fühlt und Hilfe erwarten kann, z. B. beim Schuheausziehen. Welche Kinder ihre Dusche gleichzeitig nehmen (wir haben getrennte, aber gleichartige Duschzellen), ist festgelegt und variiert nur, wenn besondere Umstände es nötig machen. Die Kinder haben Badetücher oder Bademäntel (die ihnen vorher bereitgestellt werden), damit sie nicht entblößt umherlaufen müssen. Sie erlernen das konventionelle Schamgefühl wie eine Umgangsform, die zum guten Ton gehört. Der Erzieher reguliert den Wasserstrahl, ehe das Kind unter die Dusche geht (einmal, um Verbrennungen mit heißem Wasser zu vermeiden, zum anderen aber auch, um zu demonstrieren, daß ein Erwachsener die Vorgänge unter Kontrolle hat). Er versichert sich, daß Seife und Waschlappen vorhanden sind und ermahnt das Kind, alle Körperteile zu waschen. Je länger die Kinder bei uns sind und je mehr sie das Duschen als angenehm empfinden, desto länger bleiben sie unter dem Wasser, oft genug sogar mit mehreren Spielsachen.

Wir bemühen uns nicht nur, die Kinder während des Ausziehens, Duschens und Abtrocknens vor ungewöhnlicher Stimulierung zu beschützen, sondern wir führen auch die Gespräche so, daß sie auf körperliche Pflege und Schlafnotwendigkeit gerichtet sind. Während das Kind lernt, seinen Körper zu pflegen, zu reinigen und zu beschützen, kann es zugleich mit seinen körperbezogenen Ängsten leichter fertigwerden. Es ist diese Art von Alternativverhalten, die es dem Kind am ehesten ermöglicht, sich der Abendroutine anzupassen.

Natürlich müssen die Erwachsenen um diese Zeit die Kinder sorgfältig beobachten und sich mit jedem intensiv beschäftigen. Sie verständigen sich untereinander darüber, wo jedes Kind jeweils ist, und teilen sich mit, ob bestimmte Kinder gewisse Bedürfnisse, Ängste oder Wünsche haben. Die Routine selbst muß flexibel bleiben, damit die jeweiligen Anforderungen des Abends erfüllt werden können, und dazu bedarf es der erhöhten Verständigung und Kooperation unter den Erziehern.

Zwischen Duschen und „Licht aus"

Wenn das Kind aus der Dusche kommt, ist ein anderer Erzieher bereit, der es in sein Zimmer zurückbegleitet, ihm in den Schlafanzug hilft und dafür sorgt, daß es bis zum „Licht aus" eine Beschäftigung hat. Dies ist ein günstiger Augenblick, die Ereignisse des Tages zu besprechen und schon von dem zu reden, was morgen sein wird. Mit dem Kind, das gerne früh aufsteht, kann man eine ruhige Beschäftigung für den Morgen planen. Mit dem Kind, das sich vor der Dunkelheit fürchtet, kann man über seine Ängste sprechen. Es ist besser, diese Gespräche vor dem Löschen der Lichter zu führen, denn sonst würden die Kinder gestört, die schon nahe am Einschlafen sind. Nachdem das Licht abgeschaltet ist, lassen die Kinder sich von etwaigen Aufregungen leichter anstecken. Die Angstbereitschaft ist viel größer, wenn ein Kind sich im Dunkeln weiß und allein fühlt.

Die Erzieher konzentrieren sich abends darauf, dem Kind den Übergang von Tagesaktivität zum Einschlafen zu erleichtern. Sie lenken die Aufmerksamkeit auf Körperpflege als Teil der Abendvorbereitung, die auf den Schlaf hinführt. Sie versuchen, interne Impulse, Ängste usw. durch Verbalisation zu reduzieren. Daß es weitgehend gelingt, die Kinder zu lehren, mit ihren Ängsten fertigzuwerden, kommt daher, daß die „Lektionen" organisch in die Abendroutine eingebaut sind und die besonderen Bedürfnisse des Ich vor dem Einschlafen berücksichtigen.

Zubettgehen, Lichter aus, Betthupferl

Nach dem Duschen sammelt der Erzieher die gebrauchte Wäsche ein und teilt die neue für den nächsten Tag aus. Dabei gibt er dem Kind eine begrenzte Wahl über das, was es tragen will (die Farbe der Socken usw.). Er legt die Sachen dahin, wo das Kind sie am Morgen finden möchte. Sonderwünsche, die nicht ganz aus dem Rahmen fallen, werden so weit wie möglich berücksichtigt. Dies dient vor allem dazu, dem Kind deutlich zu machen, daß es ein Morgen geben wird, daß wir an seinem Aussehen interessiert sind und daß wir alles tun, um seine Welt so angenehm wie möglich zu gestalten, immer bereit, es zu beschützen (viele haben z. B. Anliegen bezüglich der Vorhänge, andere vergewissern sich des Lichts, der Türen, einer zweiten Wolldecke, bitten um ein Pflaster für eine kleine Wunde usw.).

Der Erzieher mahnt die Kinder und hilft ihnen, ins Bett zu gehen. Wenn in einem Zimmer alle Kinder im Bett sind, wird das Licht ausgeschaltet, und dann werden Betthupferl verteilt. Letzteres dient als Belohnung für das Ego, das über die Runden der Abendroutine gekommen ist. Dieser Imbiß lenkt die Aufmerksamkeit auf eine angenehme Körperfunktion; währenddessen sagt der Erzieher jedem Kind gute Nacht, sich gleichzeitig vergewissernd, daß es angenehm und bequem gelagert ist. Wie gute Nacht gesagt wird, das hängt vom jeweiligen Kind ab. Einige wollen zugedeckt werden und schlafen sogleich ein. Andere brauchen etwas Zeit, um müde zu werden, und bitten dann erst noch um ein Glas Wasser oder sonst eine kleine Aufmerksamkeit.

Wenn die Gutenachtrunden beendet sind, setzt sich ein Erzieher im zentralen Vorraum an den Tisch und liest für alle Kinder eine Geschichte vor. Wir haben einen Schlaftrakt mit drei Schlafzimmern, einem kleineren Zimmer, das bei Bedarf der Isolierung eines Kindes dienen kann, und einem Badezimmer. Es gibt zwei Dreibettzimmer und ein Zweibettzimmer. Jedes Kind hat seine eigene Ecke mit Bett, Regalen, Kommode, Anschlagbrett und Nachttisch. Wir suchen die Abendgeschichte sorgfältig aus. Sie soll verständlich und interessant sein, aber nicht Angstgefühle oder Erregung hervorrufen. Vom Flur aus kann der Erzieher beruhigend auf die Kinder einreden, ihre Fragen beantworten und jenen Zuspruch geben, von denen er weiß, daß sie es brauchen. Nach etwa 20 bis 30 Minuten Vorlesen (wenn die meisten Kinder eingeschlafen sind) schaltet der Erzieher das große Licht im Flur aus und bleibt da, bis alle Kinder fest schlafen. Kleine Nachtlichter bleiben an, in den Zimmern und im Flur, damit die Kinder nachts den Weg zur Toilette finden können.

Das Kind wird sich seiner Körpergefühle besonders in dem Moment bewußt, wenn die Lichter aus sind und es allein im Bett liegt. Unsere Routine ist so gestaltet, daß sie diese Tatsache berücksichtigt. Betthupferl und Geschichten dienen angenehmer Ablenkung und machen die beruhigende Gegenwart des Erwachsenen fühlbar. Es gibt trotzdem Zeiten, wo alle diese Vorkehrungen nicht genügen, die kindlichen Bedürfnisse voll zu befriedigen. Zumindest machen wir es dann dem Kind so leicht wie möglich, über das zu sprechen, was es beunruhigt, und so lernt es allmählich, mit seinen Ängsten fertigzuwerden.

In Fällen von Ängstlichkeit sagen wir dem Kind, welcher Erwachsene während der Nacht da ist, welcher Erzieher am Morgen den Dienst übernimmt, wer auf dem Grundstück und im Gebäude wohnt, daß das Haus stabil gebaut ist, Blitzableiter hat usw. Wenn ein Kind beunruhigt ist, weil am Tage etwas vorfiel, so versichern wir ihm, daß es am nächsten Tag mit dem entsprechenden Erwachsenen darüber reden kann. Wenn Kinder nicht ruhig sein wollen oder bizarres Verhalten zeigen, so wird ihnen erklärt, daß sie die anderen Kinder nicht vom Schlafen abhalten dürfen. Oft genügt es dann, daß der Erzieher sich eine Weile im Zimmer des entsprechenden Kindes aufhält. Wenn ein erregtes oder verängstigtes Kind trotz der Anwesenheit des Erziehers nicht beruhigt werden kann, so wird es in das Isolierzimmer gebracht, wo es so lange verbleibt, bis es in sein Bett zurückkehren kann, ohne dabei die anderen zu stören. Als allgemeine Richtlinie versuchen die Erzieher am Abend so wenig wie möglich zu reden. Wenn, dann sprechen sie sehr leise und in möglichst knappen, standardisierten Redensarten, ohne viel Erläuterungen oder den Versuch, ausgefallene Fragen zu beantworten.

Grobe Arten des Fehlverhaltens, die eine ganze Abendroutine ins Wanken bringen könnten, werden in einem breiteren Zusammenhang behandelt. Für sehr reizbare oder besonders deprimierte Kinder werden vorzeitig Methoden ausgearbeitet und in den Gesamttagesablauf eingebaut. Bei diesen Kindern bringt früheres Zubettschicken wenig Erfolg; wir finden es besser, sie zu Ruhepausen im Laufe des Tages anzuleiten. Das Kind ist dann mit dem Erzieher allein und kann mit seiner Hilfe bereits jetzt die Egofunktionen einüben, die es am Abend brauchen wird. Die Kinder schlafen selten ein während dieser Bettruhe am Tage, aber es bietet sich Gelegenheit, alle Schwierigkeiten durchzusprechen, die bisher das abendliche Schlafengehen so schwierig machten.

Wir geben keine Garantie dafür, daß unsere oder daß irgendeine Routine reibungsloses oder problemfreies Schlafengehen in einem Heim mit sich bringt. Unser Programm sorgt aber zumindest dafür, daß das Kind während der Abendroutine so behandelt wird, daß es mit der Gesamttherapie in Einklang bleibt. Was das Kind am Abend erfährt und lernt, dient der gleichen Anpassung, die wir im Heim auch während des Tages zu lehren versuchen.

7. Einzelphasen des typischen Trotzanfalls

Albert E. Trieschman

Das Fluchen, das Um-sich-Schlagen und der wilde Zorn eines wütenden Kindes bieten dem verantwortlichen Erzieher einen alarmierenden Anblick. Die zerstörerischen Auswirkungen eines Wutanfalls sind nicht nur beängstigend für den Erwachsenen, sondern sie zwingen ihn oft, Schutzvorkehrungen zu treffen. Sich zum Eingreifen gezwungen zu sehen, während man gleichzeitig zumindest einigermaßen beängstigt ist, stellt eine beachtliche Doppelbelastung dar. Hier ist die Situation, die allzuoft unangebrachte Vorstellungen und Eingriffe hervorruft, die nicht mit den therapeutischen Zielen in Einklang stehen. Sie reichen von einer Verharmlosung des Vorfalles bis zu regelrechten Gegenangriffen auf das Kind. Dieses Kapitel will versuchen, den Blick für die Vorgänge dadurch zu schärfen, daß der Wutanfall als eine Abfolge von Egozuständen dargestellt wird. Diese Darstellung beruht weitgehend auf Erfahrungen, die an sieben- bis zwölfjährigen präpsychotischen und persönlichkeitsgeschädigten Jungen im Walker Home gesammelt wurden. Wir wollen die Sequenz der Ereignisse analysieren, die den scheinbar plötzlichen Zerfall der kindlichen Verfassung mit sich bringen, den man als „Anfall" bezeichnet. Unsere Ausführungen sollen dem Verständnis und der Handhabung dieser Episoden dienen. Wir konzentrieren uns dabei auf die Vorgänge, die sich während, kurz vor und kurz nach dem Anfall abspielen. Wir ignorieren weder die Bedeutung der gesamten kindlichen Vorgeschichte für den Anfall, noch lassen wir die Tatsache außer acht, daß oft die falsche Behandlung seitens Erwachsener das Kind in den Wutanfall hineinsteuert. Wir haben jedoch im Laufe der Zeit erkannt, daß selbst die sorgfältigste Analyse dieser Variablen wenig dazu beiträgt, das unmittelbar auf der Hand liegende Problem zu verstehen und zu bewältigen. Wir sind daher bemüht, das tiefenpsychologische Wissen von den individuellen psychogenetischen Faktoren der Wutanfälle nicht zu verkleinern, sondern zu vervollständigen. Es ist uns klargeworden, daß es so gut wie unmöglich ist, die Wutanfälle unter unseren erziehungsschwierigen Sieben- bis Zwölfjährigen in spürbarem Ausmaß zu verhindern. Geschicktes Planen interessanter Betätigungen für die Kinder und gut geplante tägliche Routine helfen durchaus, Temperamentsausbrüche auf ein geringes Maß zu reduzieren. Es sind die untätigen, langweiligen Stunden, die Heimkinder zu impulsgeladenen Unarten verleiten. Sorgfältige Durcharbeitung der Gefühle, die Erwachsene manchen Kindern gegenüber hegen, vermeidet manche „unbewußte Provokation" seitens der Erzieher. Trotz geschickter Planung und reduzierter Provokation muß jedoch in jedem Heim damit gerechnet werden, daß Wutanfälle unter den Kindern vorkommen. Warum? Die Antwort liegt vielleicht einfach darin, daß gemütskranke Kinder oft dazu neigen, auf frühkindliche Verhaltensformen zurückzufallen. Sie agieren dann wie Kleinkinder, die noch mitten in der Probierphase des Ich stecken oder die noch um eine Balance zu kämpfen haben zwischen ihren Abhängigkeits- und Selbständigkeitswünschen. Es ist ja überall bekannt, daß während dieser Entwicklungsphase (meist zwischen dem zweiten und dritten Lebensjahr) Trotzanfälle als „normal" gelten (s. Stone und Church, 1957, S. 112 f.). Wir glauben fernerhin, daß sich Kinder in heilpädagogischer Heimbehandlung in einem Umwandlungsprozeß befinden (weg von ihrem unangepaßten Verhalten) und daß dieser Prozeß beunruhigend wirkt. Alte Gewohnheiten (Symptome) aufzugeben und neue Fertigkeiten und Verhaltensweisen zu erlernen, das bedeutet oft, daß man sich in einer unsicheren Lage zwischen alt und neu befindet. Manchmal ist der einzige Weg zu momentaner Spannungsentladung der eines lautstarken verzweifelten Wutanfalles. Kurz, mit Trotzanfällen muß in jedem Heim gerechnet werden. Es ist auch völlig unnötig, anzunehmen, daß ein jeder Temperamentsausbruch auf einen Fehler im Tagesprogramm oder auf Unzulänglichkeiten der Erzieher zurückgeführt werden kann oder gar, was noch schlimmer ist, auf eine unbewußte Provokation seitens eines Erwachsenen. Es besteht kein Zweifel, daß viel gewonnen ist, wenn man genau beobachtet, wann und wo Trotzanfälle vorkommen und wenn man die Routine und Betätigung entsprechend zu lenken versucht, aber es wäre ein Irrtum zu glauben, daß eine „vollkommene Programmgestaltung" oder ein „geklärtes Unbewußtes" alle Temperamentsphänomene beseitigen könnte.

Der Rest dieses Kapitels ist in 3 Teile eingeteilt:

1. Eine kurze Besprechung stereotyper Einstellungen und Handlungen hin-

sichtlich der Trotzanfälle und ein Schema, in dem wir die Egomechanismen aufführen, die bei den beschriebenen Trotzphasen mitspielen;
2. die sechs Stadien, die wir bei fast allen feststellen konnten, und entsprechende Vorschläge zu ihrer Handhabung;
3. eine Zusammenfassung mit Schlußfolgerungen.

Schlechter Rat und fehlerhafte Anschauung

Der überwältigende Anblick, den ein trotziges, fäustetrommelndes, wild um sich schlagendes und hemmungslos schreiendes Kind bietet, ruft meist Kommentare seitens erwachsener „Kinderexperten" hervor. Sie lassen auf Ratschläge nicht warten. Das einzige jedoch, was die meisten dieser Ansichten und Vorschläge gemeinsam haben, ist der Grad der Überzeugung, mit der sie vorgebracht werden:
„Er will nur die Aufmerksamkeit auf sich lenken . . ." – *„Er sollte in ein Zimmer gesteckt werden, wo er sich nicht verletzen kann, aber allein ist . . ."* *„Man sollte weggehen und ihm keine Beachtung schenken . . ."* – *„Wenn man einfach lacht darüber, wie er so lächerlich seine Kraft vergeudet, dann wird er schon aufhören . . ."* – *„Wenn er denkt, er kann sich mit Gewalt durchsetzen, werde ich ihm mal beweisen, wer hier der Stärkere ist. . ."* – *Wenn er glaubt, auf diese Weise seinen Willen zu bekommen, so ist er auf dem Holzweg . . ."* – *„Das arme Kind hat Angst – es muß getröstet und in die Arme genommen werden."*
Jeder dieser Kommentare enthält das übliche „Körnchen Wahrheit". Machtkampf, Aufmerksamkeitsverlangen, Angst und Schrecken, Energieentladung, psychotisch anmutende Wut, dissoziierter Gefühlszustand – dies sind die mehr technischen Ausdrücke für die Elemente eines Wutanfalls. Wie wir bald sehen werden, beschreibt jeder dieser Kommentare und Begriffe einen Teil des Anfalls selbst oder seine Bedeutung für das Kind. Die Ratschläge jedoch sind fragwürdig, da sie davon ausgehen, daß dem Ausbruch nur ein Faktor zugrunde liegt. Wenn das den Tatsachen entspräche, so wären eine einzige Erklärung und eine einzige Methode vielleicht ausreichend, um die Situation in den Griff zu bekommen. Dem ist aber nicht so. Der typische Trotzanfall ist vielmehr eine fortschreitende Abfolge von Prozessen, von Perioden, die unterschiedliche Charakteristiken haben. Weil das Verhalten

des Kindes während des Anfalls entschieden herausfordernd und bedrohlich ist, neigen wir dazu, den ganzen Vorgang als eine Einheit zu sehen (für uns selbst und für das Kind). Vereinfachte Bilder von dem Vorgefallenen setzen sich in unserem Gedächtnis fest. Entweder erscheinen sie uns als ungeheuerlich oder wir verharmlosen sie in der Erinnerung.

Dann stellen wir uns eine einfache Lösung vor („man muß das Kind isolieren"), und so können wir die ganze Sache leicht abtun und brauchen uns weder mit unseren Erinnerungen noch mit zu erwartenden Konflikten auseinanderzusetzen.

Um Verwirrung darüber zu vermeiden, was wir als Wutanfall bezeichnen, soll hier das eliminiert werden, was nicht dazu gehört. Gruppenrabauk, auch wenn er manchmal noch so wild ausfällt, ist kein kollektiver Wutanfall. Im Walker Home haben wir nie mehr als einen Wutanfall auf einmal stattfinden sehen. Es ist möglich, daß die Kinder, die sich in der Nähe befinden, ihren Wunsch, der Erwachsene möge eingreifen und helfen, unterdrücken. Sie beobachten meist sorgfältig, was der Erwachsene nun fühlt und tut. Trotzanfälle sollten nicht verwechselt werden mit individueller Zerstörungswut oder mit einem erregten Kampf der Kinder untereinander. Auch eine Auseinandersetzung mit einem Kind ist kein Wutanfall. Diese Vorkommnisse haben einige Komponenten gemeinsam, verlangen aber andere Erklärungen und Maßnahmen. Redl und Wineman befassen sich mit diesen Vorfällen in ihrer Arbeit über das Pioneer-Haus (1950). Wir sprechen hier nur von den lauten, sozusagen „öffentlich" (vor mindestens einem Erwachsenen) ausgetragenen, zornigen, unkontrollierten Episoden, in denen ein Kind seine Impulse entlädt. Sie kommen in heilpädagogisch geführten Heimen so oft vor, daß jeder sie einmal gesehen hat.

Unsere Ansichten vom Ego bilden die Ausgangsbasis für unsere Theorie. Die psychoanalytischen Lehren von der Angst und den Egofunktionen dienen als Grundlage.

Wir brauchen eine Egotheorie, um auf die Phasen des Ausbruchs schließen zu können. Eine modifizierte psychoanalytische Version über Angst und Ichfunktion wird uns helfen (Freud, 1949, S. 109–112). Die Angst – ein Gefühl antizipierten Unbehagens oder der Bedrohung – dient in einem integrierten Ego als Gefahrensignal. Sie warnt das Ich vor einer inneren Impulsgefahr, vor einer realen von außen kommenden Gefahr oder vor dem Zustand aufkommender Hilflosigkeit. Dieses Signal bedeutet, daß das Ego

Verteidigungs- oder Abwehrmittel zur Verfügung stellen soll. Das Ego ist nur erfolgreich, wenn es ihm gelingt, die Gedanken und Aktionen in eine sichere, der jeweiligen Gefahr angepaßte Richtung zu lenken.

Wir sollten hinzufügen, daß die Effektivität des Ich allgemein davon abhängt, ob es ihm gelingt, Dinge und Menschen sichtlich und spürbar zu beeinflussen. Aus dieser Kapazität des Ego stammen die Selbstsicherheit und die Selbstachtung, die ein Kind zu fühlen vermag (White, 1963, S. 33–43).

Das zwei- bis dreijährige Kind hat noch kein hoch strukturiertes und gut verteidigtes Ego, das ihm helfen könnte, Unbehagen zu vermeiden. Es ist durchaus noch den Gefühlen der Unzulänglichkeit und Hilflosigkeit unterworfen. Unseren persönlichkeits- und ichgestörten Kindern von 7–12 Jahren geht es nicht viel anders. Sie empfinden eindeutig Angst und Unbehagen, aber die Signale sind nicht klar, sie gleichen mehr einer unterdrückten Panik als einem deutlich erkannten Angstgefühl. Darüber hinaus sind ihre Abwehr- und Ausdrucksmittel oft primitiv und unbeständig. Wenn man dazu noch in Rechnung stellt, daß das Kind durch die therapeutische Behandlung wahrscheinlich noch zwischen dem alten und dem neuen Ego hin- und hergerissen ist, so sehen wir uns einem Ich gegenüber, das nur allzuleicht von einem Gefühl der Hilflosigkeit überflutet wird.

Unserer Meinung nach betrachtet man den Wutanfall am besten als eine Serie von Versuchen seitens des kindlichen Ego, seine Angst und Hilflosigkeit anzudeuten, um Hilfe zu rufen und gleichzeitig noch sich selbst zu überzeugen, daß es seine Umwelt durch seine eigenen Anstrengungen zu beeinflussen vermag. Wir möchten zeigen, daß der Wutanfall eine Art primitiver „letzter Stand" ist, der mit seinem wilden Benehmen das Gleichgewicht des Ego retten soll. Die Abfolge der Ereignisse während des Anfalls besteht im Zerfall des Ego sowohl als in seinem Versuch, diesen Zerfall aufzuhalten bzw. ihn zu kompensieren. Diese Erläuterungen stellen das Minimum dessen dar, was wir wissen müssen, um die einzelnen Phasen des Wutausbruchs verstehen zu können. Es handelt sich also keineswegs um eine vollständige Egotheorie. Wir leugnen nicht, daß wir an die Bedeutung glauben, die das Manipulierenkönnen der Umwelt für das Ego hat; es würde uns nicht genügen, uns allein auf seinen instinktiven Aspekt zu beschränken.

Typische Phasen des Wutanfalls

Die Phasen, die wir hier beschreiben, wollen als Darstellung der Bemühungen verstanden werden, die das Kind anstellt, um im Augenblick des Egozerfalls die Selbstkontrolle und das Selbstwertgefühl aufrechtzuerhalten. Wir betrachten die einzelnen Stadien als eine geordnete Abfolge vorherrschender Themen, die einander ablösen. Nicht zwei Wutanfälle, nicht einmal bei ein und demselben Kind, sind identisch. Wir alle kennen eine große Anzahl von Verhaltensarten, die während des Ausbruchs möglich sind. Mit der Beschreibung jeder Stufe werden wir daher gleichzeitig auf die *verschiedenen Verhaltensformen* hinweisen, in denen sie sichtbar werden kann. Bei jeder Phase werden wir ausführlich besprechen, was das Kind empfindet und was es offenbar mit seinem Verhalten zu erreichen versucht. Wir nennen das die *innere Dynamik* dieser Phase. Da die *therapeutische Handhabung* unser Hauptanliegen ist, werden wir auch das darstellen, was das Kind mit unserer Hilfe während jeder Stufe lernen sollte. Wir werden aufzeigen, was von Fall zu Fall getan, was arrangiert, was gesagt werden kann. Die persönliche Beziehung, die Therapeut oder Erzieher zu dem Kind haben, sowie ihre Erfahrung und Fähigkeit spielen natürlich eine wichtige Rolle. In unseren Augen ist der Wutanfall ein unzulängliches Mittel, mit Gefühlen oder mit der Realität fertigzuwerden. Unser Ziel ist, ihn als Prozeß zu verstehen und das Kind ein Alternativverhalten zu lehren, das es befähigt, die Egokrisen mit weniger Aufwand zu überstehen. Die Alternativen, die wir zu lehren versuchen, sind adäquatere Mittel, mit dem Konflikt fertigzuwerden, als es ein Wutanfall ist, und sie sind so gestaltet, daß sie dem Kind helfen, seine Selbstwert- und Selbständigkeitsgefühle intakt zu halten. Was wir im Hinblick auf das Management des unmittelbaren Trotzausbruchs sagen, ist natürlich nicht typisch dafür, wie wir andere Formen des Fehlverhaltens angehen; man sollte also nicht verallgemeinern.

Wir haben die Phasen nach den jeweils vorherrschenden Verhaltensweisen benannt:
1. Brummen und Knurren, 2. Hilfe-Hilfe, 3. Entweder-Oder, 4. Nein-Nein, 5. Laß mich in Ruhe, 6. „Kater".

Wenn wir nun alle sechs Phasen nacheinander besprechen – innere Dynamik und mögliche Handhabung eingeschlossen – so soll damit nicht gesagt sein, daß ein einzelner Anfall immer alle diese Phasen durchläuft. Wir wollen auch nicht behaupten, daß man nicht bei sehr geschicktem erzieherischem Vorgehen manchmal erfolgreich einen Anfall abwenden oder abbrechen kann, ehe er volle Lautstärke erreicht. Die Phasen stellen lediglich ein Modell dar, mit dessen Hilfe sich Beobachtungen, Spekulationen und Eingriffe organisieren lassen – hoffentlich in sachgerechterer Art als jene populären Kommentare und Vorschläge, die wir anfangs kurz darstellten. Gerade weil die Phasen ein gedankliches Hilfsgerüst darstellen, haben wir alle theoretisch möglichen Teile der ganzen Sequenz in unsere Beschreibung aufgenommen.

Brummen und Knurren

In diesem Anfangsstadium läuft das Kind ziellos draußen umher oder es drückt sich im Haus herum. Es sieht unlustig drein. Es sagt nur ein brummiges „Tag" zu denen, die ihm über den Weg laufen. Oft greift es zu kurzen Akten der Feindseligkeit (nicht einem ganzen Strom); es macht z. B. Kratzer auf den Stuhl, auf dem es sitzt, oder es schlägt draußen gegen Bäume und Zäune. Manchmal macht es einen Versuch, durch Albernheit etwas von der Spannung zu entladen; es lacht oder kichert ohne entsprechenden äußeren Anlaß. Man sieht ihm an, daß es sich nicht wohl fühlt in seiner Haut. Nichts ist ihm recht; es will nichts wissen von dem, was man ihm anbietet oder vorschlägt, und es kann auch selbst nichts finden, womit es sich beschäftigen möchte. Ein Sturm zieht auf. Es schaut um sich, stellt fest, was vorgeht, beteiligt sich aber nur sporadisch hier und da. Es scheint gegen sich selbst Krieg zu führen, gegen den Erzieher und gegen die in ihm aufsteigende Panik. Früher oder später wird es einen Anlaß finden, der seinen Gefühlen freien Ausdruck erlaubt. Es wählt Zeit und Ort. Einige Kinder wählen immer wieder den gleichen Anlaß oder die gleiche Zeit, den gleichen Ort. Bei anderen ist kein solches Muster feststellbar.

Tom z. B. „entdeckte" fast immer, daß er etwas verloren hatte. „Wo ist das kleine rote Auto hingekommen, mit dem ich so gern gespielt habe?" Er erzählte dann in allen Einzelheiten, wo er es gekauft hatte, wie einmalig es war, wie wenig andere darauf aufpaßten, obwohl sie wußten, daß es ihm besonders lieb war. Man hat ihm großes Unrecht getan und erinnert sich nicht einmal mehr an das rote Auto!

Joe schien jedesmal ein zerbrochenes Spielzeug zu suchen. So betrachtete er

etwa eingehend den Flügel eines neugebauten Modellflugzeuges, um festzu-
stellen, ob er von seinem früheren Flugzeug stammen könnte. Sobald er
etwas entdeckte, was ihm gehört haben konnte, rannte er zum Erzieher und
verlangte die sofortige Wiederinstandsetzung seines Spielzeugs.
Will legte sorgfältig die Fäden aus, die ihn schließlich zum Sündenbock
machen würden. Er vertraute seinen Kameraden Familiengeheimnisse an
und begann später, sie so lange herauszufordern, bis sie ihm die Dinge an den
Kopf warfen. Dann hatte er, was er wollte, und warf dem Erzieher vor:
„Du kümmerst dich nicht drum, daß sie alle auf mir herumreiten."
Für lange Zeit konnten wir beobachten, daß Don vor jedem Ausflug einen
ganzen oder wenigstens halben Wutanfall bekam. Das Wissen, daß ein Aus-
flug bevorstand, schien ihn in eine „Brumm und Knurr"-Phase zu versetzen.

Innere Dynamik. Das Brummen und Knurren wird offenbar durch die Anstrengung hervorgerufen, mit der das Kind sein grundloses Unbehagen sowie
seine Angst und Machtlosigkeit abzureagieren versucht. Die Angstgefühle
sind zu formlos und zu nahe daran, es zu überwältigen, als daß das
Kind noch aus eigener Kraft adäquate Egofunktionen zur Abwehr mobili-
sieren könnte. Die Abwehrkräfte sind entweder selbst in Fluß oder zu
schwach, um mit den augenblicklichen Gefühlen fertigzuwerden. Somit muß
das Kind einen greifbaren äußeren Anlaß suchen, eine Zeit und einen Ort,
die für seine innere Not herhalten können, an denen es sich „festbeißen"
kann. Manchmal ist der Anlaß repräsentativ für Gefühle, die dem Kind
besonders unerträglich sind: bei Tom ein tiefes Gefühl des Verlorenseins,
bei Joe Kummer über seine verfallene Familie, bei Will die Furcht, anders
und schlimmer zu sein als jedes andere Kind. Manchmal sind Ort und Zeitpunkt signifikant (z. B. Tischzeit, Schlafenszeit, Autofahrt); sie erinnern an
ein besonders schwieriges (vielleicht sogar traumatisches) Ereignis oder an
besonders schmerzhafte Gefühle. Manchmal ist auch der gewählte äußere
Anlaß besonders durch seine Unlösbarkeit gekennzeichnet: das zerbrochene
Spielzeug kann unmöglich repariert werden, der besondere Zeitpunkt macht
es so gut wie unmöglich, sich diesem Kind ausschließlich zu widmen; der vor
langer Zeit verlorene Gegenstand ist unmöglich zu finden. Aus der Sicht des
Erziehers mag es so aussehen, als habe das Kind diesen Gegenstand, Zeitpunkt oder Ort gewählt, gerade *weil* der Erwachsene hier unmöglich in der
Lage sein kann zu helfen. Vielleicht ist die Wahl wirklich kein Zufall. Die

innere dynamische Aufgabe des Ego ist überwältigend – und bedarf vielleicht einer überdimensionalen äußeren Anstrengung seitens des Erziehers, der dem Kind helfen möchte, sein Ego wiederherzustellen. Die äußere Herrichtung der Bühne mit dem unpassenden Zeitplan und dem offenbar unlöslichen Konflikt ist womöglich eine „entsprechende" Projektion des inneren Ego-dramas.

Vorschläge für die Handhabung. Sorgfältige Beobachtung des Kindes ist der entscheidende Faktor für die Behandlung dieses Stadiums. Mit der Zeit vermittelt uns die Beobachtung ein genaues Bild über die besondere Verletzbarkeit sowie die kritischen Punkte in Zeit und Raum, denen das Kind unterliegt. Mit der Zeit können wir dann lange von kurzen Brumm-Zeiten, laute von heimlichen usw. unterscheiden. Sobald wir klar erkennen können, was vorliegt, gelingt es uns manchmal, die Krise für das Kind zu verringern. Wir können ihm z. B. helfen, seinem wachsenden Unbehagen in Worten Ausdruck zu geben.

In Bills Fall z. B. gelang es uns, dem Jungen klarzumachen, welche innere Stimmung ihn veranlaßte, nach etwas zu suchen, was ihm „für immer verloren" schien. Er lernte, sein eigenes Verhalten als ein Signal für sich selbst zu erkennen, als ein Zeichen dafür, daß er in schlechter Stimmung war (sich abgeschoben und verloren fühlte). Mit Hilfe dieser Verbalisierung konnte er sich dann an einen Erzieher wenden, mit ihm über sein Ego, sein Selbstwertgefühl sprechen und es wieder ins Gleichgewicht bringen.

Im Anfang der Behandlung ist dieses Vorgehen wenig erfolgreich oder es wirkt sogar provozierend. Es passiert natürlich nur allzuleicht, daß man der „Tropfen" ist, der das brodelnde Faß des kindlichen Ego zum Überlaufen bringt. Wir alle fühlen, wir sind die Schuldigen, wenn wir mit einer Bemerkung, bzw. einer Forderung an das Kind, seinen Wutanfall zur Auslösung bringen. Solche Vorfälle sind jedoch unvermeidlich, wenn wir mit ichgestörten Kindern arbeiten. Oft ist es sogar für das Kind selbst und für die gesamte Situation besser, wenn der Anfall zur Entladung kommt. Das klärt die Atmosphäre, besonders dann, wenn feste Bande Erzieher und das Kind verbinden und letzteres nicht ganz die Kontrolle verliert. Zu anderen Zeiten kann es wichtiger sein, die persönliche Beziehung nicht zu gefährden (z. B. wenn gutes Einvernehmen für den anschließenden Ausflug während vieler Stunden benötigt wird).

In solchen Fällen ist es besser, wenn ein anderer Erzieher sich mit dem Wutanfall befaßt. Eine Autoritätsfigur des Heimes – der Direktor oder ein Abteilungsleiter – können oft eine Trotzphase noch im Anfangsstadium ersticken; auch das unerwartete Auftauchen eines Besuchers kann eine solche Wirkung haben. Das Auswechseln eines Erziehers kann beruhigend wirken, aber es ist nicht *immer* angebracht, einen Wutausbruch zu vermeiden oder aufzuschieben. Wenn ein Kind sich erst einmal in der Brumm-und-Knurrphase verfestigt hat, so kommt es bald auch zu lauteren, gequälteren Ausdrucksformen.

Hilfe-Hilfe

Dieses neue Stadium bringt eine größere Lautstärke mit sich. Das Kind ist sich klargeworden, daß es seinen Ich-Konflikt nach außenhin austragen will. Es hat einen äußeren Aufhänger gefunden und signalisiert nun, daß es Hilfe braucht. Das Signal, dessen es sich bedient, ist meist das sehr sichtbare und gewollte Brechen einer Hausregel – ein Aufschrei gewissermaßen. Wie das Kind sich bemerkbar macht, hängt weitgehend von der Kenntnis ab, die es von den besonders „heilig" gehaltenen Hausordnungspunkten hat. Hinzu kommt, welches Problem gerade im Vordergrund steht. Womöglich flucht es laut und deutlich; vielleicht wirft es dem Erzieher etwas an den Kopf; vielleicht greift es ein anderes Kind an oder es provoziert einen Angriff auf sich selbst; manchmal entblößt es seine Genitalien – wie auch immer, es verletzt eindeutig einen Verhaltenskode. Es drückt auf einen Panikknopf, d. h., es tut etwas, wovon es genau weiß, es wird den Erzieher alarmieren. Es teilt uns seine Panik mit, um „Hilfe-Hilfe" rufen zu können. Es besteht gar keine Frage, selbst wenn es keine Verhaltensregeln gäbe, so würde das Kind dennoch einen Weg finden, sein Hilfssignal auszusenden und die sofortige Zuwendung eines Erwachsenen zu erzwingen. Der Lärm und die Handlung, die der Panikknopf ausgelöst hat, bringen den Erzieher auf kürzestem Wege zum Kinde. Er will ja Schlimmeres verhüten. Oft genug muß er jetzt das Kind körperlich festhalten, um seiner eigenen und der Sicherheit anderer willen. Andere Kinder (mit mehr passiven Persönlichkeitsstörungen) alarmieren in abgeschwächter Form, und es genügt, wenn der Erzieher sich in der Nähe aufhält, ohne sie anzurühren. Wiederum andere

Kinder brauchen erst in der nächsten Phase festgehalten zu werden, wenn sie in ihrer Wut gewalttätig zu werden drohen. Mittlerweile spürt das Kind sehr wohl selbst, daß es nun nicht mehr aus eigener Kraft seine Impulse beherrschen kann, und es erwartet von dem Erwachsenen, daß seine Hände, seine Stimme, seine Nähe ihm von außen den notwendigen Halt geben, seinem Tun Grenzen setzen. Der Erzieher muß wissen, daß das Kind sich nicht mehr vor sich selbst retten kann und vor seinem eigenen überwältigenden Zorn Angst hat; sein ganzes Betragen stellt einen einzigen Hilferuf dar.

Innere Dynamik. In die obige Beschreibung dieser Phase sind schon Erläuterungen betreffs der Gefühle des Kindes mit eingeflossen. Das Verhalten des Kindes signalisiert gleichzeitig, daß es Zuwendung braucht, sich durch das Brechen einer Regel an den Erwachsenen wendet und von seiner Wut überwältigt und verängstigt, der Hilfe von außen bedarf. Diese Hilfe-Hilfe-Schreie haben den schützenden Eingriff des Erziehers zur Folge. Das Ego hat so selbst um seine Verteidigung gerufen, sich vor den eigenen Impulsen absichern lassen. Das gestörte (auch das sehr junge) Kind trägt also auf interpersonalen Wegen das aus, was der reifere oder stabilere Mensch „intrapersönlich" mit sich ausmacht. Es bleibt uns nur noch die Aufgabe, detaillierter aufzuzeigen, wie der Erwachsene ein schützendes „Ego" für das „wütende" Kind werden kann. Es wäre zu wünschen, daß es ihm gelingt, das Kind nicht nur von seinem ungezügelten Schreien und Umsichschlagen abzubringen, sondern es zugleich reifere, egonahe Verhaltensformen zu lehren. Ein allzuleicht unbeachtet bleibender Aspekt dieses ganzen Vorganges ist das nagende Gefühl der Niederlage, das das Kind davonträgt. Sein ungezügelter Temperamentsausbruch gibt ihm das Gefühl, versagt zu haben („Ich hab mich wieder danebenbenommen"), und es hat demonstriert (mindestens vor dem Erwachsenen), daß es keine genügende Selbstkontrolle hat. Dies ist offenkundig der Grund, warum die Hilfe des eingreifenden Erwachsenen weder mit offenen Armen angenommen, noch mit einem „Dankeschön" bedacht wird.

Der Zorn des Kindes, der eigentlich sich selbst gilt, wird auf den Erwachsenen abgeladen. Aber sogar in diesem Zustand scheint das Kind noch einen Versuch zu machen, wenn auch einen ungeschickten, seine Selbstachtung zu retten. Wir werden diesen kompensatorischen Vorgang im Zusammenhang mit den späteren Phasen noch ausführlicher behandeln.

Handhabungsvorschläge. Die bisherige Beschreibung des Verhaltens und seiner vermutlichen inneren Dynamik hat bereits auch angedeutet, wie der Erwachsene die Vorgänge am besten lenkt. Er muß die Beherrschung bereithalten, die dem Kinde abhanden gekommen ist. Gleichzeitig wird er bemüht sein, dem Kinde akzeptablere Formen der „Hilfe-Hilfe"-Signale beizubringen. Eine realistische Warnung: man erwarte auf keinen Fall, daß dies der Augenblick für ruhige, einsichtsfördernde Gesprächstherapie ist. Das wild erregte Kind im Arm der Erwachsenen hat nicht einmal genug Egostärke übrig, um seine momentanen Funktionen zu kontrollieren, wie soll es sich da gleichzeitig auch noch subtile Belehrungen über seine Vergangenheit, seine Eltern oder seine Probleme anhören können?! Anweisungen müssen in diesem Moment laut, deutlich und mit Wiederholung gegeben werden. Man sollte das Kind nur so fest und so lange halten, wie unvermeidbar (und zwar von hinten, damit weder Kind noch Erwachsener verletzt werden können). Der Erwachsene, dessen Körper vom Ego kontrolliert ist, hält den Körper des Kindes, dessen Ego momentan außer Funktion ist. Es muß vermieden werden, daß man aus eigenem Ärger das Kind fester einklemmt, als zu Schutzmaßnahmen notwendig ist. Man verbalisiert am besten, was man tut:

Du kannst jetzt deinen Körper nicht davon zurückhalten, dich oder andere zu verletzen. Ich halte dich, bis du ihn wieder in der Gewalt hast. (Das Kind versucht zu beißen.) Nein, ich erlaube dir nicht, mich zu verletzen, und ich werde auch nicht zulassen, daß du dir selbst weh tust ... (Kind: du willst mich umbringen!) Nein, wir kämpfen ja gar nicht miteinander; ich werde dir nichts antun. Dein Ausbruch ist gefährlich. Ich kann dich erst dann loslassen, wenn du die Macht über deinen Körper wieder selbst übernehmen kannst.

(Bei uns kommt es vor, daß erfahrene Erzieher nur langsam einen Körperteil des Kindes nach dem anderen wieder freigeben). Der Erzieher tut alles, um Sicherheit und Kontrolle zu erhalten. Er sagt dem Kind deutlich, warum es nötig ist, es körperlich festzuhalten. Man kann dem Kind vorschlagen, „SOS" oder „Hilfe-Hilfe" zu rufen. Man kann etwa zu ihm sagen: du hast Lust, etwas zu zerschlagen, etwas durch die Gegend zu werfen; damit macht man es ihm leichter, sich gegen diese inneren Impulse zu wehren:

Bob raste in den Speisesaal und warf dabei mit Gewalt Stühle um. Ich erreichte ihn in dem Moment, wo er einen Tisch umwerfen wollte. Ich legte

meine Arme um ihn und fragte naiv: „Was fühlst du?" – „Nichts, gar nichts,
du Idiot. Ich fühle überhaupt nichts", schrie er wütend.
Später konnte er erzählen, er habe nichts gefühlt, als er durch den Raum
gerast sei und alles umgeworfen habe (weder Zorn noch Traurigkeit, noch
irgend etwas). Er gab zu, daß „nichts" zu fühlen ein angenehmer Zustand
sei – also einer der Gründe, warum er wild herumrase, wenn er sich verzwei-
felt fühle.

Erst in den späteren Stadien des Wutanfalls wird es möglich, dem Kind einige der inneren vorausgehenden Warnzeichen bewußt zu machen. In der
Hilfe-Hilfe-Phase kann man nicht mehr tun, als für Sicherheit und Schutz
zu sorgen und auf die ganz offenkundigen Gefühle hinzuweisen. Erst nachträglich können wir die Ereignisse mit dem Kind im einzelnen durchgehen
und versuchen, ihm ungefährlichere Signale zum Gebrauch anzubieten.

*Manche Kinder können durchaus lernen, Körpersensationen wie Fäusteballen, Magenkrämpfe, das wilde Verlangen zu laufen usw. bewußt werden zu
lassen und als Signal zu benützen, mit dem sie den Erzieher zu Hilfe holen.*
Ein paar andere Vorschläge haben genügend Allgemeinwert, um hier aufgeführt zu werden. Solange regelrechtes Festhalten ohne Gefahr vermieden
oder aufgeschoben werden kann, sollte man es vermeiden. Wenn das impulsive Verlangen des Kindes darin besteht, wie der Blitz auf einen hochge-
legenen Ort zu klettern (einen Baum, ein Dach), so wäre es falsch, wie in
Kriminalfilmen hinter ihm herzusteigen. Die Sicherheit würde dadurch
wahrscheinlich mehr gefährdet als vergrößert.

Man kann seine beschützende Anwesenheit dadurch genügend klarmachen,
daß man von unten beruhigend mit dem Kind spricht. Falsch wäre natürlich
auch, das Kind in ein legales Argument verwickeln zu wollen, etwa in
dem Sinne: du weißt doch, daß es nicht erlaubt ist, auf Bäume zu klettern,
Fenster zu zerschlagen oder mit Gegenständen herumzuwerfen. Es kennt
diese Regeln ja, und sein Hilfe-Hilfe-Verhalten war absichtlich gerade so
gewählt, daß es eine Regel verletzen würde. Wenn irgendwie möglich, sollte
man das Kind an einen bequemen und nichtöffentlichen Ort bringen, eine
Couch oder ein Bett etwa.

Einige Kinder versuchen in dieser Phase, den Erzieher dazu zu bringen,
äußerlich die Rolle zu spielen, die sein eigenes primitives Superego innerlich
spielte. Sie fragen, womit sie bestraft werden oder welche Folgen ihr schlechtes Betragen haben wird. Ihr Sünde-Buße-System ist nicht immer leicht zu

umgehen, aber es sollte umgangen werden. Das Kind versucht allzugern, den Erwachsenen zu „zwingen", es zu bestrafen; es ist, als wolle es eine Bestrafung für ein Egoversagen eintauschen. Selbst, wenn das Heim ein Netz von Strafen hat (automatisch eintretende negative Konsequenzen bei bestimmten Fehlbetragen, also etwa Entzug von Privilegien, offizielle Mahnungen usw.), sollte das Argumentieren über oder die Betonung der Bestrafung nicht im Mittelpunkt des Gespräches stehen, das zwischen Erzieher und Kind stattfindet. Es darf nicht der Eindruck entstehen, daß Sühne oder Strafe die Arbeit am Ego ersetzen können. Oft entsteht ja das Fehlverhalten des Kindes, die Missetat selbst, gerade aus dem unbewußten Verlangen, Buße für eine andere, tiefere „Sünde" auferlegt zu bekommen. Nicht selten ist die sekundäre Missetat schlimmer als die primäre. Wenn die Sache abgeklungen ist, mag es gut sein, eine „Strafe" aufzuerlegen (Absonderung von der Gruppe, Nicht-nach-draußen-gehen-Dürfen usw.). Das dient der Gruppenhygiene" (nach Redl) und es nimmt dem Kind unnötige Schuldgefühle wegen seiner Unart. Dem Kind später eine Strafe aufzuerlegen, ist jedoch kein Ersatz für den Augenblick; während des Wutanfalls müssen dem Kind deutlich Grenzen gesetzt werden.

Entweder-Oder

Diese Phase besteht für das Kind aus einer ausweglosen Kombination von Alternativen, Drohungen und Erwartungen. Der Erzieher, wenn er das Kind nicht sogar noch festhält, ist zumindest vollauf mit ihm beschäftigt. Das Kind schreit seine Wünsche heraus:
Entweder du läßt mich los, daß ich den Fritz umbringen kann, oder ich bringe dich um ... Wenn du mein Auto nicht wiederfindest, lege ich dich um ... Ich besorge mir ein Maschinengewehr und bringe euch alle um ... Laß mich los, damit ich ihn zusammenhauen kann ... Selbst wenn du mich eine Ewigkeit festhältst, ich werde ihn trotzdem umbringen (dies, obwohl er ein viel größeres, stärkeres Kind dazu provoziert hatte, ihn anzugreifen) ... Du hast mir was gestohlen und ich werde dir was wegnehmen.
Dies sind primitive Rachedrohungen, sie drücken grandiose Brutalität aus und häßliche Ohnmacht. Sie werden zischend oder zähneknirschend vom Kind ausgestoßen. Darüber hinaus beleidigt es oft absichtlich den Erzieher.

Es versucht etwa den Erzieher lächerlich zu machen (oft in sexueller Hinsicht). Dabei bezieht es sich auf einen Körperteil oder einen Charakterzug, der eine geeignete Angriffsfläche bietet. Es ist beachtenswert, daß dieses Kind, das offenbar jede Kontrolle verloren hat, dennoch genau die Schwächen des Erwachsenen anpeilt und genau spürt, wenn es ins Schwarze trifft. Passiert das, so wiederholt es seine Beleidigungen rücksichtslos: „Du bist fett..." – „Du bist dumm..." Konfuse sexuelle Anspielungen oder Anschuldigungen (z. B. über Beziehungen der Erzieher untereinander) sind gar nicht so selten. Das gilt auch von sexuellen „Verführungsversuchen".

Innere Dynamik. Obwohl es paradox klingt, diese Drohungen, Beleidigungen und ganz und gar unmöglichen Alternativen sind der Ausdruck eines Versuchs des kindlichen Ego, wenigstens einen Anschein von Selbstgefühl, von Kontrolle über die Situation aufrechtzuerhalten. Was es da herausschreit, ist das Bedürfnis, sich zu überzeugen, daß es noch eine gewisse Handlungsfreiheit hat. Es scheint zu verlangen, daß die Realität sich seinen Wünschen anpaßt, sich von ihm manipulieren läßt. Daraus läßt sich schließen, daß selbst inmitten dieses Tumults ein Bedürfnis nach Selbstkontrolle erhalten bleibt.

Das Ego behält selbst im Strom der Impulse und Zornentladungen noch einen Aspekt, der die Umwelt bewältigen möchte. Das scheint die Vermutung zu bestätigen, die White 1963 als ein „Wirksamkeitsverhalten" postulierte, das im Ego unabhängig von triebhaften Kräften existiert. In schlichteren Worten, das Kind hat zwar die Kontrolle über seinen Körper verloren, aber es fährt fort, Alternativen zu formulieren (wenn auch lächerliche), so als ob Handlungsfreiheit das Wesen des Ich sei. Der krampfhafte Wunsch, den Erwachsenen in Erregung zu bringen (etwa durch Beleidigungen), ist nur ein Aspekt des kindlichen Versuchs, sich die Um- und Mitwelt zu Willen zu machen. Seine Entweder-Oder-Drohungen stärken sein Machtgefühl. Was wir hier klar herausheben wollen, ist die Erkenntnis, daß man hinter all dem drohenden Lärmen immer noch die kompensatorischen Bemühungen des Ego wahrnehmen kann. Das Kind versucht, seinen Verlust der Selbstkontrolle dadurch zu kompensieren, daß es sich und anderen vormacht, es könne die Umwelt manipulieren. Wie es sie manipuliert, ist unwichtig gegenüber dem Gefühl, daß es sie manipuliert. (Einige Leser werden bemerken, daß Dynamik und Verhaltensformen dieser Phase in psychoanalytischer

Terminologie als Durchbruch von Allmachtsgefühlen bezeichnet werden könnten, hervorgerufen durch den Zusammenbruch der Egostruktur.)

Vorschläge für die Handhabung. In dieser Phase schlagen die Gefühlswellen hoch, meist auf beiden Seiten. Erwachsene begehen leicht den Irrtum, sich in die Argumente, Drohungen oder Alternativen hineinziehen zu lassen. Sie versuchen, die Vorstellungen des Kindes methodisch abzuwehren, bemerken aber bald, daß Sie sich in ein Netz von Widersprüchen verwickelt haben. Sie befinden sich an der Grenze ihrer Geduld. Das Kind bemerkt mit Befriedigung, wie verzweifelt der Erwachsene darum ringt, Logik und Selbstbeherrschung aufrechtzuerhalten. Der Erwachsene versucht mit Gewalt, das Kind zu unterdrücken. Er ist oft sehr beunruhigt von seinem eigenen wachsenden Zorn und nimmt eine zu gewaltsame oder zu passive Stellung ein. Sollte er versuchen, sich selbst und das Kind davon zu überzeugen, daß gar nichts ihn in Wut versetzen kann, so ist das eine unrealistische Haltung. Oft reagiert das Kind darauf mit noch ausfälligerem Verhalten.

Die ganze Situation wird für das Kind so unübersichtlich und bedrohlich, daß es noch erregter wird und noch verzweifelter handelt. Zeit- und Raumgrenzen schwinden, und das Kind trägt seinen Kampf über das „Hier und Jetzt" hinaus:

Ich besorge mir ein Gewehr und bringe dich um – wenn ich 21 bin, versteckst du dich besser vor mir.

In diesem Stadium ist es sehr wichtig, dem Kind Raum- und Zeitgrenzen vor Augen zu halten:

Wir beide bleiben hier, wo wir sind ... Ich werde dich halten, bis du dich wieder selbst halten kannst ... Wir werden dies alles noch vor dem Abendessen wieder in Ordnung bringen (die Zeitangabe muß dem Kind begreiflich sein) ... Diese ganze Aufregung wird vorübergehen ...

Jeder Entweder-Oder-Vorschlag des Kindes, der halbwegs vernünftig ist, sollte akzeptiert und gefördert werden. Manchmal mag es auch gelingen, ein lächerliches Verlangen in ein vernünftiges zu verwandeln: „Entweder du machst es ganz oder ich schlage es kaputt" z. B. kann abgewandelt werden in: „Wir können es zu reparieren versuchen oder sehen, ob wir ein anderes für dich finden." Vernünftge Alternativen zu finden und zu akzeptieren ist ja eine Fähigkeit, die wir unsere Kinder zu lehren versuchen. Oft ergibt sich keine Gelegenheit dazu. In solchen Fällen müssen wir darauf hinweisen, daß die kindlichen Drohungen nicht der einzige Weg sind, die Lage zu verändern. *„Das mag die einzige Wahl sein, die du vor dir siehst, aber ich kann dir ein paar andere Vorschläge machen."* Oder: *„Du meinst, es gäbe nur diese Lösung, Du glaubst, dies sei alles, was sich machen läßt. Aber ich habe bessere Vorschläge. Ich werde bei dir bleiben, bis diese Aufregung vorüber ist, und dann finden wir eine bessere Art, die Angelegenheit aus der Welt zu schaffen."*

Bei diesem zweiten Beispiel macht der Erwachsene keine konkreten Vorschläge, aber er bedeutet dem Kind, daß sich selbst dann noch Lösungen finden lassen, wenn man sehr erregt ist.

Eine andere wirksame Reaktion des Erwachsenen kann in dieser Phase darin bestehen, seinen eigenen Ärger gemessen zum Ausdruck zu bringen. Er kann dem Kind sagen, daß er sich über sein Benehmen ärgert. Er kann zornig aussehen, und es kann zornig klingen, wenn er dem Kind sagt, daß sein Verhalten ihn ärgere. Der bemessene Ausdruck von Zorn ist etwas, was das Kind eher nachahmen kann als unendliche Geduld oder völlige Passivität. Wenn alle legitimen Entweder-Oder-Vorschläge versagen, wenn das Abwandeln von Alternativen, die Festigung von Zeit- und Raumgrenzen und selbst der bemessene Ausdruck von Ärger versagen, dann geht der Wutanfall in die nächste Phase über – das Ego verschanzt sich noch tiefer.

Nein-Nein

Wenn die Drohungen und Wünsche nicht in die Realität umgesetzt werden können und sich keine vernünftige Alternative bietet, dann zieht sich das Kind auf eine noch infantilere Version seines Selbst zurück. Es macht deutlich, daß es (obwohl unfähig, sich selbst zu helfen) auch keinesfalls die Vorschläge der Erwachsenen zu akzeptieren bereit ist. Es wird seine positiven Lösungsversuche reduzieren und seine Ablehnung (in Wort und Tat) deutlicher als bisher zum Ausdruck bringen.

Wenn man jetzt etwa seinen Arm ein wenig in eine Richtung zieht, so wird es nach der anderen Seite ziehen. Wenn man ihm aus seiner Jacke helfen will, so wird es sie fest an sich zerren.

Das Hauptthema dieser Phase ist die Ablehnung seitens des Kindes. Es wehrt sich gegen alle Vorschläge, Worte und Handlungen des Erwachsenen. Während es vorher auch schon ablehnend gewesen sein mag, ist jetzt sein ganzes Verhalten eine einzige und ausschließliche Negation. Während bisher das Kind hauptsächlich Vorschläge machte und der Erwachsene sie ablehnte, geht es jetzt umgekehrt zu:

„Laß mich in Ruh..." – *„Halt den Mund..."* – *„Rühr mein Bett nicht an... – „Laß mein Spielzeug liegen..."* Wenn der Erwachsene Ruhe vorschlägt, schreit das Kind oder schlägt wild um sich.

Wenn der Erwachsene helfend eingreifen will verrenkt sich das Kind noch mehr, um Verletzungen zu provozieren. Die Ablehnungen, Abweisungen und Umkehrungen dieser Phase zeigen eine fast zwanghafte und automatische Ablaufweise.

Innere Dynamik. Wir stellen uns den Negativismus des Nein-Nein-Stadiums als primitiven Abwehrmechanismus des Ego vor. Das Kind hat seine Identität als „Wirkungsursache" (Entweder-Oder) nicht aufrechterhalten können und zieht sich nun auf eine noch primitivere Identität zurück. Es sagt im Grunde: „Ich kann zwar keine Aktion bewirken, aber ich bin ich und nicht du." Das „Ich" bedeutet in diesem Falle „weder du noch deine Ansprüche an mich". Der überwältigende Impulsdurchbruch eines Wutanfalls hat die Wirkung, das Ego zu primitivieren. Es ist trotzdem eindeutig, daß das Kind weiterhin um einen Schein von Identität ringt. Die Dynamik hinter dem Nein-Nein stellt die letzte Bastion des Selbstgefühls dar.

Es ist interessant, diesen primitiven Abwehrmechanismus mit jenem Prozeß zu vergleichen, der an der ursprünglichen Entstehung des Selbst- oder Identitätsgefühls beteiligt ist. Das „Nein-Nein" des dreijährigen Trotzkindes dient meist der beginnenden Unabhängigkeit. Die eigene Kraft wird erprobt, indem man sich den elterlichen Wünschen widersetzt. Wenn man selbst nichts in Gang zu setzen vermag, so kann man doch wenigstens dadurch ein Gefühl der Macht und der Überlegenheit hervorrufen, daß man sich den anderen widersetzt. Es erscheint natürlich, daß ein Vorgang, der bei der Entstehung des Ich maßgeblich beteiligt ist, auch später wieder eine Rolle spielt, wenn die Ich-Struktur, etwa durch einen Wutanfall, ins Wanken gerät.

Handhabungsvorschläge. Da in diesem Stadium nur ein rudimentäres Ich vorhanden ist, wird die Verhandlung mit dem Kind besonders schwierig.

Die Werte, die ein Erwachsener hochhält, werden jetzt leicht von der Ablehnung des Kindes beiseite gefegt. Diese Phase ist nicht der Augenblick, in dem man versuchen sollte, dem Kinde klarzumachen, wie sehr man ihm helfen möchte („Du willst mich umbringen") oder wie sehr man es immer noch liebt („Du kannst mich nicht ausstehen") oder es zu versichern, daß es sich bald wieder wohler fühlen wird („Ich werde dich immer und ewig hassen"). Dem Kind jetzt Verhaltens- und Ordnungsregeln des Heimes zu zitieren, kann natürlich nur Ablehnung und Negativismus hervorrufen.

Die sicherste Position, die ein Erwachsener bei diesem Stand der Dinge einnehmen kann, ist diejenige, die dem Kind soweit wie möglich dazu verhilft, wieder mehr Selbstgefühl und Selbstkontrolle zu gewinnen.

„Ich möchte, daß du selbst wieder dein Schiff übernehmen kannst ..." – *„Du wirst das Steuer wieder übernehmen, sobald du zu all diesem Unsinn und Herumwüten ‚Nein' sagen kannst."*

Wenn es gelingt (was selten ist), einige der losgelassenen Energien auf die Beherrschung der körperlichen Bewegungsstürme abzulenken, so grenzt der Effekt ans Wunderbare. Manchmal kann man durch ein Ja-Nein-Spiel dem Kind helfen, den infantilen Charakter seines Nein-Nein-Verhaltens zu erkennen. Die automatische Weise, in der das Kind nun das Gegenteil von dem tut, was man sagt, kann manchmal in Humor abgewandelt und so zum Stillstand gebracht werden. Plötzlich erkennt das Kind die Albernheit seines Verhaltens; es merkt, daß es genau das tat, was erwartet wurde, weil der Erwachsene seine Taktik durchschaut und ihm das Gegenteil dessen, was es tun sollte, angeraten hatte. Dies ist allerdings ein riskantes Spiel, das man nur dann wagen sollte, wenn man das Kind gut und lange kennt. Das Spiel muß mit Feingefühl und etwas Humor durchsetzt sein und kann nur dann gutgehen, wenn dem Kind ein wenig Sinn für Humor erhalten geblieben ist. Es sollte also nur dann gewagt werden, wenn bestimmte Voraussetzungen erfüllt sind. Ansonsten würde die Demütigung und Abwertung dem Kind weitaus mehr schaden, als das bißchen gewonnene Kooperation wert ist.

Wenn sich an diesem Punkt eine rudimentäre Selbstkontrolle entfaltet, so ist es oft möglich, den Wutanfall auf die „Entweder-Oder"-Phase zu reduzieren und ein paar einfache Alternativvorschläge von der Art „wenn du –, dann" zu machen. Wenn sich aber keinerlei Selbstbeherrschung entwickelt, so verliert jetzt der Anfall an Kraft und Ausdrucksfähigkeit. Das Kämpfen läßt nach und Depression ersetzt allmählich die Aggression. Das ringende

Ego wendet sich von den interpersonalen Bezügen ab und zieht sich in sich selbst zurück.

Laß mich in Ruhe

Langsam aber sicher werden die Bewegungen und die Worte des Kindes wieder ruhiger. Obwohl gelegentliche negative Ausbrüche durchaus noch vorkommen, scheint das Kind im ganzen ruhiger und eher traurig. Es erlaubt und akzeptiert jetzt vielleicht eine Hilfe, etwa beim Ausziehen einer Jacke oder dem Zurechtrücken eines Kissens. Weinen und Drohen werden von einer hohl klingenden Stimme abgelöst. Affektierte Mundbewegungen sind in diesem Stadium nicht ungewöhnlich: die Lippen werden verzogen oder angesaugt, geleckt oder gebissen. Das Kind überprüft oft seinen Körper, untersucht einen Arm oder ein Bein, reibt sich die Augen oder rückt sich ein Kleidungsstück zurecht. Der Erwachsene, der bei dem Kind geblieben ist, kann jetzt ein wenig aufatmen. Wenn er dem Kind, das nun offenbar müde ist und rote Augen hat, ein Glas Wasser oder einen kühlen Waschlappen anbietet, so wird diese Geste meist akzeptiert.

Die verbalen Äußerungen des Kindes und seine Bewegungen drücken jetzt aus, daß es seine Interaktionen mit dem Erwachsenen auf ein Minimum beschränken möchte. Es schaut ihn nicht an, versteckt das Gesicht unter der Decke, zieht das Hemd über die Augen oder versteckt sich gar unter dem Bett oder im Schrank. Die Annahme der helfenden Geste (Wasser, Kleidung) ist ein kurzer Friedensschluß und bedeutet nicht, daß nun eine freundliche Unterhaltung stattfinden kann. (Der Erwachsene sollte daher auch keinen Versuch in dieser Richtung machen.) Versuche der Annäherung werden meistens abgewiesen.

Laß mich in Ruhe ... Sprich mich nicht an ... Mach, daß du rauskommst ... Reg mich nicht auf ... Schau mich nicht an ...

Eine Mischung von relativer Ruhe, Traurigkeit und Wunsch nach Alleingelassenwerden charakterisieren diese Phase.

Innere Dynamik. Die Tatsache, daß das Ego nicht einmal mehr durch Widerstand gegen die Anordnungen des Erwachsenen (Nein-Nein-Stadium) seine Identität oder Selbständigkeit beweisen kann, bringt eine beträchtliche Niederlage mit sich. Die Folge davon ist ein Rückzug auf das Selbst, ein Abwenden von der Umwelt, sogar eine kurze Depression. Im Moment bleibt nur ein Egokern (ganz vereinsamt und nach innen gekehrt), den das Ego noch verteidigen kann. Dies geschieht dadurch, daß es jeden Kontakt mit der Außenwelt ablehnt. Das Lecken der Wunden und Sich-in-sich-selbst-Verkapseln dienen dazu, die Energien dahin zu lenken, wo sie im Moment am dringendsten benötigt werden, nach innen. Es sieht so aus, als diene die Depression dem Zweck, nach außen gerichtetes Verhalten zu unterbinden.

Die relative Ruhe dieser Phase kann irrtümlich als „Rückkehr des Ego" angesehen werden. Weil das Kind sich nicht mehr wild und ungehemmt gebärdet, nehmen Erwachsene gern an, daß es nun wieder vernünftig wird. Sie versuchen, mit ihm wieder in normalen Kontakt zu treten, es wieder in den Strom der Tagesroutine einzubeziehen. Die Plötzlichkeit jedoch, mit der das Kind wieder „in Stücke gehen kann", zeugt von der momentan noch bestehenden Gebrechlichkeit seiner Egostruktur. Eine Depression, vor allem bei eher ungehemmten Kindern, kann leicht mit Egokontrolle verwechselt werden. Daß im Moment nichts Schreckliches mehr passiert ist richtig, liegt aber daran, daß jetzt eben gar nichts in dem Kind vorgeht. Die Depression in diesem Stadium ist nur eine Scheinkontrolle.

Vorschläge für die Handhabung. Es ist wichtig, die Rückzugstendenzen des Kindes während dieser Phase zu respektieren. Manche Erwachsene wollen zu diesem Zeitpunkt eine langatmige Lektion über den Unsinn und die Gefahren des Wutanfalls erteilen. Das ist falsch. Im allgemeinen sollte man vielmehr dem Kind erlauben, sich so lange wie es möchte – unter der Decke oder bei zugehaltenen Ohren – auf sich selbst zurückzuziehen. Es kann gut sein, das Kind nicht direkt anzuschauen, sich ein wenig von ihm zu entfernen und so seinen Wunsch der Zurückgezogenheit zu respektieren; aber man sollte sich nicht ganz außer Sicht- oder Hörweite begeben.

Was gesagt werden muß, sollte kurz, ruhig und sachlich gehalten sein. Die beste Mitteilung in diesem Moment ist jene, die unsere Nähe ausdrückt, unsere Hilfsbereitschaft und unser Verständnis für seine Traurigkeit. Eindringliches Befragen oder Versuche, es zum Antworten zu bringen, sind jetzt unangebracht. Eine Bemerkung darüber, daß der Temperamentsausbruch nun vorbei ist, kann hilfreich sein. Meist ist es nicht angebracht, das Kind sofort wieder in die Tagesroutine einspannen zu wollen. Die Laß-mich-in-Ruhe-

Phase ist das Ende des üblichen Wutanfalls, der hier zur Diskussion steht. Sie kann kurz sein oder mehrere Stunden anhalten. Nicht selten schläft ein Kind während dieser Phase ein. Das nächste Stadium, das nun zur Sprache kommt, betrifft nicht den Anfall selbst, sondern die Nachwirkung.

Der „Kater"

Das Nachspiel des Wutausbruchs kann sehr verschieden aussehen. Einige Kinder reden wieder und schauen drein als ob nichts geschehen wäre – mit Ausnahme von etwas Müdigkeit oder leicht geröteten Wangen oder Augen. Die Kinder haben alle Kraft „verpufft" und scheinen nun wieder sie selbst zu sein. Der Gewittersturm hat die Atmosphäre geklärt; das Leben kann nun in normaleren Bahnen weiterlaufen.

Anderen Kindern dagegen sieht man einen „Kater" an. Bei ihnen lassen sich in der Nachphase Schuldgefühle, Ärger über sich selbst, sogar Selbstvorwürfe feststellen. Ihre Klagen sind oft ein Versuch, äußeren Dingen die Schuld zuzuschieben. Sie sagen z. B., ihr bevorzugter Erzieher oder Therapeut sei immer dann weg, wenn man ihn am meisten brauche. Wenn er dagewesen sei, wäre es gar nicht zu all dem gekommen. Sie können übrigens damit recht haben. Der „Kater" kann sich auch so äußern, daß das Kind behauptet, das Heim sei langweilig. Es deutet also an, die Erwachsenen seien schuld, da sie nicht genügend Anregung und Abwechslung bereithielten. Das Kind, das einen Kater hat, setzt sich mit seinem Anfall auseinander und ist bekümmert. Den Erziehern im Walker Home ist es lieber, wenn die Kinder einen Kater haben, denn dann besteht bessere Aussicht darauf, daß sie mit der Zeit Alternativformen lernen.

Innere Dynamik und Handhabungsvorschläge. Wenn die Nachphase von der Art des „Als-ob-nichts-geschehen-sei", ist, so tut der Erzieher gut daran, dem Kind einige Einsicht in die Angelegenheit zu vermitteln. Die Unterhaltung kann sich darauf konzentrieren, dem Kind Hinweise darauf zu geben, was den Wutanfall hervorrief. Indem wir mit ihm über das sprechen, was kurz vor dem Zornesausbruch lag, vermitteln wir ihm Einsicht in jene Phase, in der es selbst noch die Möglichkeit gehabt hätte, ein Alternativverhalten zu wählen. Es kann dann eher sehen, wo es die Gelegenheit verpaßt hat, durch angebrachteres Verhalten seinen Gefühlen Ausdruck zu verleihen.

Man kann auch andeuten, wie der Ausbruch auf andere wirkte. Diese Bemerkungen können so formuliert werden, daß sie das Kind vor den Vorwürfen anderer Kinder beschützen:

Die anderen Kinder hatten Angst. Du sahst so wild aus, so unglücklich und wie von Schrecken gejagt. Sie werden dich vielleicht deswegen aufziehen. Kannst du dir vorstellen, wie du aussahst? Vielleicht sagst du den anderen, daß es nun vorüber ist.

Indem man Wutanfälle allgemein bespricht und dabei auch die Ausbrüche und Schwierigkeiten anderer Kinder ins Gedächtnis zurückruft, kann man das Kind vielleicht dazu bewegen, sich mit seinem eigenen Wutanfall bewußter auseinanderzusetzen. Das Ziel ist ja hier, einen „Kater" herbeizuführen. Im Optimalfall erzielt man einen milden Angstzustand.

Diese Ängstlichkeit kann dann als Motivationsfaktor benützt werden zur Suche nach Alternativformen des Verhaltens. Durch diese Gespräche würde man erreichen, das Element der Panik aus dem Wutanfall zu entfernen und statt dessen das Kind zu befähigen, seine Angst in anderer Form zu signalisieren, sich realitätsbezogener dagegen zu wehren. Natürlich kann man nicht erwarten, daß das Kind im Laufe einer einzigen solchen Unterredung lernt, diese von außen herangetragenen Einsichten praktisch umzuwerten. Bei Kindern, die zu Zornesausbrüchen neigen, dauert es geraume Zeit, bis auch nur ein milder „Kater" hervorgerufen werden kann. Wenn es gelingt, eine besinnliche Nachphase herbeizuführen (oder wenn das Kind sie von sich aus hatte), dann bleiben noch mehrere Dinge zu tun. Die Schuldgefühle, die Verminderung des Selbstwertgefühls und die Depression, aus denen sich der Kater zusammensetzt, bedürfen der konstruktiven Hilfe seitens des Erwachsenen. Der „Riß", der im Ego entstanden ist, muß wieder „zusammengeflickt" werden. Es ist empfehlenswert, die einzelnen Stadien des ganzen Ablaufs durchzusprechen: den indirekten Ruf um Hilfe, die empfundene Hoffnungslosigkeit, den verzweifelten Versuch, das Ich zusammenzuhalten und das Gefühl der Niederlage und Einsamkeit, das sich am Ende abzeichnete. Dies verhilft dem Kind dazu, seine Situation nicht nur im Sinne von „schlecht" oder „verrückt" zu interpretieren. Die Erläuterungen des Erwachsenen dürfen natürlich nicht Zustimmung ausdrücken, sondern nur Verständnis. Die Betonung muß darauf liegen, daß es bessere Wege gibt, das aufkommende Gewitter zu signalisieren, den Erwachsenen zur Egoverstärkung herbeizurufen und Alternativverhalten zu entwickeln.

Die helfenden Ratschläge sollten keinesfalls andeuten, daß es in Zukunft zu keinem Wutanfall mehr kommen wird.

Der Kater bereitet den Boden, der das Kind befähigt, mit dem Erzieher über sich selbst zu sprechen. Erwachsener und Kind können miteinander Einsichten in den Wutanfall erarbeiten. Echte Kommunikation und eine gemeinsame Terminologie können sich entwickeln:

Da hast du den richtigen Augenblick verpaßt ... an dem Punkt warst du völlig hemmungslos ... es macht dich ganz müde, den wilden Mann zu spielen ... erinnerst du dich an alle die häßlichen Redensarten, die du führtest, ehe du anfingst, wild um dich zu schlagen?

Es ist besonders wertvoll, wenn Erwachsener und Kind eine beiden verständliche Sprache entwickeln, die sich schon in der „Knurr- und Brumm-Phase" anwenden läßt. Damit gelingt es vielleicht, dem Kind Gefühle und Verhaltensweisen bewußt zu machen, die signalisieren, daß der Ängstlichkeitsgrad in ihm bedrohliche Ausmaße annimmt. Es kann früh genug erkennen, das seine schlechte Laune oder das Gefühl, etwas verloren zu haben, aus unbestimmter Angst stammen, und daß es Zeit ist, einen Erwachsenen um Hilfe zu bitten. Der Erzieher kann ihm dann helfen, mit seiner Angst in altersgemäßerer Weise und ohne Wutanfall fertigzuwerden.

Bis zu einem gewissen Grad können solche „Kater-Gespräche" natürlich eine Minderung des Selbstwertgefühls zur Folge haben. Das Kind ist niedergeschlagen, weil es wieder so einen dummen „Anfall" gehabt hat. Es obliegt dem Erzieher, darauf zu achten, daß nicht das Kind selbst, sondern nur sein Verhalten als „schlecht" dargestellt werden.

Zusammenfassung und Schlußfolgerungen

Wir haben dargestellt, wie Verstehen, Beobachten und Handhabung bei einem typischen Wutanfall von Nutzen sein können. Die sechs geschilderten Phasen sind nicht als unveränderlicher Ablauf unvermeidbarer Ereignisse zu betrachten. Sie beabsichtigen lediglich, die verschiedenen Vorgänge zu differenzieren, die Handhabung, d. h. Unterbrechung oder Milderung des Anfalls, zu erleichtern und die Kommunikation zwischen Kind und Erwachsenem zu verbessern.

Wir betrachten den Wutanfall als eine Serie von Ichphasen besonderer Prägung. Während der Brumm- und Knurrphase beginnt das Ego unter der Last der panikartig wachsenden Angst zu zerfallen. Eine Möglichkeit, diese Panik zu signalisieren, steht entweder nicht zur Verfügung oder kann nicht mobilisiert werden. So kann auch keine adäquate Verhaltensweise entwickelt werden. Im Hilfe-Hilfe-Stadium bringt das Kind seine Angst nach außen, es tut etwas, was den Erwachsenen alarmiert. Es signalisiert sein Bedürfnis nach Hilfe, indem es Verbotenes tut. Wenn der Erwachsene helfend eingreift, ringt das wütende Kind darum, noch einen Schein von Selbstkontrolle zu bewahren oder mindestens von Identität. Es verschanzt sich hinter einer Anzahl von Bedingungen. Seine Entweder-Oder-Forderungen sind ein Versuch, sich selbst zu überzeugen, daß es die Situation noch in der Hand hat, daß es Ursache und Wirkung selbst dirigieren kann. Die Nein-Nein-Phase stellt eine Regression auf frühkindliche Entwicklungsstufen dar, aber sie beinhaltet immer noch interpersonale Beziehungen. Das Laß-mich-in-Ruhe-Stadium ist der Rückzug von allem Kontakt mit der Um- und Mitwelt. Das Kind bemüht sich jetzt, wenigstens dieses Restego, dieses ganz vereinsamte Ich im Gleichgewicht zu erhalten. Das Nachlassen der aggressiven Gewalt und das Zunehmen depressiver Gefühle findet meist während der beiden letzten Stadien statt. Das „Kater-Gespräch" versucht, dem Kind Einsicht zu vermitteln in das, was während des Anfalls vor sich ging, und ihm bessere Alternativen bewußt zu machen, mit deren Hilfe es seine Gefühle ausdrücken und in den Griff bekommen kann.

Gefahren und Fallen

Das Wissen um die verschiedenen Phasen eines Wutanfalls kann bewirken, daß man sich unbewußt dazu verleiten läßt, solche Ausbrüche zu provozieren. Diese Gefahr muß erkannt werden. Die „liebevolle" Zuwendung, die unseren Schilderungen zugrunde liegt, könnte dazu führen, daß das Kind vermehrt zu Wutanfällen greift. Es könnte andererseits dazu kommen, daß wir Temperamentsausbrüche so gut verstehen und therapeutisch nutzen, daß wir sie schließlich als normal betrachten bzw. als ein adäquates Mittel für Heimkinder, sich die Zuwendung der Erwachsenen zu sichern. Pseudo-Wutanfälle könnten die Folge sein. Das Kind würde sich sagen: „Die Leute hier sind mehr interessiert und hilfsbereit, wenn ich großes Theater mache." Diese

Gefahr kann vermieden werden. Daß sie existiert, beweist aber nicht das Gegenteil. Wutausbrüche würden auch dann vorkommen, wenn sie keine Beachtung fänden. Eine warme Atmosphäre, in der Kinder viel Zuwendung erfahren, stellt das Gegenteil eines Milieus dar, in dem nur grobe Wutausbrüche die Gleichgültigkeit durchbrechen und Zuwendung erzwingen können. Es kommen aber immer viele Kinder in heilpädagogische Heime, die vorher lange in solch gleichgültiger Umgebung gelebt haben. Sie wurden vielleicht „anfallsüchtig", weil sie nur so die Mitwelt aufstören konnten. Sie fahren fort mit ihren Wutanfällen, selbst nach langen Behandlungsperioden und obwohl sie längst bessere Alternativen zur Verfügung haben. Wir treten diesen Ausbrüchen trotzdem immer verstehend gegenüber, versuchen sie allerdings zu bremsen und erreichen es manchmal, die ganze Zeit über mit dem Kind im Gespräch zu bleiben. Wenn jedoch innere Spannungen und äußere Schwierigkeiten zusammenkommen, dann neigen diese süchtigen Kinder immer wieder dazu, nach der Flasche mit der Aufschrift „Wutanfall" zu greifen und daraus zu trinken. Diesen Kindern gegenüber greifen wir niemals zur Gewalt; wir zwingen ihnen kein Alternativverhalten auf. Unser wohlwollendes, therapieorientiertes Heim fährt fort zu verstehen und helfend einzugreifen. Wir finden es nicht richtig, ein System von Strafe und Lohn einzusetzen, um das Kind zu zwingen, andere Verhaltensformen anzunehmen. Unsere Erfahrung hat uns gelehrt, daß Lohn- und Strafmethoden nur dann erfolgreich sein können, wenn wir das Verhalten des Kindes lange und sorgfältig genug beobachtet haben, um den „roten Faden" darin zu entdecken. Haben wir diesen erst einmal erkannt und können wir sicher sein, daß sich das Kind besserer Alternativen bewußt ist, dann können wir Belohnungen einsetzen (Lob, Privilegien oder natürliche Verstärker), wenn es vernünftigere Alternativen wählt oder Strafen (Kritik, Einschränkung der Rechte, Vorenthalten von Verstärkern), wenn es mit den Wutanfällen weiterhin fortfährt (Ferster und Simons, 1966). Die detaillierte Kenntnis des Wutanfalls des Kindes ist eine Voraussetzung, aber der gleichmäßige Einsatz von Lohn und Strafe („Verhaltensmodifizierung") kann das Abklingen der Anfallsucht beschleunigen.

Einige Hinweise

Je sorgfältiger wir einen kindlichen Wutanfall beobachten, desto besser erkennen wir die individuellen Nuancen. Unsere vertiefte Kenntnis vom Kind dürfte darüberhinaus Umgang und Therapie erleichtern. Bei einigen Kindern wird es uns gelingen, ihre Anfälle gleich zu Beginn abzufangen und sie davor zu bewahren, sich noch tiefer zu verschanzen. Bei anderen Kindern wird es möglich sein, während des ganzen Ausbruchs im Gespräch zu bleiben und so die schlimmsten Formen des Ausbruchs zu vermeiden. Der Erwachsene muß sich über seine Rolle bei diesem Gespräch objektiv klar sein; sie besteht in der konstruktiven Ausweitung und Stützung des kindlichen Ego, nicht etwa darin, daß er seine Überlegenheit oder sein Besserwissen zum Ausdruck bringt. Eine belastbare positive Beziehung zum Kind, dessen Ich einiger Selbstbeobachtung fähig ist, ist Voraussetzung für den während des Anfalls fortgesetzten Dialog.

Das bessere Verständnis eines Wutanfalls reduziert außerdem die Spannung des Erwachsenen. Diese Ausbrüche aus unterschiedlicher Sicht sehen und mit unterschiedlichen Mitteln angehen zu können, das befähigt ihn zu geschickterer Handhabung. Der Wutanfall verliert seinen bedrohlichen Charakter und damit die Möglichkeit, den Erwachsenen in ausweglose Situationen zu manipulieren oder ihn zu unsinnigen Konzessionen zu bewegen. Je mehr methodische Alternativen dem Erzieher zur Verfügung stehen, desto geringer wird die Wahrscheinlichkeit, daß er zu Gegenaggressionen greift. Kurz, das Wissen um die Wutausbrüche verhilft dem Erzieher dazu, seine Maßnahmen im Rahmen dessen zu halten, was als therapeutische Intervention bezeichnet werden kann.

Die Konzeptionen, die hier bezüglich der Wutanfallsphasen entwickelt wurden, liegen zwischen der Ich-Psychologie des Psychoanalytikers und der Milieutherapie des Heilpädagogen. In dem Maße, in dem sie von beiden Seiten geteilt werden, erleichtern sie die Kommunikation. Die Einsichten können den Psychotherapeuten ebenso dienlich sein (McDermott, Fraiberg und Harrison, 1968) wie den heilpädagogisch geschulten Erziehern. Therapeut und Erzieher sollten gemeinsam therapeutische Interventionen und Behandlungsformen entwerfen.

Die Erfahrung hat uns gelehrt, daß das Training und die Supervision der Berufsanfänger durch Milieukonzeptionen wie die von Wutanfallsstadien bereichert werden. Sie bieten die Möglichkeit, mit dem Supervisanden die kritischen Phasen eingehend durchzusprechen. Sie geben dem Erzieher die Gewißheit, daß es da ein organisiertes Geschehen gibt, das man kennenlernen kann und daß man Kindern selbst da helfen kann, wo die Erregungswogen haushoch schlagen. Geschickte Beobachtung der Kinder vor aufregenden Unternehmungen (wie z. B. einem Ausflug) wird dadurch erleichtert, daß man die typischen Phasen des Wutanfalls kennt. Wenn in einem Heim Aufregungen immer bei bestimmten Tätigkeiten oder zu bestimmten Zeiten auftreten, so ist es natürlich angebracht, das Programm zu ändern, es den Bedürfnissen der Kinder besser anzupassen.

Schließlich und endlich gewinnt das Kind einen Lehrer und Verbündeten für sein Ego. Verständnis und konstruktiver Eingriff bei Wutanfällen verhelfen ihm zu einem gefestigteren Ich, und so lernt es, die Risiken des Heranwachsens williger einzugehen: anderen zu vertrauen, sich etwas zu versagen usw. (Bettelheim, 1967, S. 328).

Wutanfälle begleiten oft die Phasen, in denen Kinder neue Wege entwickeln, mit dem Leben fertigzuwerden. Wenn wir ihnen in diesem Stadium nicht helfend zur Seite stehen würden, gäben sie vielleicht den Kampf des Erwachsenwerdens auf.

Literatur

Bettelheim, Bruno: The empty fortress. New York: Free Press, 1967.
Ferster, C. B., und Jeanne Simons: Behavior: therapy with children. In: Psychological Record, 16 (1), 1966, S. 65-71.
Freud, Sigmund: An outline of psychoanalysis. New York: W. W. Norton, 1949; dt. Abriß der Psychoanalyse. Frankfurt: Fischer (TB 6043), [20]1953.
McDermott, John F., Selma Fraiberg und Saul Harrison: Residential treatment of children: the utilization of transference behavior. In: Journal of the American Academy of Child Psychiatry. 7 (2), 1968, S. 169-192.
Redl, Fritz, und David Wineman: The aggressive child. Glencoe, Ill.: Free Press, 1957; dt. Steuerung des aggressiven Verhaltens beim Kind. München: Piper, in Vorbereitung.
Stone, L. Joseph, und Joseph Church: Childhood and adolescence. New York: Random House, 1957.
White, Robert W.: Ego and reality in psychoanalytic theory. In: Psychological Issues, Monographie II, 3 (3), 1963, S. 1-210.

8. Verhaltensbeobachtung im Heim und ihre schriftliche Fixierung

Ein Modell

James K. Whittaker

Warum Berichterstattung?

Es gibt kaum eine andere Berufsgruppe, die ihre Worte und Taten einer solch kritischen Analyse unterzieht, wie die Psychoanalytiker und Psychologen. In unseren heilpädagogischen Heimen erwarten wir von unseren Erziehern nicht nur die Strapazen, die ein achtstündiger Arbeitstag mit höchst aggressiven, hemmungslosen und verhaltensgestörten Kindern mit sich bringt, sondern wir verlangen von ihnen auch noch, daß sie schriftlich berichten! Der wichtigste Zweck für solche detaillierten Aufzeichnungen ist natürlich die Kommunikation. In einem gut geführten heilpädagogischen Heim kann es sich dabei um etwas so Banales handeln wie die Mitteilung, „wer mit wem Krach gehabt hat", oder um etwas so Komplexes wie die sorgfältige Analyse eines innerpsychologischen Prozesses. Es gibt kurz- und langfristige Gründe für die Berichterstattung; so müssen beispielsweise die kombinierten Bemühungen mehrerer Experten, die zwei bis vier Jahre lang mit dem Kind im Heim gearbeitet haben, an „signifikante andere", die ebenfalls im Leben des Kindes wichtige Rollen spielen, weitergegeben werden (Lehrer, Sozialarbeiter, Eltern usw.).

Im Grunde dienen gute schriftliche Aufzeichnungen drei verschiedenen Zwecken: der Information, dem Festhalten von Fortschritten und der Forschungsarbeit. Einige Arten der Berichterstattung (wie z. B. eine diagnostische Zusammenfassung) dienen besonders der Beantwortung der Frage: „Was für ein Kind haben wir hier vor uns?" Einer der wichtigsten Faktoren, der zur Modifizierung eines Behandlungsplanes für ein bestimmtes Kind führen kann, ist die rückblickende Analyse seines Verhaltens und seiner Entwicklung.

Der klinische Psychologe interessiert sich vielleicht besonders dafür, wie ein Kind sich zur Schlafenszeit verhält; mit Hilfe der Aufzeichnungen des Erziehers kann er genauer feststellen, ob die abendlichen Angstzustände ab- oder zugenommen haben oder gleich geblieben sind. In ähnlicher Weise gibt die Analyse des Zusammenhaltes einer Gruppe oder ihrer Fähigkeit, Problemlösungen zu finden, Aufschluß über den Entwicklungsstand ihrer einzelnen Mitglieder. Wenn die langwierige und subtile Arbeit des Erziehers außerdem einen Übertragungswert für die „Außenwelt" haben soll, müssen die täglichen Eintragungen so angelegt sein, daß sie auch jenen wertvolle Hinweise geben können, die mit den Kindern leben und arbeiten werden, wenn sie aus dem Heim entlassen sind. Man braucht nur einmal Redl und Wineman „Das aggressive Kind" (1957) zu lesen, um die weitreichende Bedeutung sorgfältig aufgezeichneter und analysierter therapeutischer Arbeit zu erkennen.

Dieses Kapitel wird ausführlich vier Formen der schriftlichen Berichterstattung erörtern: Aufzeichnung wichtiger Vorkommnisse, Aufzeichnungen über einzelne Kinder, Aufzeichnungen über Gruppen und schließlich Verhaltensskalen. Es soll genau zur Sprache kommen, was aufzeichnenswert ist und wie das vorhandene Berichtmaterial geordnet werden kann. Der letzte Abschnitt wird auf einige Fehler aufmerksam machen, die man bei den Aufzeichnungen vermeiden sollte.

Ordnen des Materials

Die verschiedenen Einrichtungen brauchen unterschiedliches Material, und jedes Heim bevorzugt vielleicht eine andere Organisationsform für dieses Material. Die Informationsbedürfnisse einer Jugendstrafanstalt z. B. sind ganz anders als die eines diagnostischen Auffangheimes für Kinder. Erstere würden vor allem aufzeichnen wollen, welche und wieviele Jugendliche im Moment dort sind, welche medizinischen Symptome sie haben mögen und ob sie neue, vor allem gefährlichere Verhaltensweisen an den Tag legen. Ein Diagnosezentrum dagegen würde vor allem wissen wollen, was das Kind an Problemen, innerpsychisch und verhaltensmäßig, mitbringt, wie es sich Altersgenossen gegenüber verhält, wie es sich Erwachsenen anpaßt, welche Auffassung es von sich selbst hat und wie es auf therapeutische Maßnahmen reagiert. Andere Häuser wären vielleicht nur daran interessiert, gewisse Verhaltensformen nach Häufigkeit, Intensität und Dauer listenartig festzuhalten; das könnte mit Hilfe vorgedruckter Formulare sehr einfach in Form von Abhaklisten durchgeführt werden. Welche Vordrucke jeweils benutzt werden, hängt von den besonderen Bedürfnissen und Interessen und auch von der zur Verfügung stehenden Zeit ab.

Die Fallbeispiele, die hier gegeben werden, stammen aus dem im Walker Home benutzten Berichtsystem. Wir setzen mit jeweils unterschiedlicher Betonung alle vier Kategorien ein: Einzelberichte, Gruppenberichte, wichtige Vorkommnisse und Verhaltensskalen. Wir geben die nachfolgenden Beispiele nicht als Muster, die unverändert dupliziert werden sollten, sondern als Anschauungsmaterial für die verschiedenen Formen der schriftlichen Berichtführung.

Aufzeichnung wichtiger Vorkommnisse

Diese Informationen werden in ein eigens dafür bereitgehaltenes Tagebuch eingetragen. Sie betreffen folgende Vorkommnisse:

1. Ungelöste und schwelende Probleme, die von dem Erzieher, der den Dienst übernimmt, angegangen werden sollten, oder über die ein Erzieher als Supervisor, der Psychotherapeut des Kindes oder eine andere Person unterrichtet werden sollte.
Beispiel: *An die Erzieher, die am Vormittag Dienst haben: Dick und Arnie zankten sich am Abend wegen einer Angelrute. Dick sagte, er habe sie vorige Woche an Arnie verkauft, hätte sie aber wieder von ihm zurückgekauft und zwar mit Arnies Zustimmung. Dieser bestreitet das jetzt und behauptet, Dick habe sie sich einfach „wieder genommen". Die Angel ist jetzt im Büro. (Ich vermute, Dick ist im Recht und Arnie ärgert sich jetzt nur, daß er nachgegeben hat. Diese Sache sollte vielleicht gleich früh angegangen werden, da die beiden sonst keine Ruhe geben werden.)*

2. Wichtige Vorkommnisse oder Gespräche, die der ausführlichen Aufzeichnung wert sind.
Beispiel: *Harold*

Harold versteckte gestern Abend die Schlüssel der Erzieherin; sie hatte ihn aus der Küche verwiesen, weil er dort nur mit den anderen raufte. Ich sprach eingehend mit ihm und sagte, er müsse wohl besondere Sorgen haben, daß er die Schlüssel so wichtig nehme. Ich fragte, wie die Dinge bei ihm zu Hause waren. Er antwortete in düsterer Stimmung, seine Mutter habe Halsentzündung und könne nicht sprechen, sein Vater habe Kopfschmerzen und sei arbeitslos, die Familie werde umziehen. Er erzählte, wie oft er enttäuscht gewesen sei, früher, wenn er von der Schule nach Hause kommend, einen Zettel von seiner Mutter vorgefunden habe, die weg war und aufgeschrieben hatte, wo er die Schlüssel finden könne. Am schlimmsten sei dabei gewesen, daß sie nie vorher gesagt habe, wenn sie nicht da sein würde.

Ich rief Harold ins Gedächtnis zurück, daß er in den vergangenen Tagen mehrmals wegen schlechten Betragens aus Räumen oder Aktivitäten ausgeschlossen worden war. Ich machte ihn darauf aufmerksam, daß er immer, wenn er sich „ausgeschlossen" fühle, dazu neige (wie im Fall der Schlüssel der Erzieherin), etwas anzustellen, was den Erwachsenen daran hindert, wegzugehen, ihn allein zu lassen.

Zwei Dinge scheinen wichtig in diesem Fall: Harold konnte erstens seine Gefühle verbalisieren und zweitens einsehen, daß sein Betragen kein Zufallsgeschehen war, sondern für ihn einen unbewußten Zweck erfüllte. Jetzt können wir dazu übergehen, ihn adäquatere Alternativen zu lehren, die seinen Einsamkeits- und Angstgefühlen Ausdruck geben können.

3. *Andere wichtige Vorkommnisse: Notizen über Telefongespräche, Besuche zu Hause usw.*

Beispiel: *Larry kam heute von seinem Besuch mit Tragetaschen voller Proviant und Spielzeug zurück. Kaum war er drinnen, wollten die anderen Kinder alles sehen. Als ich Larry riet, mich die Sachen bis später weglegen zu lassen, willigte er nur widerstrebend ein. Ich versicherte ihm, seine Eltern hätten ihm das alles gegeben, um ihm Freude, nicht aber Schwierigkeiten zu machen. (Wir müssen den Sozialarbeiter per Eilpost bitten, die Eltern darüber aufzuklären, warum solche Geschenke hier unangebracht sind!!)*

Telefonanrufe nach Hause bringen oft Dinge zutage, die später mit dem Kind durchgesprochen werden sollten.

Beispiel: *Harold rief heute abend zu Hause an; er schien erregt, seit er früher am Tage erfahren hatte, daß seine Familie umziehen würde. Zuerst war nur seine Schwester zu Hause, und er erzählte ihr, was er kürzlich alles im Heim gemacht und erlebt hatte. Mittlerweile kam der Vater heim und sprach auch kurz mit ihm. Ich sprach später mit Harold über seine Sorgen hinsichtlich des Umzugs, bei dem er sich „ausgelassen" fühlte und versprach ihm, über den Sozialarbeiter für ihn einen Besuch zu Hause zu arrangieren.* Alle Eintragungen über wichtige Vorkommnisse sind datiert und abgezeichnet. In einer Nebenspalte ist Raum für Kommentare, die andere Erzieher vielleicht zum gleichen Fall machen möchten. Um Wiederholungen zu vermeiden, kann man auch auf die Einzel- oder Gruppenaufzeichnungen verweisen, wenn der Vorfall dort schon ausführlicher beschrieben ist. Diese Art der Berichtführung gibt die besten täglichen Auskünfte über das Leben der Kinder. Erzieher, die ihren neuen Dienst beginnen, lesen oft zuerst diese Notizen.

4. Weitere Kriterien für die Aufzeichnung wichtiger Vorkommnisse: „Wichtig" heißt hier offenbar nicht alarmierend, störend oder gefährlich. Eine beiläufig erwähnte persönliche Erinnerung (z. B. „Ich denke an den Tag, an dem mein Hund umkam") kann z. B. bedeuten, daß das Kind bereit ist, über seine Vergangenheit zu sprechen, also in eine neue therapeutische Phase zu treten. Ein Phantasiegebilde oder eine leise geäußerte Furcht können wichtige Vorkommnisse sein.

Auch Dinge, die im Kopf des Erziehers anstatt des Kindes vorgehen, können zur Kategorie des Wichtigen zählen, so z. B. plötzliche Einsichten wie diese: Ich habe es zwar bisher nie bemerkt, aber ich glaube, Billy macht immer sonntags morgens Schwierigkeiten oder jedesmal dann, wenn andere Kinder Hunde erwähnen."

Ereignisse aus der persönlichen Vorgeschichte, Phantasievorstellungen, Befürchtungen und plötzlich erkennbar gewordene Verhaltensmuster, sie alle sollten je nach den besonderen Umständen als aufzeichnenswert betrachtet werden.

Einzelberichte

Wenn wir über ein bestimmtes Kind fortlaufend berichten, wenden wir fünf Kategorien an: das Kind selbst betreffend, seine Beziehungen zu anderen Kindern, sein Verhalten Erwachsenen gegenüber, seine Reaktionen auf

Veränderungen und therapeutische Maßnahmen sowie die Art, wie es auf Vorschläge anspricht. Die Aufzeichnungen werden zweimal täglich gemacht, nach jeder Schicht. Die Betonung liegt auf relevanten Vorkommnissen, es geht nicht darum, daß jede Spalte irgendwie ausgefüllt wird. Auch hier kann keine absolute oder allgemeingültige Formel darüber bestehen, wie oft diese Eintragungen gemacht werden sollten. Einige Institutionen werden mit wöchentlichen, anderen mit monatlichen oder sogar nur vierteljährlichen auskommen können.

Wir wollen hier die Frage der Häufigkeit des Berichtens beiseite lassen und nur anzeigen, welche Art von Informationen für die Einzelaufzeichnungen wichtig sind:

Beispiel:

Datum: . . . .   *Kind:* . . . .
Vormittag (oder) Nachmittag:

Erzieher: . . . .

I. Das Kind selbst

Pat schien in guter Stimmung, als ich heute meinen Dienst begann; er sagte, heute werde er seinen neuen Baseball-Handschuh kaufen, für den er so lange gespart habe. Vor wenigen Monaten war er noch zu ängstlich, um überhaupt mit anderen Kindern zu spielen. Pat verbrachte einen reibungslosen Nachmittag und Abend und schlief um 20.45 Uhr ohne Schwierigkeiten ein.

II. Beziehungen zu anderen Kindern

Pat gebrauchte seinen neuen Handschuh ziemlich sachgerecht, obwohl es ihm schwerfiel, nicht immer erster sein zu können. Gerry und Pat kämpften um die Vorrangstellung, aber Pat bot Gerry seinen Handschuh an, wenn er ihn dafür erster sein ließ. Pat provozierte Danny zu einigen Raufereien vor dem Schlafengehen.

III. Verhalten Erwachsenen gegenüber

Pat hielt sich fast den ganzen Tag über an die männlichen Erzieher, am Abend jedoch wollte er nur die Erzieherin Mary bei sich haben. Er zeigte ihr eine ziemlich große Blase, die sich an seiner Fußsohle gebildet hatte. Wenn Pat eine Wunde oder so etwas hat, besonders abends, scheint er immer nach einer weiblichen Erziehungskraft zu verlangen.

Pat scheint mehr und mehr die Gesellschaft anderer Jungen zu suchen anstatt (wie bisher) die eines Erziehers, den er für sich allein haben kann.

IV. Reaktion auf Veränderungen und therapeutische Beeinflussung
Pat mußte heute abend vor dem Einschlafen zurechtgewiesen werden. Während vorgelesen wurde, machte er Lärm und versuchte, auch Danny dazu zu veranlassen. Ich wies darauf hin, daß Danny offenbar schlafen wolle und daß er es für die anderen Kinder sehr schwierig mache, die Geschichte zu hören.

V. Behandlungsvorschläge
Pat und Gerry sollte man an getrennten Betätigungen interessieren. Sie wetteifern zu stark miteinander. (Letzterem sollte man vielleicht Holzschnitzerei schmackhaft machen.)

Es ist ganz klar, daß solche Einzelaufzeichnungen auf die Dauer ein ziemlich ausführliches und genaues Bild von dem entsprechenden Kind geben, von seiner Entwicklung und von seiner zunehmenden Reife. Im Walker Home werden die Einzelberichte zweimal jährlich zusammengefaßt.

Gruppenberichte

Im allgemeinen bestehen die Gruppenberichte aus kurzen Mitteilungen über die Atmosphäre oder Stimmung. Sie werden zweimal täglich aufgezeichnet, am Vor- und Nachmittag. Jede Gruppeneintragung enthält zumindest folgende Informationen: die Haupttätigkeiten, wichtige Ereignisse (das Fortlaufen eines Kindes, größere Gruppenprojekte usw.), Veränderungen in der Gruppenstruktur (Machtstellung, Führung, Anregung) und wichtige Gruppenprozesse (Rangveränderungen, Sündenbockphänomene). Die täglichen Aufzeichnungen werden in gewissen Abständen durch ausführliche Analysen der Gruppenstrukturen und -prozesse ergänzt. Diese letzteren Berichte mögen nur den allgemeinen Zweck der Gruppenbeobachtung verfolgen, können aber auch besondere Fragestellungen im Auge haben: z. B. eine Analyse der Strukturveränderung, nachdem ein neues Kind in die Gruppe gekommen ist. Der Hauptwert der Gruppenberichte liegt darin, daß sie uns einen Überblick verschaffen über langfristige Gruppenprozesse. Die Erzieher lesen diese Berichte wie ein Barometer, bevor sie ihren Dienst beginnen.

Beispiel: *Die Gruppe beteiligte sich einmütig am Schlittschuhlaufen; als die anderen gehen wollten, weigerte sich nur Tim, die Eisfläche zu verlassen. Die anderen Buben ärgerten sich und drängten ihn mit Drohungen und üblen Namen. Ins Heim zurückgekehrt, versenkten sie sich alle ins Fernsehen. Vor dem Mittagessen heute hatten sich mehrere Untergruppen gebildet, die stark zusammenhielten. Die Kinder scheinen jetzt ungezwungen von Gruppe zu Gruppe zu wechseln, ohne sich viel darum zu kümmern, wer in welcher Gruppe zu Hause ist. Es gibt im Moment keine nennenswerten Gruppenspannungen; sie könnten allerdings entstehen, wenn Tim sich weiterhin gegen die Gruppe stellt.*

Verhaltensskala

Diese Art der Berichtführung verzeichnet lediglich An- und Abwesenheit bestimmter Verhaltensweisen. Es ist eine eng umgrenzte Form, denn das, was berichtet werden kann, liegt fest, bevor es stattfindet. Solche Skalen können in der Art einfacher Abhaklisten geführt werden, etwa so:

1.	Häufig beobachtet	Selten beobachtet	Nie beobachtet
Nägelkauen	x		
Zwinkern		x	
Grimassieren		x	
Händeringen			x
Augenrollen			x
Jactationen			x

2.	Schlägereien	Brandstiftung	Zerstörungswut
Joe	x		
Jim	x		
Arny	x		
Howard		x	x
Alan	x		
Sam	x		

Andere Skalen können so entworfen werden, daß sie bestimmte Fragen beantworten. Bei folgendem Schema z. B. geht es darum, zu erfahren, wie ein Erzieher auf das besonders schwierige Verhalten eines bestimmten Kindes reagiert und welche Wirkung seine erzieherischen Maßnahmen auf das Kind haben:

A. *Vorgang:* Joe machte eine obszöne und beleidigende Bemerkung Sam gegenüber, als dieser zum Frühstück kam.
B. *Eingriff des Erziehers:* Ich sagte Joe, er müsse das unterlassen, wenn er nicht sofort aus dem Raum verwiesen werden wolle.
C. *Reaktion des Kindes:* Joe lachte und sagte, es sei ja nur ein „Scherz" gewesen. Ich erwiderte, daß niemand auf solche Weise begrüßt werden möchte.

Mit Hilfe eines derart einfachen Schemas wird es möglich, einzelne Verfahrenstechniken, die sich auf genau umrissene Umstände beziehen, einer Faktorenanalyse zu unterziehen.

Die Kunst bei solchen Skalen besteht in der Formulierung der Kategorien, die aufgezeichnet werden sollen. Alle Mitarbeiter müssen ja darunter dasselbe verstehen und festhalten. Wenn beispielsweise die Häufigkeit des Auftretens von Wutanfällen festgehalten werden soll, ist es notwendig, daß jeder Berichterstatter genau weiß, was ein Wutanfall ist. Je größer die Zahl der Beobachter, desto schwieriger wird die Sache.

Was berichtet werden soll

Der Berufsanfänger wird leicht unsicher, wenn es um die Berichterstattung geht. Die erste Frage ist meist: „Wie kann ich denn je alles behalten, was vor sich geht?!" Natürlich kann niemand alles behalten und selbst wenn, so wäre ein derart detaillierter Bericht viel zu umständlich. Gute Beobachtungs- und Berichttechniken können nur mit der Zeit erworben werden.

Nur allmählich kann sich Einsicht bilden in das, was als klinisch wichtig gelten muß, genau wie die Befähigung des Therapeuten erst mit der Zeit vervollkommnet. Wir werden weiter unten viele Fragen anschneiden, die sowohl einzelne Kinder als auch Gruppen betreffen. Die Antworten auf diese

Fragen bieten zugleich Material für die vier Berichterstattungsarten, die nicht weiter oben behandelt wurden. Es ist klar, daß es jeweils auf den spezifischen Zweck der Aufzeichnungen ankommt. Ein Bericht z. B., der sich über sechs Monate erstreckt, wird eine sorgfältigere Analyse ermöglichen als etwa eine einzelne Tagesaufzeichnung. Gruppen- und Einzelberichte werden in den Fragestellungen weitgehend getrennt gehalten.

Die folgende Aufstellung richtet sich nach den Grundlinien, die David Wineman für die Universität von Michigan entwickelte und die vom Walker Home an einigen Stellen besonderen Bedürfnissen entsprechend erweitert wurden.

Formular für Einzelberichte

I. Das individuelle Kind

a) Körperliche Merkmale, einschließlich der Gesamterscheinung, Kleidung und Sauberkeit.

b) „Atmosphärische Elemente", Gesichtsausdruck, stimmungsbestimmte Eigenarten, Gang, Sprechweise, Intelligenz usw.

c) Wie sieht es sich selbst? Betrachtet es sich als glücklich, unglücklich, gut, schlecht? Ist es fatalistisch oder zuversichtlich im Hinblick auf seine Zukunft?

d) Welche Werte schätzt es? Identifiziert es sich mit Idealen des Mittelstandes, der asozialen Welt, mit Minderheiten? Sind die Werte bei ihm tief verwurzelt oder nur oberflächlich? Führen sie zu Auseinandersetzungen? Kann es Schuldgefühle entwickeln?

e) Wie weit kann es Frustration ertragen? Welche Versagungen machen ihm das Leben am schwersten? Wie reagiert es auf sie?

f) Welche Gedanken hat es hinsichtlich seiner Zukunft, seiner Strebungen und Ziele? Von welchen Geschichten und Erzählungen fühlt es sich angesprochen? In welchen Rollen sieht es sich in seiner Vorstellung?

g) Hat es besondere Ängste? Hat es besonderes Interesse an gewissen Dingen? Meidet es bestimmte Situationen? Hat es Gewohnheiten, die eigenartig anmuten?

h) Wieviel Kontrolle hat es über sein eigenes Verhalten? Verliert es sie unter bestimmten Umständen? Unter welchen? Wo?

i) Welches Bild hat es von sich selbst? Was denkt es von seinen eigenen Vorzügen und Schwächen? Was betrachtet es als sein größtes Problem? Was hält es für seinen besten, was für seinen schlimmsten Charakterzug?
j) Wie verhält es sich, wenn es verletzt wird, wenn es traurig, froh oder verärgert ist?
k) Wie sieht sein Zorn aus? Ist es ein Dauerzustand oder etwas, das schnell aufflackert und wieder vergeht?
l) Welche Veeränderungen zeigt das Kind seit seiner Aufnahme ins Heim?

II. Reaktionen auf Aktivitäten

a) Was sind im allgemeinen seine Reaktionen auf die Unternehmungen im Heim? Enthusiasmus, Langeweile, Erregtheit usw.?
b) Was sagt ihm am meisten zu, Spiele mit infantilen Zügen, Erwachsenentätigkeiten, phantasievolle Unternehmungen, gefährliche Tätigkeiten? Von welchen hält es sich fern? Ist es lieber allein beschäftigt oder mit der Gruppe?
c) Welche Fähigkeiten besitzt es? Ist es besonders gut im Sport, bei einer handwerklichen Kunst?
d) Wendet es sich bestimmten Dingen zu, wenn es traurig oder einsam ist?

III. Beziehungen zu den Spielkameraden

a) Welche Reaktionen sucht es bei den anderen Kindern hervorzurufen? Was tut es, um sie hervorzurufen? Was tut es, wenn die gewünschte Reaktion kommt bzw. ausbleibt? Sucht es Macht, Zuwendung, Beliebtheit?
b) Zu welchen Kindern fühlt es sich hingezogen? Welche vermeidet es? Wie drückt es Freundschaft aus? Was macht es in Konfliktsituationen?
c) Wie sieht es die anderen Kinder? Kann es deren Motive richtig abschätzen?
d) Braucht es die Gesellschaft der anderen Kinder? Wie oft, wann im besonderen?
e) Wie reagieren die anderen auf es? Wie sehen sie es? Ist es beliebt, respektiert, gefürchtet, ignoriert? Stimmen die anderen Kinder in ihrer Einstellung ihm gegenüber einigermaßen überein?
f) Zeigt es sexuelle Interessen an seinen Kameraden? Sind sie stark, häufig?

g) Neigt es zu besonderen Untergruppen? Welche Eigenarten zeigen diese?
h) Wie geht es mit anderen Kindern um? Läßt es sich beeinflussen? Hat es Einfluß auf sie?
i) Fällt es ihm schwer, sich in große Gruppen einzuordnen? Welche Schwierigkeiten hat es dabei?
j) Welche Veränderungen haben stattgefunden, seit es im Heim ist?

IV. Beziehungen zu Erwachsenen

a) Vieles von dem , was unter III. aufgezählt wurde, gilt auch hier.
b) Kann es um Hilfe bitten, wenn es sie braucht, um Ermutigung, Zuwendung? Wie macht es das? Hat es „Lieblinge" unter den Erziehern? Wie wählt es diese, wegen ihres Geschlechts, ihres Alters . . .?
c) Ist es im allgemeinen folgsam oder aufsässig? Hört es auf einige mehr, auf andere weniger? Ist es oft aggressiv? Ist es unter bestimmten Umständen aufsässiger als gewöhnlich? Wie verhält es sich nachher? Schmollt es lange, ist es freundlich, bedrückt . . .?
d) Wie möchte es von seinen Erziehern gesehen werden? Was tut es, um diese Ansichten hervorzurufen und zu lenken?
e) Wie sachlich kann es die Motivationen und Handlungen des Erwachsenen ihm gegenüber erkennen?
f) Hat es sexuelle Interessen einem Erzieher gegenüber gezeigt? (männlich, weiblich, in welcher Form, Häufigkeit und Stärke)
g) Wie zeigt es im allgemeinen seine Zuneigung oder Abneigung Erwachsenen gegenüber?
h) Welche Veränderungen seit seiner Ankunft lassen sich erkennen?

V. Reaktionen auf Veränderungen und Erziehungsmaßnahmen

a) Mit welchen pädagogischen Mitteln kann das Kind am ehesten dazu bewegt werden, sich anzupassen?
b) Wie reagiert es auf einsichtsfördernde Gespräche? Scheint es sich die Einsichten zu eigen zu machen?
c) Wie reagiert es auf moralischen Druck und auf Drohungen?

d) Helfen gut geplante Aktivitäten und Gruppendruck, es gefügiger zu machen? (Wir beziehen uns hier auf Augenblicksereignisse, nicht Dauerwirkungen.)

e) Wie reagiert es, wenn es in seine Schranken gewiesen werden muß? Ist es ihm einerlei, wer diese setzt, ob sie nur für es oder für die ganze Gruppe gelten?

f) Wie kommt es im allgemeinen mit dem üblichen Tagesablauf, den Regeln, Routinen und Aktivitäten zurecht? Gibt es Augenblicke oder Anforderungen, denen es nur schwer nachkommen kann (Zubettgehen, Tischverhalten usw.)?

Diese Kategorien sollten ursprünglich als Grundlage für den Entlassungsbericht dienen. In einem Heim könnten sie aber durchaus bei der Erstellung von Viertel- oder Halbjahresberichten verwendet werden. Ein Erzieher könnte dieses Schema während der alltäglichen Verhaltensbeobachtung vor Augen haben. Über dieses Grundschema hinaus werden weitere Kategorien im Abschnitt „Umgang mit Erwachsenen" ausführlicher behandelt.

Je spezifischer der Schreibende sich auszudrücken vermag, desto mehr gewinnt der Leser bei der Lektüre des Berichts. Steht da etwa: Joe reagierte heute negativ, als er zurechtgewiesen werden mußte; er wurde mehrmals aggressiv", so bleiben viele Fragen offen: Wie wurde er zurechtgewiesen? Von wem? Was war Joes Stellung in der Gruppe zu der Zeit? Worin bestand seine Aggression?

Eine Schlußbemerkung noch zu den Berichten über einzelne Kinder: ein guter Bericht darf ebensoviele Fragen aufwerfen, wie er beantwortet. Der Erzieher sollte nicht glauben, daß er *die* endgültige Antwort geben muß; die fruchtbarsten Einsichten in die Psyche des Kindes entstehen oft erst dadurch, daß alle am Kind Mitwirkenden ihre Beobachtungen und Gedanken miteinander austauschen.

Gruppenberichte

Die meisten Schemata für Gruppenaufzeichnungen sind entweder für die Auswertung der Gruppenprozesse über eine lange Zeitperiode hin gedacht oder für die sehr ausführliche Protokollierung eines einzelnen Gruppentreffens (meist durchgeführt von einem psychiatrisch geschulten Sozialarbeiter).

Eine nennenswerte Ausnahme von diesen beiden Typen des Gruppenberichtes ist die von F. Redl entwickelte („When We Deal With Children", 1966, S. 338–345). Redls Form ist frei von pseudowissenschaftlichem Jargon und trifft genau die alltäglichen Bedürfnisse der Kinder und der Erzieher.

Obwohl beide Formen im Heim nützlich sind, scheint doch keine von ihnen den Bedürfnissen eines Erziehers zu entsprechen, der tägliche Aufzeichnungen über die Gruppe machen möchte. Weiter oben haben wir den täglichen Gruppenbericht als „kurzes Stimmungsbild" bezeichnet. Es kommt darauf an, ein präzises und zutreffendes Bild über die Atmosphäre und die Struktur der Gruppe zu vermitteln, ein „Stimmungsbarometer" für den Erzieher, der als nächster die Gruppe übernimmt. Wenn diese Niederschriften über längere Zeit hin erfolgen und am Ende studiert werden, so sollten sie ein Bild davon geben, wie sich Struktur und Atmosphäre gewandelt haben, welche Phasen sie durchlaufen haben, wieweit die Gruppe zusammen- oder auseinandergewachsen ist, wie weit sie Probleme zu lösen gelernt hat, u. a. m.

Das folgende Schema hat sich für tägliche Gruppenberichte bewährt:

I. Hauptaktivitäten der Gruppe

Die Hauptfunktion dieser Spalte besteht in dem Versuch, die Aufzeichnungen nicht mit Aufzählungen zu vieler, gleichartiger Aktivitäten zu „überladen". Auf diese Weise kann man dann auch etwas darüber erfahren, wie die Gruppe bestimmte Tätigkeiten auszuüben versteht.

II. Gruppenstruktur

Die erste Frage, die hier beantwortet werden muß, lautet: „Wer hat was mit wem unternommen?" Gleich hier bemerken wir das Entstehen von Subgruppen innerhalb größerer Wohn- und Lebenseinheiten. Gewisse „Strukturen" werden manchmal besonders beobachtenswert; wenn z. B. zwei Mitglieder von hohem Status die Gruppe verlassen würden, so käme es bestimmt zu einer Umstrukturierung der Machtverhältnisse. Andere Fragen, die in diesem Abschnitt zu beantworten wären, sind folgende: „Kann die Gruppe mit Aufgaben und Problemen zurechtkommen? Wie halten sich die Kinder gegen-

seitig in Schach? Welche Freundschaften entwickeln sich zwischen Paaren und Untergruppen? Wer sind augenblicklich die Gruppenführer? Wer die Sündenböcke? Wer die Randfiguren mit niedrigem Status?"

III. Gruppenprozesse

Wie wird die Gruppe mit Enttäuschungen und mit Änderungen in der Tagesroutine fertig? Wie steht es um Grad und Häufigkeit von Rangfragen, Fluchen, gegenseitigen Beschuldigungen usw.? Gegen wen richtet sich meist diese Art von Betragen?

IV. Gruppenstimmung

Wie hat es sich heute mit der Gruppe arbeiten lassen? Waren die Kinder besonders anspruchsvoll, fleißig, widerspenstig, lästig, gesperrt, provozierend, cliquebildend, gleichgültig. Wenn der die Gruppe übernehmende Erzieher der zweiten Tageshälfte schon ein genaues Bild von der Gruppenatmosphäre hat, so kann ihm viel Zeit und Mühe erspart bleiben, weil er sich nun schon entsprechend einstellen und vorbereiten kann.

Einige Fehlerquellen bei der Berichtführung

Es ist unvermeidbar, daß jeder Bericht eine Diskrepanz aufweist zwischen dem, was passiert und dem, was davon aufgezeichnet wird. Die folgenden Vorschläge werden in der Hoffnung angeboten, daß sie die Genauigkeit der Aufzeichnungen erhöhen, ohne daß dabei ihr diagnostischer Wert oder individueller Stil reduziert werden. Ich fühle mich Dr. Marvin Silverman verpflichtet, dessen Ideen die Grundlage für meine Vorschläge sind. Einige könnte man als sorgfältig zu vermeidende „Fallen" betrachten, andere als nützliche Ratschläge, die man in seine eigenen Beobachtungs- und Berichtmethoden einbauen könnte.

1. Es passiert allzu leicht, daß die täglichen Eintragungen als „Beschwerde-

liste" mißbraucht werden; Gruppen- und Supervisionsgespräche wären aber angebrachter, um unsere Beschwerden über Kinder und Kollegen zum Ausdruck zu bringen. Wir sollten Diskretion üben, wenn wir unsere Gefühle über Kinder niederlegen. Diese Art von Information ist wertvoll, aber man sollte immer die Seite des Kindes ebenso im Auge halten wie die eigene.

Beispiel: *Tim hatte einen ganz und gar schlechten Vormittag; er geriet überall in Schwierigkeiten und konnte keine einzige Minute ruhig sein. Er war unerträglich und verlangte dauernd etwas anderes in der ihm eigentümlichen, infantil-weinerlichen Art.*

2. Entweder zu sehr zu verallgemeinern oder zu sehr zu spezifizieren, ist eine andere Fehlerquelle, der man leicht zum Opfer fällt. So gibt es z. B. niemanden, der „immer" in Schlägereien verwickelt ist oder in Schwierigkeiten gerät. Ebenso kann man so sehr ins Detail geraten, daß vor lauter Bäumen kein Wald mehr zu sehen ist.

3. Eine rein chronologische Aufzählung alles dessen, was ein Kind im Laufe des Tages getan hat, bringt uns auch nicht weiter. Es ist notwendig, die bedeutsamen, kritischen und vielsagenden Ereignisse auszuwählen und zu kommentieren. Es genügt nicht, nur damit das Schema eingehalten ist, in der Aufzählung von Äußerlichkeiten steckenzubleiben.

4. Wenn psychoanalytische Begriffe überhaupt verwendet werden, so sollte man sich deren Bedeutung eindeutig bewußt sein. „Angst", „Verteidigungsmechanismus", „aktiv-aggressiv" usw. sind Worte mit spezifischer Bedeutung. Man sollte auch vorsichtig sein mit solchen Begriffen wie „infantil", „unreif", „delinquent"; sie bedeuten verschiedene Dinge für verschiedene Leute. In der Regel sollten Fach- und Fremdwörter vermieden und schlicht das beschrieben werden, was das Kind tat oder sagte. Anstelle von: „Demonstration positiver Gefühle" sagt man besser: „Er legte seinen Arm um den Erzieher."

5. Heime haben oft einen eigenen Jargon, der für andere unverständlich ist. Beispiel: *Wiley wurde heute „angestoßen" (= gebeten, den Raum zu verlas-*

sen). Von „BT" (= Beschäftigungstherapie) sollte er zum „RZ" (= Ruhe-Zimmer) hinaufgehen. Dort sprach „ED" (= Erzieher im Dienst) mit ihm, und „rieb ihn kräftig ein" (= sprach ernst mit ihm über sein Betragen), weil er morgens Sammy gegenüber „Dozent" gespielt hatte (= Anspielung auf die Familie eines anderen Kindes ist unerlaubt).

6. Exotische Satzzeichensetzung sollte vermieden werden.
Beispiel: Albert hat heute in der Schule wirklich Fortschritte gemacht!!!!!!
Seine „Ich-mach-mir-sowieso-aus-nichts-was-Einstellung" war wie weggeblasen???

7. Man verwende das Wort „fähig" mit großer Vorsicht. Es bedeutet, daß jemand nun etwas vollbringen kann, wozu er vorher nicht in der Lage war. Es ist korrekt zu konstatieren, daß ein Kind, das bisher nur im flachen Wasser schwimmen konnte, nun fähig ist, im tiefen zu schwimmen, aber zu sagen, ein Kind sei nun „fähig", eine echte Beziehung einzugehen, das wäre eine globale und daher zu riskante Aussage.

8. Verhaltensillustrationen sollten mit Vorsicht verwandt werden. Sie sind nur angebracht, wenn eine allgemeiner gehaltene Aussage nicht das Wesen dessen trifft, was man mitteilen möchte.
Beispiel: Billy schien sich heute abend geradezu anzubieten als Sündenbock. Während des Essens ließ er die Bissen vom Mund auf den Tisch fallen, und er machte ordinäre Geräusche. Schließlich begannen Tommy und Winslow ihn unter dem Tisch zu treten. Sie mußten hinausgeschickt werden, um die immer heftiger werdenden Angriffe abzubrechen.

9. Das Niederschreiben klinischer „Ahnungen" oder Hypothesen sowie die Interpretation gewisser Verhaltensweisen können eine wertvolle Zugabe sein. Sie sollten aber deutlich vom übrigen Text abgehoben werden, damit der Leser keinem Zweifel unterliegt, was Tatsache und was Hypothese ist.
Beispiel: Toby wachte heute morgen wütend auf, und bereits vor dem Frühstück hatte er eine Schlägerei mit Tim. (Ich könnte mir vorstellen, daß es etwas damit zu tun hat, daß Toby in der Nacht eingenäßt hatte und darüber verärgert war.)

10. Die Erzieher sollten die Eintragungen so verteilen, daß nicht immer derselbe über dasselbe Kind berichtet. Damit würde man dem Kind gerechter und verschafft man allen Erziehungskräften ein breiteres Erfahrungsfeld.

11. Berichterstattung ist eine Fertigkeit, die erworben werden will und deren Vervollkommnung Zeit braucht. Der Erzieher kann sich nicht an alles erinnern. Er würde sonst mehr Zeit mit „Erinnern" verbringen als mit dem Kinde selbst. Man muß zu wählen lernen und nur bedeutsamere Dinge festhalten. Es ist nicht gut, während des Dienstes Notizen zu machen, da die Kinder dies kaum verstehen würden. Sie wissen zwar im allgemeinen, daß irgendwelche Akten geführt werden; und es scheint am besten, ihnen aufrichtig zu sagen: „Wir schreiben Berichte, damit wir lernen, allen Kindern so gut wie möglich zu helfen."
Man muß ihnen klarmachen, daß die Akten strikt vertraulich gehalten werden und daß sie nicht „schwarze Bücher" sind, aus denen man den Eltern über sie berichtet.

12. Außer bei wörtlichen Zitaten sollte man die Umgangssprache vermeiden und sich ans Schriftdeutsch halten, also nicht etwa: „Fritz haute ab", sondern: „Fritz lief davon".

13. Wenn Berichte für andere Einrichtungen gedacht sind, sollte man vor der Weitergabe vorsichtig erwägen, ob die Aussagen über das Kind nur das eigene Heim oder überhaupt repräsentativ, sachlich und gültig sind.

14. Es ist nur natürlich, daß man über manches kindliche Verhalten im dunkeln tappt. Niemand weiß alles. Lieber fragen als falsch interpretieren!
Beispiel: *Carl brach heute abend nach dem Essen in Tränen aus und wurde von den anwesenden Erziehern getröstet. Er konnte keinen Grund angeben, außer einem vagen: „Die andern haben mich aufgeregt." (Kann jemand mehr Licht auf diesen Vorfall werfen?)*

15. Man sollte der Länge des Berichts Aufmerksamkeit schenken. Wenn ein Punkt eine ganze Seite in Anspruch nimmt, so erhält er schon allein durch dieses Ausmaß besondere Betonung. Es ist besser, nicht zuviel zu schreiben; langatmige Berichte werden mit weniger Aufmerksamkeit gelesen als kurze prägnante.

16. Vor allem muß die Vertraulichkeit eines jeden Berichts geachtet werden. Das darin enthaltene Material kann nie Gegenstand der Unterhaltung sein und geht nur jene an, die direkt beruflich mit dem Kind zu tun haben. Der endgültige Erfolg oder Mißerfolg der Heimbehandlung hängt zu einem großen Teil von der Qualität der Berichte ab, die das Kind begleiten.

Literatur

Redl, Fritz: Just what am I supposed to observe. In: When we deal with children. New York: Free Press, 1966.
Ders. und David Wineman: The aggressive child. Glencoe, Ill.: Free Press, 1957; dt. Steuerung des aggressiven Verhaltens beim Kind. München: Piper, in Vorbereitung.

9. Die Festigung des therapeutischen Erfolges

Larry K. Brendtro

Es ist seit langem bekannt, daß gewisse Kinder jene totale, vollzeitliche Behandlung brauchen, die nur in einem Heim geboten werden kann. Trotzdem haben wir erst in letzter Zeit Maßnahmen ergriffen, die den Abstand zwischen der Institutionalisierung eines Kindes und seiner geplanten, eigentlich therapeutischen Behandlung überbrücken. Während die meisten Einrichtungen mit bewahrendem Charakter wenigstens nominell zu „therapeutischer Orientierung" übergegangen sind (meist durch die Einstellung einiger weniger therapeutisch geschulter Experten), hat sich im Grunde jedoch kaum etwas geändert an den Methoden derjenigen, die am meisten und unmittelbarsten mit den Kindern zu tun haben. Viele „Erzieher" sind nur mit minimaler Ausbildung gerüstet und haben nicht mehr als sporadische Supervision gehabt. Letztere wurde oft von voll ausgebildeten Professionellen durchgeführt, die aber Schwierigkeiten hatten, ihre Theorien in unmittelbare und für die Heimsituation relevante Lehren zu verwandeln (Carducci, 1962). Im allgemeinen wurden die Betreuer der Kinder in das Milieu gesandt, ohne über viel mehr als ihr eigenes intuitives Können zu verfügen; es ist kein Wunder, daß ihre Bemühungen oft die sehr komplexen und schwierigen Bedürfnisse erziehungsschwieriger und unangepaßter junger Menschen nicht voll befriedigen konnten.

Viele Arten von Druck belasten die Interaktionen zwischen Kindern und Erziehern. Einige stammen aus dem sogenannten Familiensystem (Mayer, 1958; Polsky 1962), andere von der organisatorischen Struktur der Einrichtung; wiederum andere entstehen aufgrund der Persönlichkeitsunterschiede der Erzieher oder Verwaltungsfachleute. Selbst die besten Sozialpädagogen finden es oft schwierig, die Arbeit mit den Kindern nicht unter solchen Spannungsverhältnissen leiden zu lassen. Das Wohl des Kindes wird allzuleicht vergessen, wenn der Erzieher alle Energie darauf verwenden muß, seine Vorgesetzten zufriedenzustellen, seinen Mitarbeitern zu Gefallen zu sein oder die

„Hausregeln" einzuhalten. Sogar solche scheinbar einfachen Bemühungen, wie Kontrolle über die Kinder, ihr Vertrauen oder einen gewissen Grad an Erfolg zu gewinnen, sind nicht ohne ihre besonderen Schwierigkeiten. In diesem Kapitel werden sieben wichtige Aspekte zur Sprache kommen, die sich jeder sorgfältig durch den Kopf gehen lassen sollte, der sich zu einer „therapeutischen Orientierung" seiner Arbeit bekennen soll oder will.

Therapeuten, die primär auf Einzelbehandlung eingestellt sind, werden diese Überlegungen wahrscheinlich als mehr oder weniger subtile Beispiele für „Gegenübertragungsphänomene" betrachten. Es wäre jedoch ein Fehler, wollte man sie nur in diesem Licht der analytischen Persönlichkeitsdynamik sehen. Wenn etwa ein Analytiker sagt, der Erzieher brauche Psychotherapie, oder seine gegenphobische Haltung bei Gefahr mache die Kinder unsicher, so wird hier rationalisiert, anstatt die Spannungen und Schwierigkeiten der Erziehungsarbeit ernsthaft ins Auge zu fassen. Nach unserer Erfahrung werden die meisten Erzieher in fast allen Einrichtungen vor allem mit sieben Problemfeldern konfrontiert. Oft genügt das Wissen allein schon, um besser mit diesen Problemen fertig werden zu können. Ihre Erörterung und Kenntnis helfen dem Erzieher mehr als sporadische Sofortmaßnahmen und momentane Interpretationstherapie.

Die Notwendigkeit, mit der Institutionspolitik konform zu gehen

Um die Diskussion zu erleichtern, sollen hier die Spannungen, denen alle Erzieher im Umgang mit Kindern ausgesetzt sind, als „Bedürfnisse" bezeichnet werden. (Dieser allgemein gehaltene Ausdruck hat also nicht unbedingt mit der engeren psychologischen Motivationsterminologie im Sinne der Triebbedürfnisse zu tun.)

Es sieht oft so aus, als werde die Interaktion zwischen Erziehern und Kindern vor allem von der jeweiligen Verwaltungspolitik der Einrichtung bestimmt. Das würde sich also auf die vielen geschriebenen und ungeschriebenen „Gesetze" (= Erwartungen) beziehen, die die Rolle des Erziehers im Heim sowie seine Beziehungen zu Kindern und Mitarbeitern bestimmen. Die meisten Heime verbieten z. B. ihrem Personal, bei der Bestrafung von Kindern zu körperlicher Züchtigung zu greifen. Als eine allgemeinere Regel wird vielen Erziehern nahegelegt, alle Kinder in gleicher Weise, ohne Vorzüge, anzunehmen und zu versorgen; dabei wird weder dazu gesagt, wie der Erzieher das erreichen kann, noch, was damit eigentlich genau gemeint ist. Infolge des weiten Abstandes, der oft zwischen offiziellen Anweisungen und alltäglicher Praxis liegt, ist es leicht verständlich, daß die formellen Prinzipien wenig praktischen Einfluß haben. Wie Grossbard (1960) so schön sagt, die Institutionspolitik reicht nur bis an die Tür des Gruppenzimmers.

Die Wirksamkeit der offiziellen Richtlinien hängt davon ab, wieviel Supervision vorhanden ist, und wie unbeugsam oder flexibel sie angewandt werden (z. B.: verliert ein Erzieher seine Anstellung, wenn er ein Kind schlägt?). Unabhängig von der offiziellen Version hat jedoch der Erzieher immer einen gewissen Grad von Bewegungsfreiheit. Es ist relativ einfach, nach außen hin mit den Richtlinien konform zu gehen („man lasse die Dinge unangetastet"), ohne sich wirklich innerlich groß berühren oder umstellen zu lassen. Sollte es je zu einer Konfrontation kommen, so hat der Erzieher immer noch Alternativen offen: er kann erstens dem Supervisor zustimmen und seine neuen Anweisungen befolgen; zweitens scheinbar zustimmen, in Wirklichkeit aber die Vorschläge des Supervisors ignorieren; drittens darauf verweisen, daß das Vorgeschlagene immer schon so eingehalten wurde, „das machen wir doch schon seit Jahren so" oder viertens bemerken, daß die Vorschläge gut, aber praktisch leider nicht durchführbar sind, „das haben wir bereits versucht, es wurde aber nichts daraus".

Mit dem Vorhergehenden soll nicht gesagt werden, daß Erzieher unehrlich sind und daß sie sich gegen alle Anweisungen von oben sträuben. Sie bilden auch keine „Untergrundbewegung", die die Institutionsrichtlinien unterminieren soll. Es sollte lediglich hier festgestellt werden, daß die von oben kommenden Anweisungen zwar eine Wirkung haben, aber doch bei weitem keine so weitreichende oder tiefwirkende, wie man im allgemeinen anzunehmen geneigt ist. Um seine Position zu halten, muß der Erzieher notwendigerweise nach außen hin bis zu einem gewissen Grad konform gehen; darüber hinaus ist er dann meistens auf sich selbst angewiesen; sein Erfolg hängt von seinen eigenen Ideen und Bedürfnissen sowie von äußeren Druckverhältnissen ab.

Es kommt natürlich auch vor, daß ein Erzieher sich hinter der Institutionspolitik oder dem, was er darunter versteht, versteckt. So wird der desinteressierte Erzieher vielleicht kalt und unbeteiligt die Regeln auf die Kinder anwenden, weil „es so verlangt wird", während ein unsicherer Erzieher sagen kann: „Mir würde es egal sein, aber ich muß mich ja an die Richtlinien halten." Am anderen Ende des Kontinuums könnte ein passiver, fauler oder verantwortungsloser Erzieher z. B. allzugern mit einer etwaigen „laissez-faire"-Politik übereinstimmen. Ebenso könnte sich ein ängstlicher Erzieher leicht hinter einer Erlaubnisregel verstecken und alles durchgehen lassen anstatt beispielweise aggressiven Pubertierenden ihr Fehlverhalten vorzuhalten.

Die Notwendigkeit, Supervisoren und Vorgesetzte zufriedenzustellen

Der Erzieher arbeitet in einer institutionellen Machtstruktur, in der meist das Verwaltungs- und das klinische Personal die größere Autorität haben (Mayer, 1963).

Ob der Erzieher nun viele Vorgesetzte über sich oder selbst einen ziemlich autonomen Raum hat, er findet sehr bald heraus, wer die Macht ausübt und wer im besonderen *seine* Position „in der Hand hat". Aus Andeutungen und Gerüchten kann er bald entnehmen, wer früher aus welchen Gründen „gegangen wurde" und welche Autoritätsfiguren er hofieren muß, damit er Privilegien (wie Gehaltserhöhung oder außerordentlichen Kurzurlaub usw.) nicht verliert. Mehr als jeder andere Angestellte im Heim ist der Erzieher einem „Glashaus-Phänomen" ausgesetzt. Obwohl niemand wagen würde, während der allheiligen Einzeltherapie das Zimmer zu betreten, müssen Erzieher jederzeit darauf gefaßt sein, daß jemand (vor allem Schlüsselfiguren) vorbeikommt und einen falschen Eindruck mitnimmt.

Nur dem völlig „abgebrühten Erzieher" macht es wirklich nichts aus, wenn Vorgesetzte oder Psychoanalytiker in ihre Gruppenräume kommen. Oft wird sogar ein „Warnsystem" entwickelt, mit dem sich Erzieher untereinander auf kommenden Besuch aufmerksam machen. Die „Warnung" ruft nicht selten hektische Aufräum- oder andere Aktivitäten hervor. Daraus wird klar, wie sehr der Erzieher die Heimleitung beeindrucken möchte.

In einer Einrichtung beispielsweise hatte der Direktor die feste Meinung, daß Erzieher beim Sport mit den Kindern nicht wetteifern und „kämpfen" sollten. Diese wollten das jedoch nicht einsehen und machten trotzdem alle kräftig mit, sei es bei Fußball oder anderen Sportarten, die im Freien stattfinden. Sobald jedoch das Auto des Direktors in Sicht kam, nahmen die Erzieher immer ostentativ die Rolle des Schiedsrichters ein.

Ein besonderes wichtiges Problem ist die Kontrolle über aggressiv-feindseliges Verhalten. Die Supervisoren geben vielleicht den Eindruck (oder denken in der Tat), daß sich erzieherische Fähigkeiten daran ablesen lassen, ob viele Disziplinschwierigkeiten auftreten oder nicht. Die Gruppen- oder Familieneinheiten, bei denen verkratzte Türen, zerbrochene Möbel oder Schlägereien häufiger vorkommen, haben in ihren Augen unzulängliche Erzieher. Daß jedoch bei erziehungsschwierigen und verwahrlosten Kindern (auch bei „normalen", wie viele Eltern bestätigen werden) mit solchem Verhalten gerechnet werden muß, bedarf keines weiteren Nachweises. Trotzdem machen diese Vorkommnisse dem Erzieher zu schaffen, da er fürchtet, dafür verantwortlich gemacht zu werden. Somit kann es leicht dazu kommen, daß er überempfindlich reagiert und die Chance verpaßt, den Vorfall in eine therapeutisch-erzieherische Lehrsituation zu verwandeln. Bemüht, Fehlverhalten zu verhindern, wird der Erzieher womöglich unnötig nervös und kleinlich, sogar einfachen Alltagsgeschehnissen gegenüber.

Ein Erzieher wandte sich an einen Jugendlichen, der chronisch verhaltensgestört war. Der junge Mann sah fern, die Füße auf einen Stuhl gelegt. Der Erzieher zog mit einem Ruck den Stuhl weg und bemerkte, er brauche ihn. Der Junge sah verblüfft drein, holte sich aber wortlos einen älteren Holzstuhl, um ihn als Fußstütze zu benutzen. Der Erzieher nahm wiederum ruckartig den Stuhl weg und brummte: „Was würde Dr. S. sagen, wenn er hereinkäme und sähe, daß die ganze Gesellschaft die Füße auf den Möbeln hat."

Dies ist an sich kein besonders wichtiger Vorfall, der den Jugendlichen in seiner Entwicklung schwerwiegend hemmen könnte; wenn jedoch derartige Dinge dauernd und gehäuft vorkommen, dann wird die Atmosphäre bald alles andere als „therapeutisch" sein.

Das Bedürfnis, von den Mitarbeitern akzeptiert zu werden

In allen Einrichtungen, die eine gewisse Größe haben, muß der Erzieher mit mehreren anderen, die ihm dienstlich gleichgestellt sind, auskommen. Meistens entsteht eine Subkultur innerhalb dieser Personengruppe, die viele Probleme, Aufgaben und Frustrationen miteinander teilt. Uns ist mit der Zeit klargeworden, wie wichtig diese „Subkultur" im und für das Heim ist (wir sprechen also hier nicht über die Subkulturen der Kriminellen, über die schon so viel geschrieben wurde).

Im Idealfalle würden die Ziele, Normen und Wertvorstellungen der Erzieher und der Heimleitung möglichst weitgehend übereinstimmen. Die Vorstellungen über das Behandlungsmilieu und die Kindererziehung sowie die Rollen derjenigen, die im Heim arbeiten, sind theoretisch Gegenstand allgemeiner Übereinstimmung. Dadurch wird ein möglichst reibungsloser Ablauf des internen Betriebes angestrebt. In der Praxis existiert jedoch leider diese Idealsituation nur ganz selten. Die Heimrichtlinien mögen beispielsweise körperliche Strafe als Disziplinmittel ganz und gar verbieten; die Erzieher mögen aber im Gegensatz dazu fühlen, daß es gelegentlich notwendig und gut ist, „Kindern einen Klaps zu versetzen" oder ihnen durch einen Schlag zu beweisen, „wer hier Herr im Hause" ist. Damit soll nicht gesagt sein, daß Brutalität in unseren Heimen herrscht. Es soll vielmehr aufgezeigt werden, daß es unter den Erziehern gewisse unterschwellige Werthaltungen, Einstellungen und Praktiken gibt, die nicht in vollem Einklang mit den Richtlinien des Heimes stehen. Es ist daher wichtig für den Erzieher, daß er von seinen Mitarbeitern als kompetent betrachtet und in seiner Arbeit anerkannt wird. Da etwaiges Fehlverhalten der Kinder gewöhnlich dem Erzieher als Inkompetenz angelastet wird, gilt umgekehrt derjenige als guter Erzieher, der die Kinder stark „in Zug" hält, ziemlich autoritär ist und die äußere Ordnung aufrechterhält. Es kommt gar nicht so selten vor, daß Erzieher alles daransetzen zu demonstrieren, wie gut sie die Kinder zu kontrollieren verstehen. Diese „Kunst" wird oft zum Schaden der Kinder ausgeübt.

Zwei Erzieher befanden sich außerhalb des Schlafraums, nachdem das Licht ausgemacht worden war; einige der Jungen lachten, scherzten und waren noch einigermaßen laut. Der eine Erzieher sagte zum andern: „Jetzt will ich Ihnen mal zeigen, wie die parieren, wenn ich auf der Bildfläche erscheine." Er riß die Tür auf, schaltete das Licht ein und schrie: „Ich kann nicht einmal für eine Minute auf den Flur gehen, ohne daß ihr verrückt spielt und euch wie Idioten benehmt!" Er wählte dann zwei aus, die wahrscheinlich zu den „Schuldigen" gehörten und fuhr sie an: „Geht in den Tagesraum hinunter und bleibt dort sitzen, bis ihr euch wieder anständig benehmen könnt!" Einer folgte schuldbewußt der Aufforderung, aber der andere schrie zurück: „Schrei mich nicht so an", und erklärte dann, er habe überhaupt nichts getan. Nach einem weiteren heftigen Wortgefecht gab der Junge nach. Er lief die Treppe hinunter und schluchzte laut: „Ich habe nur unschuldig dabeigestanden."

Unabhängig von den „offiziellen" Richtlinien, die von der Einrichtung neuen

Mitarbeitern vorgelegt werden, teilt ihnen die „alte Garde" sehr bald viele ihrer eigenen und besonderen Einstellungen mit, und diese informelle „Orientierung" ist höchst wirkungsvoll. Sie kann von gelegentlichen Bemerkungen bis zum beabsichtigten Verschwinden der alten Erzieher bei Krisen reichen, wodurch „der Neue mal sehen soll, wie schwer diese Kinder zu leiten sind".

Ein älterer Erzieher scherzte mit einem jüngeren, der neu, beweglich und hoch motiviert war: „Glauben Sie, Sie werden in echte Beziehung treten können mit diesen Kindern? Dieses ,Beziehungsgerede' ist ja ganz schön und gut, bis zu einem gewissen Grad.

Aber was wollen Sie damit anfangen, wenn so ein Knabe Ihnen die Zähne einschlägt und sagt: ,Da hast du's, Alter!?'"

Man sieht ohne weiteres ein, daß ein neuer Erzieher noch unsicher ist hinsichtlich dessen, was von ihm erwartet wird, und daß er mit seinen neuen Mitarbeitern gut auskommen möchte. Er ist äußerst verwundbar und wird nur allzuleicht ein „Opfer" der bereits vorhandenen „Subkultur".

Die Notwendigkeit, ein eigenes Konzept zu haben

Die Einstellung eines Erziehers zu den Kindern hängt von seiner pädagogischen oder religiösen bzw. „objektiven" Weltanschauung ab, und diese färbt seine Vorstellungen über menschliches Verhalten. Die Weltanschauung hängt umgekehrt von verschiedenen Persönlichkeitsfaktoren ab. Eine bestimmte religiöse Orientierung z. B. kann einen Menschen in den helfenden Beruf bringen; sie könnte aber auch zu einer zu engen oder unbiegsamen Haltung führen, die es ihm unmöglich macht, Kinder mit Verhaltensstörungen vorurteilsfrei zu lenken. Einige Erzieher finden es äußerst schwer, sich mit der Bedrohung ihrer eigenen Denkweise auseinanderzusetzen, die etwa dadurch entsteht, daß sich viele verhaltensgestörte Kinder oder Jugendliche völlig ungehemmt benehmen. Es besteht dann die Gefahr, daß mit dem Verhalten auch das Kind selbst abgelehnt wird.

Wer am „laissez faire" oder am Prinzip der „Struktur" festhält, kommt leicht dazu, sich in diese einzige Konzeption blindlings zu verbeißen; dadurch wird es unmöglich, sich auf die volle Komplexität kindlicher Bedürfnisse und Verhaltensäußerungen einzustellen. Es muß unbedingt erwartet werden, daß alle, die sich in der Arbeit mit verhaltensgestörten Kindern engagieren, aufrichtig zu ergründen versuchen, in welchem Ausmaß ihre Weltanschauung durch eigene Persönlichkeitsfaktoren bestimmt ist und nicht durch die Bedürfnisse der Kinder. Man hat festgestellt, daß Menschen mit starken Bindungsbedürfnissen zu Theorien neigen, die Abhängigkeitsverhältnisse in der Therapie betonen, während solche, die starke Freiheitsbedürfnisse haben, Theorien vertreten, die freiheitliche Verhältnisse in der Therapie fördern.

Eine besondere Erwähnung dient dem Erzieher, dessen Menschenverständnis von tieferem Wissen und größerer Intellektualität gekennzeichnet ist. Seit wir uns der signifikanten Rolle des Erziehers stärker bewußt geworden sind, finden wir mehr und mehr solche intellektuell geprägten Erzieher in unseren Reihen; viele von ihnen bereiten sich auf eine Laufbahn in der Sozialarbeit, Psychologie oder Sonderpädagogik vor. Obwohl diese jungen, intelligenten und gebildeten Erzieher eine äußerst wertvolle Erweiterung der Erziehergruppe des Heims darstellen, ist ihre Anwesenheit jedoch durchaus nicht problemlos. Ihre überintellektualisierte Einstellung zur Erziehungsarbeit führt allzuleicht zu unspontanem Verhalten, das die Interaktion mit den Kindern beeinträchtigt. Der Autor hat bei ungezählten Gelegenheiten bemerken müssen, daß diese jungen Leute unbeweglich danebenstanden und „Soziogramme" oder „Symptomausdrücke" beobachteten, während sich die Kinder wilde Kämpfe lieferten, in denen sie sich fast gegenseitig umbrachten. Und das, wo unmittelbares Eingreifen, egal auf welche Art, absolut erforderlich gewesen wäre! Ein Gruppenleiter, der nur an der Psychologie „gerochen" hat, wird „diagnostizieren" wollen. Er mag zwar von charakteristischen Symptomen oder von Prognose eine Ahnung haben, aber sein Führungsstil bei Kindern wird durch dieses oberflächliche Wissen eher beeinträchtigt als gefördert.

Die Erzieher waren ziemlich einmütig zu der Überzeugung gekommen, daß Tim ein „Soziopath" sei, und sie hatten gelesen, daß die Behandlung solcher Fälle meist nutzlos ist. Sie gaben es daher auf, sich um ihn besonders zu bemühen, „wußten" sie doch, daß Soziopathen „unfähig sind, enge mitmenschliche Beziehungen zu knüpfen". Das beste wäre, so jemanden nie aus der Reihe tanzen zu lassen! Niemand kümmerte sich um ihn, und alle fragten sich, wie lange es wohl dauern würde, bis er in eine andere Institution überwiesen werden müsse. Nach wenigen Wochen (nach einem Selbstmord- und Weglaufversuch, die beide auf die strafende Isolierung zurückgeführt werden müssen) kam Tim in ein staatliches Krankenhaus. Anstatt die Möglichkeit ins Auge zu fassen, daß sie selbst etwas damit zu tun hatten, versicherten sich die Erzieher, daß sie eben von Anfang an Recht gehabt und die Entwicklung richtig vorausgesehen hätten.

Das Bedürfnis, das Steuer in der Hand zu behalten

Verhaltensgestörte Kinder zu lenken und unter Kontrolle zu behalten, bildet einen großen und wichtigen Teil der Aufgaben, die der Erzieher erfüllen muß. Es gibt nur wenige, die sich positiv für einen Gruppenleiter aussprechen würden, der diese Steuerung nicht ausüben wollte oder könnte. Dennoch, es kann vorkommen – nach Art des ehemaligen Alkoholikers, der freiwillig für „Anonyme Alkoholiker" arbeitet, um seine eigene Sucht unter Kontrolle zu halten –, daß Erzieher Kinder erziehen wollen, um dadurch ihre eigenen antisozialen Impulse in Schach zu halten. Dieser Abwehrmechanismus kann stark genug sein, um eine heilpädagogische Wirkung beim Kinde ernsthaft in Frage zu stellen. Wann immer ein Kind den leisesten Fehltritt macht, stürzt der erzürnte Erwachsene über es her und bestraft es. Je nach dem Grad, zu dem das Kind diese Konflikte nach innen oder nach außen projiziert, wird es entweder glauben, alle Erwachsenen seien unnachgiebig hart und abweisend oder es wird sich selbst als einen verworfenen hoffnungslosen Fall betrachten.

Bromberg schrieb (1961), daß wir dazu neigen, unsere eigenen unbewußten aggressiven oder rebellischen Instinkte auf jene zu projizieren, die von der Gesellschaft bereits gezeichnet wurden. Die mangelnde emotionelle Engagiertheit und antisoziale Haltung der „Randfiguren" werden also mindestens teilweise durch die Einstellung der Mitmenschen produziert. Ebenso kann es vorkommen, daß wir am negativen Verhalten eines Kindes innerlich irgendwie Vergnügen finden, aber dennoch von ihm erwarten, daß es sich anpaßt. Ob das Kind sich dieser Ambivalenz voll bewußt ist oder nicht, es empfindet sie meist klar genug und handelt entsprechend; es erhält beides aufrecht: die Distanziertheit von den Erwachsenen und das negative Verhalten. Ein weiterer Beweis für das zweischneidige Bedürfnis, das Steuer nie aus der Hand zu geben, ist die fast delinquent anmutende Erregung, mit der gewisse Erzieher die Eskapaden ihrer Schützlinge weitererzählen. Das Verhalten, das bei den Kindern selbst nicht geduldet und selbstherrlich bestraft wird, dient später als aufregender Gesprächsstoff, innerhalb und außerhalb des Hauses. Ausdrucksweisen, die diese gesellschaftlich respektablen Leute sich sonst nie leisten würden, sind jetzt auf einmal legitim, da man ja nur das wiederholt, „was die Kinder gesagt haben".

Es bleibt eine offene Frage, ob die Erzieher mehr die verhaltensgestörten Kinder oder ob diese mehr die Erzieher verändern.

Das Bedürfnis, Erfolg zu haben

Alle Erzieher haben das Bedürfnis, wenigstens ein gewisses Ausmaß an Erfolg in ihrer Arbeit mit den Kindern zu sehen. Es geht über das Verlangen, von Vorgesetzten und Kollegen anerkannt zu werden, deutlich hinaus. Um sein Selbstwertgefühl und seine Arbeitskraft aufrechterhalten zu können, muß der Erzieher überzeugt sein, daß er eine gewisse Befähigung besitzt, mit Kindern zu arbeiten und ihnen zu helfen. Dieses Bedürfnis ist, wie alle vorher besprochenen, in sich selbst nicht schlecht oder schädlich; hinderlich wird es nur dann, wenn es unverhältnismäßig wichtig ist und die Arbeit einseitig verzerrt.

Gewisse Menschen, die bestimmte Unzulänglichkeiten oder Probleme mit sich herumtragen, ergreifen unbewußt einen Beruf, bei dem sie anderen und damit zugleich sich selbst helfen. Solche Leute legen übermäßigen Wert auf den Erfolg. Sie erwarten mit Ängstlichkeit die „Fortschritte" der ihnen anvertrauten Kinder. Das Kind, das nicht sofort Zeichen der „Besserung" erkennen läßt, wird dann leicht als persönliche Bedrohung für das eigene Selbstwertgefühl empfunden.

Erzieher mit diesem starken Bedürfnis nach raschem und sichtbarem Erfolg finden es oft sehr schwierig, wenn nicht unmöglich, auf lange Sicht mit Jugendlichen zu arbeiten, die sich dauernd auflehnen und Erwachsenen weder Vertrauen noch Autorität zuerkennen. Solche Erzieher bemühen sich vielleicht sehr, sind aber zu schnell davon überzeugt, daß sie den Mangel an Erfolg sich selbst zuschreiben müssen.

Aus dieser inneren Bedrohlichkeit heraus machen sie vielleicht zunächst doppelte Anstrengungen, den Jugendlichen zu erreichen; diese Zuwendung mag aber auf den jungen Menschen überwältigend wirken, so daß er sich noch mehr zurückhält und seine Abwehrhaltung weiter verfestigt. Mit großer Wahrscheinlichkeit wird der Erzieher dann bald seine Aufmerksamkeit von ihm weg auf „dankbarere" Fälle lenken.

Eine andere Art von Erzieher sind diejenigen, die so lange durchhalten in ihren Bemühungen, bis eine erste richtige Kontaktaufnahme zustande gekommen ist; dann wenden sie sich aber sogleich „lohnenderen" Fällen zu, anstatt von diesem Brückenkopf aus nun den langsamen und oft entbehrungsreichen Weg zu gehen, der nach langer Mühe zum therapeutischen Erfolg führen würde.

Man möchte glauben, daß die Gewichtigkeit und das Ausmaß der heilpädagogischen Aufgaben selbst keine persönlichen Eifersüchteleien und Machtkämpfe aufkommen ließe. Es ist aber leider immer wieder so, daß die Erzieher darum kämpfen, bei bestimmten Kindern größeren Erfolg oder mehr Zuneigung zu gewinnen als die Kollegen. Während ein derartiger Wettkampf mit den Idealen der freien Wirtschaft zusammenpassen mag, kann er in der heilpädagogischen Heimarbeit absolut schädlich sein.

Das Bedürfnis, bei den Kindern „anzukommen"

Für viele Erzieher besteht der Angelpunkt ihrer Arbeit in der Interaktion mit Kindern; das Bedürfnis, von den Kindern anerkannt und akzeptiert zu werden, ist sicher das stärkste Motiv bei denjenigen, die in die Erziehungsarbeit gehen. Damit wir im folgenden keinesfalls mißverstanden werden, sei hier nochmals betont, daß dieses Motiv an und für sich nicht „schlecht" ist; es kommt nur darauf an, daß es nicht die Bedürfnisse der Kinder überwuchert. Wenn das eigene Bedürfnis zu stark ist, dann hindert es die therapeutische Beeinflussung und erschwert die Beziehungen zwischen Kind und Erwachsenem. In seiner extremsten Form ist dieses Bedürfnis als neurotische Liebebedürftigkeit von Horney (1937) und Reik (1963) beschrieben worden. Probleme, die sich aus neurotischem Liebesbedürfnis entwickeln, werden besonders bei jenen beobachtet, die zum ersten Mal mit Kindern arbeiten. Man kann sie auch bei Erziehern antreffen, die wenig Beziehung nach draußen haben, wenige Interessen und Freundschaften pflegen. In irgendeiner Form muß jeder Erzieher sich mit diesem Problem auseinandersetzen.

Wenn der Erzieher allzusehr darauf bedacht ist, bei den Kindern anzukommen, so passiert es leicht, daß er sie zu früh in zu tiefe Bindungen verwikkelt und dabei durchblicken läßt, daß ihre Beziehungen zu allen anderen Erwachsenen weniger wichtig sind. Manche Anfänger hören nicht auf die Mahnungen ihrer erfahrenen Kollegen, wenn diese sie davor warnen, sich aufzudrängen. Die neuen werfen dann den älteren Kollegen vor, sie hätten „nicht genügend Interesse an den Kindern". Erst später erkennen sie, daß sie den Kindern mehr versprochen haben als sie wirklich geben können.

Mancher Erzieher empfindet den Widerstand eines Kindes als Ablehnung seiner Person und seines guten Willens: „Dieser Junge wagt es, mir das anzutun, und dabei habe ich doch alles für ihn getan. Welcher Dank!" Ein Erwachsener, dessen Liebesbedürfnis sehr leicht frustriert wird, verliert bald seine heilpädagogische Wirksamkeit.

Der Erzieher kann verschieden auf die vorsichtige Zurückhaltung beziehungsscheuer Kinder reagieren: Er kann sein „Werben" intensivieren und überzeugt damit das Kind von der Notwendigkeit, sich selbst zu schützen; oder er stößt das Kind offenkundig oder heimlich zurück und beweist ihm dadurch, daß es recht hatte, den Erwachsenen auf Distanz zu halten, anstatt ihm zu vertrauen. Schließlich kommt es auch vor, daß der Erwachsene in dieses „Faß ohne Boden" immer wieder hineingibt, aber nichts zurückkommt; kein Wunder, wenn er am Ende müde wird. Er sieht eben keinen Ansatz zu einer echten Beziehung, zu Dankbarkeit oder zur Besserung.

Beispiel:

„Ich bin diesem Jungen gegenüber nun schon seit vier Monaten gutmütig und nachsichtig, aber er hat sich noch in keiner Weise gebessert. Ganz egal, wieviel man ihm gibt, er ist nie zufrieden. Was er wirklich braucht, ist eine feste Hand, nicht all diese Zuwendung. Ich kann es ihm auch anders zeigen . . ."

Es gibt offensichtlich eine reale Grenze im Hinblick auf die Dauer, die ein Erzieher in fruchtlosen Annäherungsversuchen verbringen kann, ohne sich dabei entmutigen zu lassen. Aber der geeignetste Erzieher ist derjenige, der sich auch dann noch einigen Optimismus bewahren kann, wenn alle äußeren Zeichen eindeutig entmutigend wirken. Bettelheim machte bei einer Vorlesung 1964 an der Staatlichen Universität von Wayne darauf aufmerksam, daß es beträchtlich mehr Zeit in Anspruch nimmt, seelische Schäden zu beheben, als sie hervorzurufen. Wir können nie sicher sein, ob nicht der Tag, an dem wir aufgeben, gerade der ist, der die Wendung gebracht hätte, wohl aber ist gewiß, daß von dem Moment an, wo wir aufgeben, das Kind der Aussichtslosigkeit überlassen wird.

Zusammenfassung

Wir haben in diesem Kapitel nachzuweisen versucht, daß die Interaktionen zwischen Erwachsenen und Kindern von vielen Faktoren mitbestimmt werden, die nicht offizieller Bestandteil der Institutionspolitik sind. Die äußeren Anforderungen, die an einen Erzieher gestellt werden, sowie seine eigenen inneren Bedürfnisse wurden hier gemeinsam unter der Rubrik „Bedürfnisse des Erziehers" behandelt. Der Erzieher muß wenigstens das Minimum der Heimrichtlinien einhalten, seine Vorgesetzten zufriedenstellen und von seinen Mitarbeitern anerkannt werden. Außerdem muß er eine einigermaßen feste und selbständige Konzeption von menschlichem Verhalten besitzen, Kinder unter Kontrolle halten können, einen gewissen therapeutischen Erfolg verzeichnen und von den Kindern akzeptiert werden. Für jedes dieser Bedürfnisse wurde aufgezeigt, wie sie mit der erzieherisch-therapeutischen Behandlung des Kindes in Konflikt geraten können.

Mit diesen Ausführungen wollen wir aber keineswegs etwa andeuten, daß alle Heime der Reform bedürfen oder alle Erzieher umerzogen werden müßten; wir wissen allzugut, wie notorisch schwer es ist, soziale Institutionen als solche oder die Menschen, die darin arbeiten, grundlegend zu verändern. Was also können wir empfehlen, um diese Spannungen und Fehlleistungen zu vermeiden? Der Anfang einer jeden Problemlösung besteht in der Bewußtmachung des Konflikts. Unsere erste Empfehlung ist daher eine sorgfältige Rollenanalyse des Erziehers in der Institution: welche Rolle soll er spielen, und wie sieht er selbst seine Rolle? Wir hoffen, daß unsere etwas allgemein ausgefallene Liste als Ausgangspunkt einer solchen Analyse dienen kann. Dies ist zwar ein bescheidener Anfang, aber sicher praktikabler als etwa der Versuch, die Heime zu revolutionieren, oder eine „therapeutische Behandlung" der Erzieher.

Größere Anstrengungen müßten gemacht werden, Fachleute mit guter Ausbildung zu gewinnen, die sich mit den realen Bedürfnissen auseinandersetzen können, mit denen Erzieher in ihrer alltäglichen Arbeit konfrontiert werden. Damit soll nicht gesagt sein, daß „Besprechungen" uns viel weiter brächten, wenigstens nicht, wenn sie in der traditionellen Form verlaufen. Bisherige „Kommunikationversuche" sind fast alle so verlaufen, daß Erzieher ihre Probleme Psychiatern, Psychologen oder psychiatrisch ausgebildeten Sozialarbeitern vortrugen, die dann entweder auf nichtdirektive Weise spärliche

Äußerungen dazu machten oder, in extrem direktiver Form, Anweisungen bzw. Interpretationen gaben oder gar den Erziehern Lektionen erteilten. Daß diese beiden Methoden so verbreitet sind, hängt wahrscheinlich weniger mit ihrer Effektivität zusammen als vielmehr mit der Tatsache, daß sich beide dem Risiko von echtem Geben und Nehmen entziehen.

Es muß eine Atmosphäre geschaffen werden, die den verschiedenen Mitarbeitern wirklich Freiheit garantiert und ermöglicht, daß alle Probleme frei und offen diskutiert werden können (Matsushima, 1964). Allzu häufig sind die Heime voller Mitarbeiter, die sich gegenseitig ihre Unfehlbarkeit beweisen möchten. Wenn die Verwaltungs-, die medizinisch-psychologischen und die pädagogischen Kräfte eines Heimes wirklich in der Lage wären, sich ihre Probleme frei von der Leber weg mitzuteilen, ihre Fragen und Zweifel frei zu äußern, ihre Irrtümer zu besprechen, so wäre es sehr viel leichter, alle Energien auf die Bedürfnisse der Kinder zu lenken. Es erscheint uns unerläßlich, daß sowohl das administrative als auch das klinische Personal regelmäßig Gelegenheit hat, mit dem eigentlichen Guppen- und Heimleben in Verbindung zu bleiben, vielleicht indem sie manchmal Ersatzdienst übernehmen für ausgefallene Erzieher, indem sie mit den Kindern Mahlzeiten einnehmen oder indem sie bei besonderen Anlässen am Gruppenleben teilnehmen. Es scheint eine logische Forderung, daß nur graduierte Fachleute mit ausgiebiger „Front"-Erfahrung zu Supervisoren für Erzieher ernannt werden sollten.

Die angewandten Methoden der heilpädagogischen Praxis sollten im Optimalfalle von Experten mit entsprechender Praxiserfahrung gelehrt werden, die auch weiterhin, wenigstens zeitweise, mit dem Gruppenleben im Heim in unmittelbarer Verbindung bleiben. Die Erzieher sind dem institutionellen Druck dann am stärksten ausgeliefert, wenn sie keine oder nur ungenügende fachliche Kenntnisse vom Umgang mit Kindern besitzen. Wir müssen aufhören, uns vormachen zu wollen, daß Erziehertalente „angeboren" sind. Auch die Suche nach beschreibbaren Kriterien, die Erfolg sichern, ist mehr oder weniger sinnlos. Wir müssen mit jenen motivierten Leuten arbeiten, die an die Türen unserer Einrichtungen klopfen; fangen wir damit an, daß wir sie in Gruppen unterrichten und individuelle Supervision erteilen, wobei wir ihnen alles das mitteilen, was wir selbst über das Herstellen von echten Beziehungen, über die Handhabung von Wutausbrüchen, über Aktivitäten und Routineabläufe im Heim usw. wissen. Darin besteht der Kern für die Lenkung von Kindern und die Arbeit in Gruppen. Darauf beruht das technische Rüstzeug unseres Handwerks, und es verliert nichts von seiner Aktualität, wenn es weitergereicht wird. Klinische Literatur, psychologische Abhandlungen und andere Bücher solcher Art sind vielleicht nützlich als Ergänzung, aber sie sagen uns so wenig über die Durchführung der Erziehungsarbeit wie etwa eine Zementanalyse über die Konstruktion eines Hauses.

Am Ende sei noch festgestellt, daß das gesunde Selbstbewußtsein ein entscheidendes Element erfolgreicher heilpädagogischer Tätigkeit darstellt. Individuelle Psychoanalyse ist keineswegs die einzige Art, in der dieses Selbstbild gewonnen werden kann, und Psychotherapie für alle ist sicher kein praktikabler Weg, gute Erzieher heranzubilden. Die Auswahl von Erziehern mit guter Selbstkenntnis könnte ein Anfang sein; das Wissen um sich selbst ist jedoch andererseits, wie viele sonstige Aspekte der Berufsrollen, lehrbar, zumindest in gewissem Ausmaß. Supervisoren mit praktischer Erfahrung, guter Methodik und großem Feingefühl könnten beispielsweise viel dazu beitragen, Erziehern bessere Selbstkenntnis zu vermitteln. Je mehr ein Erzieher die Einzelheiten seiner Arbeit kennt – so z. B., wie man ein wütendes Kind behandelt, desto eher ist er in der Lage, sein eigenes Verhalten in bestimmten Situationen zu analysieren und in den Griff zu bekommen.

Erzieherische Arbeit in Kinder- und Jugendinstitutionen wird sich in dem Maße als eigenständiger Beruf auszeichnen, in dem sie Wissen und Fertigkeiten entwickelt; während einige Kenntnisse aus Nachbarwissenschaften übernommen werden können, muß die Grundlage aus der praktischen Arbeit mit Kindern direkt gewonnen werden. Wir sind überzeugt, daß Reibungen und Fehlleistungen in dem Maße vermieden werden können, in dem es gelingt, praktische Fertigkeiten der heilpädagogischen Arbeit im Heim zu lehren. Darüber hinaus erhoffen wir uns viel davon, Experten und Spezialisten für alltäglich anfallende Probleme gewinnen zu können, eine Atmosphäre aufrechter Kommunikation unter den Mitarbeitern zu schaffen und ein Selbstbewußtsein des Heimerziehers zu entfalten, das die pädagogische Arbeit befruchtet. Dies sind die Säulen des therapeutischen Milieus.

Literatur

Bromberg, W.: Symposium on psychopathy. In: Archives of Criminal Psychodynamics. Band 4, 1961.
Carducci, Dewey J.: A possible solution to the training and orienting of child-care workers. In: Child Welfare. 41 (5), 1962, S. 212-216.
Grossbard, Hyman: Cottage parents — what they have to be, know, and do. New York: Child Welfare League of America, 1960.
Horney, Karen: The neurotic personality of our time. New York: W. W. Norton, 1937; dt. Unsere inneren Konflikte. Neurosen in unserer Zeit. München: Kindler (Geist und Psyche 2104), 1973.
Matsushima, John: Communication and cottage parent supervision in a residential treatment center. In: Child Welfare. 43 (10), 1964, S. 529-534.
Mayer, Morris F.: A guide for child-care workers. New York: Child Welfare League of America, 1958.
Ders.: Differentials in training child-care workers. In: Training of child-care staff. New York: Child Welfare League of America, 1963.
Polsky, Howard W.: Cottage Six — the social system of delinquent boys in residential treatment. New York: Russell Sage Foundation, 1962.
Reik, Theodore: The need to be loved. New York: Farrar, Strauss, 1963; dt. Das Verlangen geliebt zu werden. München: Kindler (Geist und Psyche 2134), 1974.

Über die Autoren

LARRY K. BRENDTRO, Erzieher und Psychologe, Präsident des Starr Commonwealth for Boys, Heimbehandlungsprogramme in Albion, Michigan, und in Van Wert, Ohio.

ALBERT E. TRIESCHMAN, Direktor des Walker Home für Kinder, Needham, Mass., und Klinischer Psychologe am Kinderkrankenhaus des Medical Center, Boston, Dozent an der Clark University, Worcester, Mass.

JAMES K. WHITTAKER, Dozent für Sozialarbeit an der Universität Minnesota, Minneapolis, früher stellvertretender Direktor des Walker Home, Needham, Mass.

DAVID WINEMAN, Professor für Sozialarbeit, Staatliche Universität Wayne, Detroit.

Deutschsprachige Literatur

Arbeitsgruppe 5: 333 »Soziale Fälle«. Freiburg: Lambertus ²1976.

Bäuerle, Wolfgang, und Jürgen Markmann, Hrsg.: Reform der Heimerziehung. Materialien und Dokumente. Zusammengestellt im Auftrag der Internationalen Gesellschaft für Heimerziehung. Weinheim: Beltz 1978 (Neuausg.).

Bernstein, Saul, und Louis Lowy, Hrsg.: Untersuchungen zur Sozialen Gruppenarbeit. Freiburg: Lambertus ⁶1978.

Dies.: Neue Untersuchungen zur Sozialen Gruppenarbeit. Freiburg: Lambertus ²1978.

Denker, Rolf: Angst und Aggression. Stuttgart: Urban Tb. 1974.

Dührssen, Annemarie: Heimkinder und Pflegekinder in ihrer Entwicklung. Göttingen: Vandenhoeck & Ruprecht ⁶1977.

Ehrhardt, H. E., Hrsg.: Aggressivität – Dissozialität – Psychohygiene. XXII. Jahrestagung der Europäischen Liga für Psychische Hygiene. Bern: Huber 1975.

Fröhlich, Manfred: Einführung in die Heimpädagogik. München: Bardtenschlager ⁵1978.

Giesecke, Hermann, Hrsg.: Offensive Sozialpädagogik. Göttingen: Vandenhoeck & Ruprecht 1973.

Heilpädagogik und ihre gesellschaftliche Bedingtheit. Bericht der 7. Fachtagung des Berufsverbandes der Heilpädagogen in der Bundesrepublik Deutschland (BHD) e. V. Berlin: Marhold 1975.

Kellner, Jacob: Zwiesprache mit Ziwjah. Das Werden einer neuen Identität. Freiburg: Lambertus 1972.

Kiehn, Erich: Praxis des Heimerziehers. Hrsg. von Paul Schmidle und Hubertus Junge. Freiburg: Lambertus ³1972.

Kluge, Karl J.: Pädagogik der Schwererziehbaren. Berlin: Marhold ²1973.

Ders.: Sozialisation verhaltensauffälliger Schüler. Unterrichtsversuche an Sonderschulen und an einer Gesamtschule. Neuburgweier: Schindele ²1974.

Ders.: Einführung in die Heimpädagogik der Gegenwart. Darmstadt: Wissenschaftl. Buchgesellschaft 1979.

Kok, J. F. W.: Grundlagen moderner Heimerziehung – ein Leitfaden für Ausbildung und Praxis. Freiburg: Lambertus ³1980.

Leber, Aloys, und Helmut Reiser, Hrsg.: Sozialpädagogik, Psychoanalyse und Sozialkritik. Perspektiven sozialer Berufe. Neuwied: Luchterhand ²1975.

Meierhofer, M., und W. Keller: Frustration im frühen Kindesalter. Bern: Huber ³1974.

Mollenhauer, Klaus: Einführung in die Sozialpädagogik. Weinheim: Beltz ⁷1979.

Moser, Tilmann: Jugendkriminalität und Gesellschaftsstruktur. Frankfurt: Fischer TB, BdW 6158. ⁷1980.

Muss, Barbara: Gestörte Sozialisation. Psychoanalytische Grundlagen therapeutischer Heimerziehung. München: Juventa ³1977.

Nissen, Gerhardt: Psychopathologie des Kindesalters. Darmstadt: Wissenschaftl. Buchgesellschaft 1977.

Orff, G.: Die Orff-Musiktherapie. Aktive Förderung der Entwicklung des Kindes. München: Kindler 1974.

Piaget, J.: Der Aufbau der Wirklichkeit beim Kinde. Stuttgart: Klett 1974.

Renner, Michael, und Theodor Thesing: Praxis der Heilpädagogik. Handbuch für kreatives Arbeiten mit verhaltensauffälligen Jugendlichen. Freiburg: Lambertus 1978.

Roberts, Robert W., und Robert H. Nee, Hrsg.: Konzepte der Sozialen Einzelhilfe. Freiburg: Lambertus ²1977.

Schmidle, Paul, und Hubertus Junge, Hrsg.: Kinder im Heim – Kinder ohne Zukunft? Freiburg: Lambertus 1980.

Timms, Noel: Der Bericht in der Sozialarbeit. Freiburg: Lambertus ²1978.

Waldmann, Helmut: Fernseherziehung im Heim. Berlin: Marhold 1975.

Weinschenk, Reinhold: Geplantes Erziehen im Heim. Freiburg: Lambertus ²1980.

Zielniok, Walter J.: Anstöße zur Selbständigkeit. Die Gestaltung von Funktionstrainings-Programmen für geistig Behinderte im Freizeitbereich. Freiburg: Lambertus ²1978.

Bücher für die Arbeit mit Familie und Jugend

Gerhard Oswald
Dietmar Müllensiefen

Psycho-soziale Familienberatung
(November 1984)

Mieke Crolla-Baggen
Pieter van de Ven
Ton Staps

Partner- und Familienberatung
auf der Basis der System- und
Kommunikationstheorie
184 Seiten, Alcor, DM 22,–

Ross V. Speck
Carolyn L. Attneave

Die Familie im Netz sozialer Beziehungen
208 Seiten, Alcor, DM 24,–

Salvador Minuchin

Familie und Familientherapie
Theorie und Praxis struktureller Familientherapie
6. Auflage, 336 Seiten, Alcor, DM 38,–

Gerald H. Zuk

Familientherapie
Interventionen und therapeutische Prozesse
2. Auflage, 240 Seiten, Alcor, DM 29,50

Virginia Satir

Familienbehandlung
Das grundlegende Werk der bekannten Autorin
4. Auflage, 224 Seiten, Alcor, DM 29,80

Rudi Briel
Heribert Mörsberger
(Hrsg.)

Kinder brauchen Horte
Bestandsaufnahme – Praxisbeispiele – Perspektiven
(November 1984)

Gerald G. Smale

Die sich selbst erfüllende Prophezeiung
Positive oder negative Erwartungshaltungen und ihre Aus-
wirkung auf die pädagogische und therapeutische Beziehung
128 Seiten, kart. lam., DM 14,50

Jacob Kellner

Zwiesprache mit Ziwjah
Das Werden einer neuen Identität –
Tagebuch einer Behandlung
192 Seiten, kart. lam., DM 19,80

J. F. W. Kok

Grundlagen moderner Heimerziehung
ein Leitfaden für Ausbildung und Praxis
3. Auflage, 272 Seiten, Alcor, DM 29,50

Margaret Schubert

Das Gespräch in der Sozialarbeit
Eine Anleitung für Ausbildung und Praxis
2. Auflage, 144 Seiten, kart. lam., DM 16,– ⟶

Jerry D. Cardwell	**Sozialpsychologie** Ein Studienbuch zur Sozialisation durch symbolische Interaktion 160 Seiten, Alcor, DM 19,80
Dick de Bie Cees Louwerse	**Projektorientierung im pädagogischen und sozialen Feld** Konzepte – Erfahrungen – Probleme 236 Seiten, Alcor, DM 24,–
Derek Jehu u. a.	**Verhaltensmodifikation in der Sozialarbeit/ Sozialpädagogik** 304 Seiten, Alcor, DM 29,50
K. J. Nijkerk Ph. H. van Praag	**Die Arbeit mit Gruppen** Ein Handbuch 272 Seiten, Alcor, DM 26,–
David H. Clark	**Soziotherapie in der Psychiatrie** 208 Seiten, Alcor, DM 22,–
William J. Reid Laura Epstein	**Gezielte Kurzzeitbehandlung in der Sozialen Einzelhilfe** 2. Auflage, 224 Seiten, Alcor, DM 24,–
Robert W. Roberts Robert H. Nee (Hrsg.)	**Konzepte der Sozialen Einzelhilfe** Stand der Entwicklung – Neue Anwendungsformen 3. Auflage, 424 Seiten, Alcor, DM 39,50
Helen Northen	**Soziale Arbeit mit Gruppen** Der Verlauf des helfenden Prozesses 2. Auflage, 292 Seiten, Alcor, DM 28,50
Thomas Mörsberger	**Verschwiegenheitspflicht und Datenschutz** Ein Leitfaden für die Praxis der sozialen Arbeit (Februar 1985)

Preisstand: 1. 10. 1984

Bitte verlangen Sie unser neues Gesamtverzeichnis

Lambertus-Verlag, Postfach 1026, D-7800 Freiburg